Schwerpunkte   Tillmanns • Klausurenkurs im Arbeitsrecht I

Klausurenkurs im Arbeitsrecht I

Ein Fall- und Repetitionsbuch zum
Individualarbeitsrecht mit Bezügen zum
Betriebsverfassungs- und Tarifvertragsrecht

von

Dr. Kerstin Tillmanns

Professorin an der FernUniversität in Hagen

C.F. Müller

Bibliografische Information der Deutschen Nationalbibliothek
Die Deutsche Nationalbibliothek verzeichnet diese Publikation in der Deutschen National-
bibliografie; detaillierte bibliografische Daten sind im Internet über <http://dnb.d-nb.de> abrufbar.

ISBN 978-3-8114-9413-8

E-Mail: kundenservice@cfmueller.de

Telefon: +49 89 2183 7923
Telefax: +49 89 2183 7620

www.cfmueller.de
www.cfmueller-campus.de

© 2015 C.F. Müller GmbH, Im Weiher 10, 69121 Heidelberg

Satz: TypoScript, München
Druck: Kessler Druck + Medien, Bobingen

Vorwort

Dieser Klausurenkurs ist für Studierende der Rechtswissenschaften geschrieben, die sich auf examensrelevante Prüfungen im Individualarbeitsrecht vorbereiten wollen. Die Fälle sind auf die Klausuren für die Erste Juristische Prüfung ausgerichtet, die häufig das Individualarbeitsrecht zum Gegenstand haben, aber auch auf die Klausuren im Schwerpunktbereich, der ebenfalls in der Regel das Individualarbeitsrecht erfasst. Da der Prüfungsstoff in diesem Bereich vielfach auch die Schnittpunkte zum Betriebsverfassungsrecht und zum Tarifvertragsrecht beinhaltet, werden solche Überschneidungen auch in den Klausuren berücksichtigt. Insgesamt wird nahezu der gesamte examensrelevante Stoff in den Falllösungen selbst, den Vertiefungen und in den sich jeweils anschließenden Repetitorien dargestellt.

Zu allen Fällen werden Vorüberlegungen, eine Gliederung und die Falllösung im Gutachtenstil geboten. Es folgt ein Repetitorium, in dem der in der Lösung dargestellte Stoff im Zusammenhang präsentiert und/oder ergänzt wird.

Im Großen und Ganzen sind die Klausuren inhaltlich entsprechend der auch in den Lehrbüchern häufig anzutreffenden Reihenfolge angeordnet. Sie beginnt mit den Rechtsquellen des Arbeitsrechts, den Arbeitsvertragsparteien, dem Abschluss und Inhalt des Arbeitsvertrags, Störungen in der Leistungsabwicklung und endet mit der Beendigung des Arbeitsverhältnisses, insbesondere durch Kündigung.
Allerdings würden die Klausuren nicht das im Examen zu erwartende Niveau erlangen, wenn sich die Fälle vollständig auf die jeweiligen Bereiche beschränkten. Daher lassen sich „Übergriffe" in Stoffbereiche, die im Lehrbuch erst an späterer Stelle folgen, nicht vermeiden.

Die Fälle entstammen meiner Vorlesungs- und Prüfertätigkeit als Lehrstuhlvertreterin an der Technischen Universität Dresden sowie als Lehrstuhlinhaberin an den Universitäten Konstanz, Augsburg und Hagen. Den Studierenden, die mich in diesem Rahmen bei der Entwicklung der Fälle und Lösungen unterstützt haben, danke ich herzlich. Besonders danke ich auch den Studierenden, die mir Hinweise und Kritik zur ersten Auflage übermittelt haben.

Für ihre hilfreichen Anmerkungen zu dieser Neuauflage danke ich meinen Mitarbeitern an der FernUniversität in Hagen, Frau *Bianca Walendy*, Frau *Frederike Dankwerth*, Herrn *Patrick Hoffman*, Herrn *Benjamin Kura*, Herrn *Michael Neugart* und Herrn *Timo Zeiske*.

Hinweise und Kritik sind willkommen!
Bitte richten Sie diese an lg.arbeitsrecht@fernuni-hagen.de.

Hagen, Februar 2015   *Kerstin Tillmanns*

Inhaltsverzeichnis

	Rz.	Seite
Vorwort		V
Abkürzungsverzeichnis		IX
Literaturverzeichnis		XIII

1. Teil
Allgemeiner Teil

I. Hinweise zur Klausurtechnik	1	1
II. Besonderheiten der Klausur im individuellen und kollektiven Arbeitsrecht	4	4

2. Teil
Klausurfälle

Fall 1
Mehr Schein als Sein 5 7
Arbeitnehmereigenschaft, Sic-non-Rechtsprechung, Arbeitnehmerähnlichkeit, Urlaubsanspruch, Entgeltfortzahlung im Krankheitsfall
Repetitorium: Zulässigkeitsprüfung, Urlaubsrecht, EFZG 17 18

Fall 2
Oldies and Goldies 21 20
Altersdiskriminierung, Einstellungsanspruch, Schadensersatz, Zustimmung des Betriebsrats gem. § 99 BetrVG, Unionsrechtswidrigkeit, Quote
Repetitorium: Diskriminierungstatbestände, mittelbare und unmittelbare Diskriminierung, § 99 BetrVG 39 35

Fall 3
Gehaltsgalopp 42 40
Widerrufsvorbehalt, AGB-Kontrolle, Verbraucherbegriff, negative betriebliche Übung
Repetitorium: Anspruchsgrundlagen im Arbeitsrecht, AGB-Kontrolle ... 59 52

Fall 4
Dumm gelaufen 62 55
Arbeitnehmerhaftung, innerbetrieblicher Schadensausgleich, Haftungssperre SGB VII
Repetitorium: Arbeitsunfall, Mankohaftung 74 66

	Rz.	Seite

Fall 5
Des Menschen Wille 76 68
Aufhebungsvertrag, Anfechtung, Widerruf, internationale Zuständigkeit,
internationales Arbeitsrecht
Repetitorium: Rechtsfolgen des Aufhebungsvertrags, Wiedereinstel-
lungsanspruch 89 81

Fall 6
Erin in Cologne 91 83
Außerordentliche Kündigung, verhaltensbedingte Kündigung,
Umdeutung, Lohn ohne Arbeit, §§ 275 III, 616 BGB
Repetitorium: Prüfungspunkte Kündigung, arbeitsvertragliches
Synallagma 107 98

Fall 7
Endless Groove 110 101
Befristung, Entfristungsklage, Schriftform der Befristung, Altersdiskrimi-
nierung, Vorrang des Unionsrechts
Repetitorium: Befristung, Unionsrecht 126 117

Fall 8
Qual der Wahl 131 121
Betriebsbedingte Kündigung, Sozialauswahl, nachträgliche Klagezulas-
sung gem. § 5 KSchG, Anhörung des Betriebsrats bei Kündigung
Repetitorium: Anwendbarkeit des KSchG, Kleinbetriebsklausel,
Anhörung des Betriebsrats bei Kündigung 149 137

Fall 9
Vive la différence! 152 140
Krankheitsbedingte Kündigung, Anfechtung des Arbeitsvertrags,
personenbedingte Kündigung
Repetitorium: Unionsrechtskonforme Auslegung, Auslegung, Fragerecht
und Anfechtung des Arbeitsvertrags 168 154

Fall 10
Saubermänner 171 157
Betriebsübergang, Transformation, fehlerhafte Betriebsratsanhörung,
Sphärentheorie
Repetitorium: Betriebsübergang Voraussetzungen und Rechtsfolgen 184 170

Sachverzeichnis 173

Abkürzungsverzeichnis

a.A.	anderer Ansicht
Abl.	Amtsblatt
Abs.	Absatz
a.E.	am Ende
AEntG	Arbeitnehmer-Entsendegesetz
AEUV	Vertrag über die Arbeitsweise der Europäischen Union
a.F.	alte Fassung
AG	Arbeitgeber
AGB	Allgemeine Geschäftsbedingungen
AGG	Allgemeines Gleichbehandlungsgesetz
AktG	Aktiengesetz
Alt.	Alternative
AN	Arbeitnehmer
AP	Arbeitsrechtliche Praxis
ArbG	Arbeitsgericht
ArbGG	Arbeitsgerichtsgesetz
Art.	Artikel
AuA	Arbeit und Arbeitsrecht (Zeitschrift)
BAG	Bundesarbeitsgericht
BAnz.	Bundesanzeiger
Bd.	Band
Beschl.	Beschluss
BetrAVG	Gesetz zur Verbesserung der betrieblichen Altersvorsorge
BetrVG	Betriebsverfassungsgesetz
BGB	Bürgerliches Gesetzbuch
BGBl.	Bundesgesetzblatt
BGH	Bundesgerichtshof
BGHZ	Entscheidungen des Bundesgerichtshofs in Zivilsachen
BSG	Bundessozialgericht
BSGE	Entscheidungen des Bundessozialgerichts
BT-Drucks.	Drucksachen des Deutschen Bundestages
BUrlG	Bundesurlaubsgesetz
BVerfG	Bundesverfassungsgericht
BZRG	Gesetz über das Zentralregister und das Erziehungsregister (Bundeszentralregistergesetz)
DB	Der Betrieb (Zeitschrift)
EFZG	Entgeltfortzahlungsgesetz
EG	Europäische Gemeinschaft

EGBGB	Einführungsgesetz zum Bürgerlichen Gesetzbuch
EFGZ	Entgeltfortzahlungsgesetz
EU	Europäische Union
EuGH	Europäischer Gerichtshof
EuGVO	Europäische Gerichtsstands- und Vollstreckungsverordnung
EUV	Vertrag über die Europäische Union
EzA	Entscheidungssammlung zum Arbeitsrecht (Loseblattsammlung)
FS	Festschrift
GewO	Gewerbeordnung
GG	Grundgesetz
GmbH	Gesellschaft mit beschränkter Haftung
GmbHG	Gesetz betreffend die Gesellschaften mit beschränkter Haftung
Halbs.	Halbsatz
HGB	Handelsgesetzbuch
HWK	Henssler/Willemsen/Kalb, Arbeitsrecht, Kommentar
i.d.F.	in der Fassung
i.d.R.	in der Regel
IG	Industriegewerkschaft
i.H.v.	in Höhe von
i.S.d.	im Sinne des
i.V.m.	in Verbindung mit
JArbSchG	Jugendarbeitsschutzgesetz
JuS	Juristische Schulung (Zeitschrift)
KG	Kommanditgesellschaft
KSchG	Kündigungsschutzgesetz
LAG	Landesarbeitsgericht
lit.	littera (Buchstabe)
MuSchG	Mutterschutzgesetz
m.w.Nachw.	mit weiteren Nachweisen
NJW	Neue Juristische Wochenschrift (Zeitschrift)
n.v.	nicht veröffentlicht
NZA	Neue Zeitschrift für Arbeitsrecht (Zeitschrift)
NZA-RR	NZA Rechtsprechungs-Report (Zeitschrift)
OHG	offene Handelsgesellschaft

PflegeZG	Gesetz über die Pflegezeit (Pflegezeitgesetz)
RdA	Recht der Arbeit (Zeitschrift)
RL	Richtlinie
Rs.	Rechtssache
Rspr.	Rechtsprechung
RVO	Reichsversicherungsordnung
Rz.	Randziffer
S.	Satz, Seite
SGB	Sozialgesetzbuch
Slg.	Sammlung der Entscheidungen des Europäischen Gerichtshofs
st.	ständige
str.	streitig
TSG	Transsexuellengesetz
TV	Tarifvertrag
TVG	Tarifvertragsgesetz
TzBfG	Teilzeit- und Befristungsgesetz
UmwG	Umwandlungsgesetz
Urt.	Urteil
Var.	Variante
VO	Verordnung
Vorb.	Vorbemerkung
VVG	Versicherungsvertragsgesetz
WpHG	Gesetz über den Wertpapierhandel
ZIP	Zeitschrift für Wirtschaftsrecht (vormals: Zeitschrift für Insolvenz-Praxis)
ZPO	Zivilprozessordnung

Literaturverzeichnis

Calliess, Christian/Ruffert, Matthias	EUV, AEUV – Das Verfassungsrecht der Europäischen Union mit Europäischer Grundrechtecharta, Kommentar, 4. Auflage, 2011
Däubler, Wolfgang/Bertzbach, Martin	Allgemeines Gleichbehandlungsgesetz, Kommentar, 3. Auflage, 2013
ErfK/*Bearbeiter*	Erfurter Kommentar zum Arbeitsrecht, herausgegeben von Rudi Müller-Glöge, Ulrich Preis und Ingrid Schmidt, 15. Auflage, 2015
Henssler, Martin/Willemsen, Heinz J./Kalb, Heinz-Jürgen	Arbeitsrecht, Kommentar, 6. Auflage, 2014
v. Hoyningen-Huene, Gerrick Freiherr von/Linck, Rüdiger	Kündigungsschutzgesetz: KSchG, Kommentar, 15. Auflage, 2013
Looschelders, Dirk	Schuldrecht, Allgemeiner Teil, Lehrbuch, 12. Auflage, 2014
Münchener Handbuch zum Arbeitsrecht	Band 1, 3. Auflage, 2009
Münchener Kommentar zum Bürgerlichen Gesetzbuch	Band 1, §§ 1 – 240, ProstG, AGG, 6. Auflage, 2012 Band 2, §§ 241 – 432, 6. Auflage, 2012 Band 4, §§ 611 – 704, 6. Auflage, 2012
Münchener Kommentar zur Zivilprozessordnung: ZPO	Band 3, 4. Auflage, 2013
Oetker, Hartmut/Preis, Ulrich	Europäisches Arbeits- und Sozialrecht (EAS), Rechtsvorschriften, Systematische Darstellungen, Entscheidungssammlung, Loseblatt
Palandt, Otto	Bürgerliches Gesetzbuch: BGB, Kommentar, 74. Auflage, 2015
Preis, Ulrich	Arbeitsrecht. Praxis-Lehrbuch zum Individualarbeitsrecht, 4. Auflage, 2012
Schwab, Norbert/Weth, Stephan	Arbeitsgerichtsgesetz, Kommentar, 4. Auflage, 2015
Soergel, Hans Theodor	Bürgerliches Gesetzbuch mit Einführungsgesetz und Nebengesetzen, Kommentar Band 4.1., Schuldrecht III/1, §§ 516 – 651, 12. Auflage, 1998
Staudinger, Julius von	Kommentar zum Bürgerliches Gesetzbuch mit Einführungsgesetz und Nebengesetzen Buch 2: Recht der Schuldverhältnisse, Vorb. § 611 ff, §§ 611 – 613 (Dienstvertragsrecht I), Neubearbeitung 2011
Ulmer, Peter/Brandner, Hans Erich/Hensen, Horst-Diether	AGB-Recht, Kommentar, 11. Auflage, 2011
Wolf, Manfred/Lindacher, Walter F./Pfeiffer, Thomas	AGB-Recht, Kommentar, 6. Auflage, 2013

1. Teil

Allgemeiner Teil

I. Hinweise zur Klausurtechnik

Studierende in Examensnähe haben bereits eine gewisse Routine im Anfertigen von **1** Klausuren gewonnen. Nicht immer besteht daher die Bereitschaft, sich noch einmal mit der Technik des Klausurschreibens auseinander zu setzen. Das gilt es indes zu überdenken. Viele Studierende erwerben ihre Kenntnisse über die Klausurtechnik ausschließlich von AG-Leitern, später werden ggf. Hinweise von privaten Repetitoren übernommen. Gerade AG-Leiter verfügen in der Regel auch über die Fähigkeit, die Kenntnisse und insbesondere auch das Engagement zur Wissensvermittlung in diesem Bereich. Diese Wissensvermittlung erfolgt jedoch in einem frühen Stadium des Studiums und geht teilweise bis zum Examen wieder verloren bzw. das Wissen wird nicht mehr den Anforderungen des Examens gemäß vertieft. Schließlich möge der Studierende bedenken, dass die genannten Personenkreise *nicht* originale Examensklausuren korrigieren und daher nur einen beschränkten Einblick in die Fähigkeiten der Examenskandidaten haben, wie sie sich unter echten Examensbedingungen darstellen.

Wenn sich der Leser (die Leserin) bei der Lektüre der folgenden Hinweise ganz überwiegend langweilt, zeigt dies, dass er schon echter Klausurprofi ist. Das ist gut so. Gerade die wenigen Punkte, die ihm neu sind oder wieder ins Gedächtnis kommen, können ihm jedoch dazu verhelfen, dass die Klausur – und zwar jede folgende Klausur in jedem Rechtsgebiet – 1 bis 2 Punkte besser als die vorherigen ausfällt. Dies sollte den Einsatz lohnen. Im Übrigen möchte ich darauf hinweisen, dass alle Hinweise aus eigener Korrekturerfahrung stammen, d. h. diese Fehler werden in den Klausuren der Ersten Juristischen Prüfung bzw. in Schwerpunktsbereichsklausuren tatsächlich, und zwar nicht nur in Einzelfällen gemacht:

1. Hinweise zur Form

a) Überschreiben Sie die Lösung mit Rechtsgutachten! Schreiben Sie am Ende „Ende der Bearbeitung"!

Dies wird von manchen Korrektoren gewünscht, von manchen wird es nicht für erfor- **2** derlich gehalten. Verschenken Sie keine Zeit, indem Sie in der Klausur darüber nachdenken. Schreiben Sie es einfach hin.

b) Nummerieren Sie die Seiten und schreiben Sie Ihren Namen auf jede Seite!

Klausuren können – insbesondere beim Vergleichen der Lösungen – durcheinander geraten. Sie können so sicherstellen, dass keine Ihrer Seiten einem anderen Kandidaten zugeordnet wird.

c) Schreiben Sie gut leserlich! Gönnen Sie Ihrem Handgelenk und dem Korrektor ein gutes Schreibgerät!

Letzteres ist besonders wichtig, wenn Sie über keine schöne Handschrift verfügen. In diesem Fall sollten Sie zudem gerade am Anfang der Klausur versuchen, möglichst leserlich zu schreiben. Auf diese Weise kann der Korrektor sich in Ihre Schrift „hinein-lesen" und sie besser entziffern, wenn am Ende der Klausur keine Zeit mehr bleibt, auf die Leserlichkeit zu achten.

d) Zitieren Sie das Gesetz richtig! Vergessen Sie nicht die Paragraphenzeichen!

Z. B. § 1 Abs. 1 Satz 1 Nr. 1, 1. Alt. 1. Spiegelstrich, alternativ § 1 I 1 Nr. 1, 1. Alt., 1. Spiegelstrich. Wenn Sie statt „Alt." den Ausdruck „Variante" verwenden, kürzen sie diesen mit „Var." ab, nicht mit „V", weil ansonsten eine Verwechslung mit „V" für die römische Zahl „5" auftreten kann.

Vergessen Sie das Paragraphenzeichen nicht, auch nicht „§§", wenn auf zwei oder mehr Paragraphen verwiesen wird. Gerade die jüngere Korrekturerfahrung zeigt, dass auf Paragraphenzeichen gerne (aus Zeitgründen?) verzichtet wird. Der Korrektor wird dafür kein Verständnis zeigen. Gewöhnen Sie sich an, auch in sonstigen Texten, bei Mitschriften usw. *immer* das Paragraphenzeichen zu verwenden. Wenn dies nicht in „Fleisch und Blut" übergeht, werden Sie es im Stress der Examensklausur vergessen!

e) Zitieren Sie eine Norm niemals ohne Gesetzesangabe!

Dies ist gerade im Arbeitsrecht bei der Vielfalt der unterschiedlichen Gesetze unver-zichtbar. In anderen zivilrechtlichen Klausuren ist der Hinweis, dass alle folgenden Paragraphen, wenn nicht anders benannt, solche des BGB sind, nützlich.

2. Hinweise zur inhaltlichen Abfassung

a) Jede Klausurlösung beginnt mit einem Obersatz!

3 Das gilt grundsätzlich auch für eine Anwaltsklausur; hier können ggf. einige einlei-tende Sätze erfolgen (vgl. Fall 9). Bei reinen Themenklausuren ist es jedenfalls hilf-reich, sich die Frage „Wer könnte was von wem woraus verlangen?" zu stellen.

b) Beantworten Sie nur die Fallfrage!

Unnötige Ausführungen kosten Zeit und führen zu einer falschen Schwerpunktsetzung.

c) Verwenden Sie weder „da" noch „weil"! Bleiben Sie im Gutachtenstil!

Das Auge des Korrektors „springt" auf diese Wörter. Gewöhnen Sie sich an, sie in Klausuren überhaupt nicht zu verwenden.

d) Der Jurist lässt die Sache sprechen!

Schreiben Sie niemals in der ersten Person! Auch Ausdrücke wie m.E. (meines Erachtens) usw. sind unschön und haben allenfalls in wissenschaftlichen Abhandlungen eine Berechtigung. Dass (angeblich) eine herrschende Meinung zu einer bestimmten Streitfrage besteht, ersetzt nicht das inhaltliche Argument.

Das Zitieren anderer Personen mit Namen ist in einer Klausur kaum möglich, da man dann eine entsprechende Fundstelle hinzufügen müsste, die man aber im seltensten Fall im Kopf hat.

e) Verweisen Sie innerhalb Ihrer Klausur auf genaue Gliederungspunkte oder Seiten!

Selbstverständlich gilt es, in der Klausur Wiederholungen zu vermeiden. Der Hinweis „s.o." oder Ähnliches ist indes nicht ausreichend. Wenn häufiger Verweisungen erfolgen müssen, bleibt vielleicht keine ausreichende Zeit, die entsprechenden Stellen zu finden. Zeigen Sie dann dem Korrektor, dass Sie die juristische Arbeitstechnik beherrschen, indem Sie beim ersten Mal den Verweis korrekt ausführen. Wenn dann im Folgenden keine Zeit dafür bleibt, wird er Verständnis zeigen, jedenfalls wenn eindeutig ist, worauf Sie verweisen möchten.

f) Verwenden Sie Abkürzungen allenfalls in echter Zeitnot am Klausurende!

Vielfach sind Abkürzungen bei privaten Repetitoren beliebt – für Korrektoren von Examensklausuren gilt das Gegenteil. Der Studierende mag den Eindruck gewinnen, Abkürzungen seien Ausweis einer gewissen „Professionalität". Das ist nicht der Fall. „Professionell" ist ein Urteil des BGH. Dort werden Sie keine Abkürzungen finden.

Sehr unschön sind z. B. WE (Willenserklärung), PV (Pflichtverletzung), Vss (Voraussetzungen), SV (Sachverhalt), KggV (K gegen V), SEA (Schadensersatz), ~ (analog).

g) Verweisen Sie in Ihrer Lösung nicht auf den Sachverhalt („Laut Sachverhalt …")!

Der Verweis auf den Sachverhalt ist auch bei Examenskandidaten noch sehr beliebt. Er ist jedoch überflüssig und kostet Zeit. Der Korrektor kennt den Sachverhalt auswendig. In echter Not, d. h. wenn Sie wirklich meinen, es sei notwendig, den Korrektor auf eine Sachverhaltspassage aufmerksam zu machen, klingt „im vorliegenden Fall" besser.

Wenn Sie – verständliche – Schwierigkeiten haben, auf diese Floskel zu verzichten, schreiben Sie den Satz hin wie üblich und streichen Sie dann „laut Sachverhalt" weg. Ihr Satz klingt sofort besser, weil Sie ihm nicht mehr den Stempel „dies ist nur eine Prüfungsklausur" aufdrücken, sondern die Lösung sich jetzt auch auf einen realen Fall beziehen könnte.

h) Lassen Sie den bestimmten Artikel vor Personenbezeichnungen grundsätzlich weg!

Schreiben Sie statt „Der A hat einen Anspruch gegen den B" „A hat einen Anspruch gegen B". Dies spart Zeit und klingt weniger nach der Sprache von Kleinkindern.

i) Lassen Sie vermeintlich „bekräftigende" Ausdrücke weg!

Vermeiden Sie z. B.:

– zweifellos, ohne Zweifel, ohne Frage
– natürlich, selbstverständlich
– unproblematisch
– jedenfalls, auf jeden Fall
– eindeutig

Diese Ausdrücke sind im harmlosen Fall überflüssig. Häufig aber zeigen sie dem Korrektor, dass Sie Zweifel haben, das Problem jedoch „verdrängt" wurde. Sie setzen damit ein Signal für eine etwaige Lücke in der Klausurlösung. Wenn Sie Ihre Lösung „bekräftigen" wollen, verwenden Sie einen apodiktischen Stil.

j) Lassen Sie auch „relativierende" Ausdrücke weg!

Dies sind z. B.

– „wohl"
– „quasi"

Sie machen deutlich, dass Sie sich nicht sicher sind, also das Problem nicht lösen konnten.

3. Beispiel

Falsch:

„Der B hat m.E. unproblematisch einen Anspruch aus § 433 gegen den A, weil der A und der B laut Sachverhalt wohl einen KV (s. o.) geschlossen haben."

Richtig:

„A und B haben einen Kaufvertrag geschlossen (oben Frage 1, A.I.). Daher hat B gegen A einen Anspruch aus § 433 II BGB."

II. Besonderheiten der Klausur im individuellen und kollektiven Arbeitsrecht

4 In der arbeitsrechtlichen Klausur ist zunächst zu beachten, dass das Arbeitsrecht über eine Vielzahl unterschiedlicher Rechtsquellen auf unterschiedlichen Hierarchieebenen verfügt (insbesondere Gesetz, Tarifvertrag, Betriebsvereinbarung, Arbeitsvertrag). Diese

Ebenen müssen dem Klausurschreiber bekannt sein und er muss wissen, wie sich die Ebenen zueinander verhalten (vgl. dazu Fall 3, Repetitorium I., Rz. 59 f.).

Relevant wird dies besonders bei Klausuren, in denen wie bei den meisten zivilrechtlichen Klausuren danach gefragt ist, ob eine Person einen Anspruch gegen eine andere hat (sog. Anspruchsklausur). Diese Klausuren stellen in der Technik daher für den Examenskandidaten zunächst keine Schwierigkeit dar. Der Bearbeiter sollte sich jedoch vergegenwärtigen, dass in einem Gutachten sämtliche Anspruchsgrundlagen genannt und geprüft werden müssen. Sollten mehrere Anspruchsgrundlagen gegeben sein, ist zu fragen, wie sie sich zueinander verhalten. Im Zweifel gilt das Günstigkeitsprinzip.

Häufiger noch als Anspruchsklausuren werden im Arbeitsrecht Klausuren gestellt, in denen danach gefragt wird, ob das Rechtsverhältnis zwischen Arbeitgeber und Arbeitnehmer noch besteht oder ob dieses beendet wurde. In diesem Fall muss die Wirksamkeit der beendenden Maßnahme geprüft werden. Auch hier ist selbstverständlich ein Obersatz zu bilden.

Ganz überwiegend geht es in solchen Klausuren um die Wirksamkeit einer Kündigung. Für den arbeitsrechtlich versierten Studierenden ist dies von Vorteil, da die Kündigung in aller Regel nach einem festen Schema geprüft wird (vgl. Fall 6, Repetitorium I., Rz. 107). Der Prüfungsaufbau steht damit grundsätzlich fest.

Gerade in kündigungsrechtlichen, aber auch in anderen arbeitsrechtlichen Klausuren wird häufig nach den Erfolgsaussichten einer entsprechenden Klage (des Arbeitnehmers) gefragt, so dass Zulässigkeit und Begründetheit zu prüfen sind. In der Regel werden (sofern nicht der jeweilige Prüfungsstoff auch im Verfahrensrecht einen Schwerpunkt setzt) in der Zulässigkeitsprüfung keine besonderen Schwierigkeiten liegen. Es wird aber erwartet, dass die Prüfungsreihenfolge bekannt ist und dass der Kandidat die relevanten Normen des ArbGG kennt und mit ihnen arbeiten kann.

Schließlich sollte sich der Bearbeiter vergegenwärtigen, dass im Arbeitsrecht der höchstrichterlichen Rechtsprechung ein besonderes Gewicht zukommt. Da es kein umfassendes Arbeitsvertragsgesetz gibt und sich das Arbeitsrecht zudem ständig im Fluss befindet, orientiert sich die Praxis sehr stark an den Vorgaben des BAG und des EuGH. Ein Abweichen von einer Ansicht des BAG oder des EuGH, das zu einer Veränderung der Prüfungsreihenfolge und/oder der Schwerpunktsetzung führt, sollte deshalb in einer Examensklausur unterbleiben.

2. Teil

Klausurfälle

Fall 1

Mehr Schein als Sein

A ist bei der Versicherung V seit 1996 beschäftigt. Nach dem zwischen beiden 5
geschlossenen Vertrag soll A als selbstständige Handelsvertreterin (Versicherungsvertreterin) tätig werden. Aufgabe von A ist die Vermittlung von Kranken-, Lebens-,
Unfall- und Sachversicherungen sowie die Pflege und Ausweitung des Bestands. Für
andere Versicherungsunternehmen darf A nicht tätig werden.

In den Vertragsverhandlungen hatte V der A angeboten, sie könne auch als angestellte
Außendienstmitarbeiterin tätig werden. A hatte dies ausdrücklich abgelehnt; sie wolle
nicht sozialversicherungspflichtig werden.

Im Jahre 2011 erleidet V einen wirtschaftlichen Einbruch. Sie beschließt, stärker Einfluss auf die Versicherungsvertreter zu nehmen. In Bezug auf A ergreift V folgende
Maßnahmen: Seit Januar 2012 schickt V an A regelmäßig Besuchs- und Inkassoauf-
träge sowie Terminlisten. In den Schreiben sind jeweils der Kunde, die Auftragsart und
ein Termin genannt. Durchschnittlich sind etwa zehn Besuchsaufträge pro Tag zu absol-
vieren. Die meisten Aufträge erfordern einen Besuch beim Kunden, einige können auch
telefonisch oder schriftlich erledigt werden. Über das Ergebnis hat A die V schriftlich
zu informieren. A ist verpflichtet, an wöchentlichen Besprechungen sowie an Schulungen teilzunehmen und Messestände der V zu besetzen. Krankmeldungen hat sie bei V
einzureichen. Urlaub muss von V genehmigt werden.

Die Geschäfte gehen zunehmend schlechter. In den letzten sechs Monaten hat A nur
durchschnittlich 900,– € im Monat verdient.

Den Verdienst für den Monat Januar 2014 i. H. v. 880,– € hat V bisher nicht ausbezahlt.
A erhebt daraufhin Klage vor dem Arbeitsgericht. V meint, das Gericht sei für A gar
nicht zuständig und beantragt Klageabweisung.

Frage 1: Ist die Klage der A auf Zahlung von 880,– € gegen V zulässig?

Weiter möchte A Urlaub machen und zwar den gesamten Monat Februar 2014. Sie
meint, wenn V den Urlaub schon genehmige, könne sie ihr auch den durchschnittlichen
Monatslohn weiterzahlen. V genehmigt den Urlaub, lehnt die Zahlung jedoch ab. A
erhebt vor dem Arbeitsgericht Klage auf Entgeltfortzahlung für den Monat Februar.

Frage 2: Wird die Klage erfolgreich sein?

Im März erkrankt A für eine Woche. Auch für diese Zeit möchte sie den anteiligen Monatslohn von V. Wiederum erhebt sie Klage vor dem Arbeitsgericht.

Frage 3: Wird die Klage erfolgreich sein?

Bearbeitervermerk: Die Fragen sind in der vorgegebenen Reihenfolge zu beantworten.

Vorüberlegungen

I. Die Klausur besteht aus drei Fragen. Der Bearbeitervermerk gibt hier die Reihen- **6**
folge zwingend vor. Allerdings ist es auch ohne einen solchen Hinweis in aller
Regel sinnvoll, die vom Klausurersteller vorgegebene Reihenfolge einzuhalten.

II. In Frage 1 wird nur nach der Zulässigkeit, in den Fragen 2 und 3 nach den
Erfolgsaussichten der Klagen gefragt, so dass hier jeweils Zulässigkeit und
Begründetheit der Klage zu prüfen sind. Die Zulässigkeit von Klagen vor dem
Arbeitsgericht gehört grundsätzlich auch zum Prüfungsstoff für die erste Juristi-
sche Prüfung. In der Regel gilt es dabei nur, besonders relevante Abweichungen
des ArbGG von der ZPO zu beachten.

III. Zeitleiste:

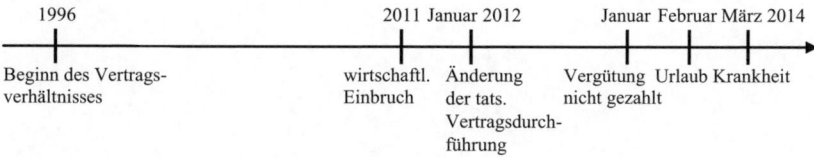

Gliederung

Frage 1: Klage der A auf Lohnzahlung   **7**

A. Rechtsweg zu den Arbeitsgerichten/Sachliche Zuständigkeit
   I. Arbeitnehmereigenschaft als sog. doppelrelevante Tatsache?
   II. Arbeitnehmereigenschaft oder § 5 III ArbGG?

B. Sonstige Zulässigkeitsvoraussetzungen

C. Ergebnis

Frage 2: Klage der A auf Urlaubsentgelt

A. Zulässigkeit

B. Begründetheit
   I. Voraussetzungen aus § 1 BUrlG
   II. Entgeltfortzahlung

C. Ergebnis

**Frage 3: Klage der A auf Entgeltfortzahlung für die Woche
krankheitsbedingter Nichtarbeit**

A. Zulässigkeit

B. Begründetheit

    I. Arbeitnehmerbegriff

        1. Abgrenzungskriterien

        2. Bedeutung des Vertrags und der tatsächlichen Vertragsdurchführung

        3. Gesamtwürdigung der Umstände

    II. Unzulässige Rechtsausübung

    III. Rechtsfolge

C. Ergebnis

Lösung[1]

Frage 1: Klage der A auf Lohnzahlung

Zu prüfen ist lediglich, ob die Klage der A auf den ausstehenden Lohn i. H. v. 880,– €
zulässig ist.

A. Rechtsweg zu den Arbeitsgerichten/Sachliche Zuständigkeit

I. Arbeitnehmereigenschaft als sog. doppelrelevante Tatsache?

Die Zulässigkeit setzt insbesondere die Eröffnung des Rechtsweges zu den Arbeitsge- **8**
richten und damit deren (ausschließliche) sachliche Zuständigkeit voraus. Nach § 2 I
Nr. 3 lit. a) ArbGG sind die Gerichte für Arbeitssachen ausschließlich zuständig für
bürgerliche Rechtsstreitigkeiten zwischen Arbeitnehmern und Arbeitgebern aus dem
Arbeitsverhältnis.

Voraussetzung für die Zulässigkeit der Klage könnte also sein, dass A Arbeitnehmerin ist.

Möglicherweise kann die gem. § 5 ArbGG zu prüfende Arbeitnehmereigenschaft der A
im Rahmen der Zulässigkeitsprüfung jedoch dahinstehen. Nach der Rechtsprechung des
BAG brauchen die Voraussetzungen des § 5 ArbGG nicht festzustehen (d. h. unbestrit-
ten oder bewiesen sein), wenn es sich um sog. doppelrelevante Tatsachen handelt. Dies
ist gegeben, wenn sich der eingeklagte Anspruch ausschließlich auf eine Anspruchsgrundlage stützen lässt, deren Prüfung in die Zuständigkeit der Arbeitsgerichte gem. § 2
ArbGG fällt (sog. Sic-non-Fall, z. B. Kündigungsschutzklage).[2] Da hier die maßgeblichen Tatsachen gleichzeitig Voraussetzung für die Begründetheit sind, kommt eine Ver-
weisung an ein Gericht eines anderen Rechtswegs nicht in Betracht. Daher genügt für
die Zuständigkeit bereits die Rechtsansicht des Klägers.

Vorliegend macht A jedoch einen Vergütungsanspruch geltend. Der Vergütungsanspruch ergibt sich aus § 611 BGB i. V. m. dem jeweiligen Dienstvertrag, wobei es sich
um einen Arbeitsvertrag oder um den Vertrag eines selbstständigen Dienstverpflichte-
ten handeln kann. Beide möglichen Anspruchsgrundlagen schließen sich gegenseitig
aus. A ist entweder unselbstständige Dienstverpflichtete, also Arbeitnehmerin, oder
selbstständige Dienstverpflichtete, hier als selbstständige Handelsvertreterin. Damit
handelt es sich um einen sog. Aut-aut-Fall. In einem solchen Fall müssen grundsätzlich
bereits in der Zuständigkeitsprüfung die Voraussetzungen des § 5 ArbGG geprüft werden. Andernfalls bestünde die Gefahr, dass das Arbeitsgericht über einen rechtsweg-
fremden Anspruch zu entscheiden hätte („Rechtswegerschleichung").

---

1 Fall in Anlehnung an BAG (Urt. v. 20.8.2003) NJW 2004, 461, und BAG (Urt. v. 15.2.2005) AP Nr. 60 zu
§ 5 ArbGG 1979.
2 BAG (Beschl. v. 24.4.1996) AP Nr. 1 zu § 2 ArbGG 1979 Zuständigkeitsprüfung. Bei Arbeitnehmerähnlichkeit BAG (Beschl. v. 19.12.2000) AP Nr. 8 zu § 2 ArbGG 1979 Zuständigkeitsprüfung.

> **Exkurs/Vertiefung:** Neben den Sic-non- und den Aut-aut-Fällen gibt es die seltenen Et-et-Fälle, in denen sich der Anspruch auf eine arbeitsrechtliche und auf eine nicht arbeitsrechtliche Anspruchsgrundlage stützen lässt, wobei sich beide Anspruchsgrundlagen nicht ausschließen. Das BAG nimmt dies an, wenn sich der Dienstverpflichtete gegen eine außerordentliche Kündigung gem. § 626 BGB wehrt.[3]

II. Arbeitnehmereigenschaft oder § 5 III ArbGG?

9 Obwohl ein Aut-aut-Fall vorliegt, könnte ausnahmsweise dennoch auf die Prüfung der Arbeitnehmereigenschaft der A im Rahmen der Zulässigkeit der Klage zu verzichten sein.

Gem. § 5 III ArbGG gelten nämlich auch Handelsvertreter als Arbeitnehmer im Sinne des ArbGG, wenn sie

- zu den Handelsvertretern i. S. d. § 92a HGB gehören und
- während der letzten sechs Monate des Vertragsverhältnisses durchschnittlich nicht mehr als 1000,– € im Monat verdient haben.

A ist gem. dem mit V geschlossenen Vertrag eine sog. Einfirmenvertreterin i. S. d. § 92a I HGB. Sie darf lediglich für V und nicht für andere Versicherungsunternehmen tätig werden. Weiter hat sie in den letzten zwei Jahren monatlich lediglich 900,– € verdient. Sie bleibt damit unter der in § 5 III 1 ArbGG vorgesehenen Verdienstgrenze.

Es ist zwar auch möglich, dass es auf diese vertraglichen Vereinbarungen nicht ankommt, und A stattdessen wegen der engen Weisungsbindung als Arbeitnehmerin anzusehen ist. In diesem Fall wäre jedoch die Zuständigkeit der Arbeitsgerichte ebenfalls, nämlich nach § 5 I 1 ArbGG gegeben. Über den Status der A muss daher im Rahmen der Zulässigkeit nicht entschieden werden.[4]

> **Exkurs/Vertiefung:** Die – vielfach umfangreiche und schwierige – Prüfung der Arbeitnehmereigenschaft kann weiter unterbleiben, wenn es sich gem. § 5 I 1, 2. Alt. ArbGG um eine arbeitnehmerähnliche Person handelt. Dazu unter Frage 2. Bei einem Handelsvertreter kann nach herrschender Ansicht[5] auf die Arbeitnehmerähnlichkeit nicht abgestellt werden, da § 5 III ArbGG eine speziellere Regelung darstellt, die § 5 I 1, 2. Alt. ArbGG verdrängt.

B. Sonstige Zulässigkeitsvoraussetzungen

10 Es sind keine Hinweise ersichtlich, dass sonstige Zulässigkeitsvoraussetzungen, insbesondere die örtliche Zuständigkeit des Arbeitsgerichts (§§ 48 Ia, 46 II ArbGG, §§ 12 ff. ZPO), seine instanzielle Zuständigkeit (§ 8 ArbGG), die Parteifähigkeit der A (§ 46 II ArbGG, § 50 ZPO), ihre Prozessfähigkeit (§ 46 II ArbGG, §§ 51 I, 52 ZPO) und ihre Postulationsfähigkeit (§ 11 ArbGG) nicht gegeben wären.

---

3 BAG (Beschl. v. 10.12.1996) AP Nr. 4 zu § 2 ArbGG 1979 Zuständigkeitsprüfung; a.A. *Schwab/ Weth-Walker*, ArbGG, 4. Aufl., 2015, § 2 Rz. 240.
4 Vgl. BAG (Urt. v. 15.2.2005) AP Nr. 60 zu § 5 ArbGG 1979.
5 *Schwab/Weth-Kliemt*, ArbGG, 4. Aufl., 2015, § 5 Rz. 268.

Es ist davon auszugehen, dass A den Vergütungsanspruch ordnungsgemäß als Leistungsklage erhebt (§ 46 II ArbGG, §§ 253, 256 ZPO).

C. Ergebnis

Die Klage der A ist zulässig.

Frage 2: Klage der A auf Urlaubsentgelt

Die Klage auf Entgeltfortzahlung ist erfolgreich, wenn sie zulässig und begründet ist.

A. Zulässigkeit

Die Klage ist zulässig; es kann auf die Darstellung in Frage 1, A. und B. verwiesen werden. Auch hier erhebt A eine Leistungsklage.

B. Begründetheit

Die Klage wäre begründet, wenn A gegen V einen Anspruch auf Entgeltfortzahlung für den Monat Februar hätte. Ein solcher Anspruch könnte sich nur aus § 1 BUrlG ergeben.

I. Voraussetzungen aus § 1 BUrlG

Voraussetzung dafür ist nicht, dass A Arbeitnehmerin ist. Es genügt, dass sie gem. § 2 **11** S. 2 1. Halbs. BUrlG als arbeitnehmerähnlich zu qualifizieren ist.

Die Voraussetzungen der Arbeitnehmerähnlichkeit sind im BUrlG nicht definiert. Eine Legaldefinition findet sich in § 12a TVG. Danach sind arbeitnehmerähnlich solche Selbstständige, die

- wirtschaftlich vom Auftraggeber abhängig sind und
- vergleichbar einem Arbeitnehmer sozial schutzbedürftig sind.

Diese Definition kann im Rahmen des BUrlG herangezogen werden. Die übrigen Voraussetzungen, die § 12a TVG nennt, werden von der Legaldefinition nicht erfasst. Sie können jedoch als Indizien für das Vorliegen von Arbeitnehmerähnlichkeit herangezogen werden.

A bestreitet ihren Lebensunterhalt ausschließlich durch ihre Tätigkeit für V. Anderen Beschäftigungen geht sie nicht nach. Somit ist sie wirtschaftlich von V abhängig.

Zudem müsste A sozial schutzbedürftig sein. Von sozialer Schutzbedürftigkeit geht die Rechtsprechung aus, wenn das Maß der Abhängigkeit nach der Verkehrsanschauung einen Grad erreicht, wie er im Allgemeinen nur im Arbeitsverhältnis vorkommt und die geleisteten Dienste nach ihrer sozialen Typik mit denen eines Arbeitnehmers vergleichbar sind.[6] Vorliegend spricht dafür insbesondere, dass A die der V geschuldeten Leistungen persönlich und ohne Mitarbeit eigener Arbeitnehmer erbringt und sie ausschließlich für V tätig wird.

A ist also (mindestens) als arbeitnehmerähnlich zu qualifizieren. Ob sie darüber hinaus den Status einer Arbeitnehmerin erreicht, kann dahinstehen.

II. Entgeltfortzahlung

12 Entgeltfortzahlung für den gesamten Monat Februar stünde A nur zu, wenn sie Anspruch auf bezahlten Erholungsurlaub für den gesamten Monat hatte. Laut § 3 BUrlG hat sie Anspruch auf jährlich 24 Werktage Urlaub. Hierzu zählen auch die Samstage. Somit besteht ein Urlaubsanspruch der A von vier Wochen im Jahr. Da der Februar im Jahr 2014 nur 28 Tage hat, umfasst der Anspruch den gesamten Monat.

A hat Anspruch auf Entgeltfortzahlung für den gesamten Monat Februar.

> **Exkurs/Vertiefung:** Für die Höhe ist § 11 I BUrlG maßgeblich. Somit steht A grundsätzlich ein Anspruch auf bezahlten Urlaub gem. § 611 BGB i. V. m. §§ 1, 11 I BUrlG in Höhe ihres durchschnittlichen Arbeitsverdienstes der letzten 13 Wochen vor Beginn ihres Urlaubs zu. Im Fall ist eine konkrete Berechnung nicht möglich und damit auch nicht erforderlich, weil lediglich der Durchschnittsverdienst der letzten 6 Monate im Sachverhalt angegeben wurde.

C. Ergebnis

Die Klage der A auf Entgeltfortzahlung für den Monat Februar wäre erfolgreich.

Frage 3: Klage der A auf Entgeltfortzahlung für die Woche krankheitsbedingter Nichtarbeit

Die Klage auf Entgeltfortzahlung ist erfolgreich, wenn sie zulässig und begründet ist.

A. Zulässigkeit

Hinsichtlich der Zulässigkeit kann auf die Lösung zu Frage 1 verwiesen werden. A erhebt wiederum eine Leistungsklage.

B. Begründetheit

Der Anspruch der A auf Entgeltfortzahlung für die Woche, in der sie erkrankt war, kann sich nur aus § 3 EFZG ergeben.

Dafür ist Voraussetzung, dass A Arbeitnehmerin ist.

---

6 BAG (Urt. v. 2.10.1990) AP Nr. 1 zu § 12a TVG.

I. Arbeitnehmerbegriff

1. Abgrenzungskriterien

Nach der Rechtsprechung des BAG ist Arbeitnehmer, wer aufgrund eines privatrechtlichen **13** Vertrags im Dienste eines anderen zur Leistung weisungsgebundener, fremdbestimmter Arbeit in persönlicher Abhängigkeit verpflichtet ist.[7] Das Arbeitsverhältnis sei Dauerschuldverhältnis, bei dem die vertraglich geschuldete Arbeitsleistung im Rahmen einer von Dritten bestimmten Arbeitsorganisation zu erbringen sei. Diese Eingliederung in eine fremde Arbeitsorganisation zeigt sich nach Ansicht des BAG insbesondere darin, dass der Beschäftigte einem Weisungsrecht seines Vertragspartners unterliegt, das – wie § 106 GewO klarstellt – Inhalt, Durchführung, Zeit, Dauer und Ort der Tätigkeit betreffen kann.

> **Exkurs/Vertiefung:**
>
> Maßgeblich sind also folgende Kriterien
> * privatrechtlicher Vertrag
> * Dienstvertrag im Gegensatz zum Werkvertrag (§ 631 BGB, Erfolg geschuldet) und Auftrag (§ 662 BGB, unentgeltlich)
> * persönliche Abhängigkeit
> * tatsächliche Eingliederung in den fremden Betrieb
> * Weisungsgebundenheit: Zeit, Ort, Art und Weise der Tätigkeit.

Das BAG zieht auch § 84 I 2 HGB zur Abgrenzung heran. Damit ist Arbeitnehmer, wer seine Tätigkeit nicht im Wesentlichen frei gestalten und seine Arbeitszeit bestimmen kann. Selbstständig sei dagegen, wer im Wesentlichen frei seine Tätigkeit gestalten und seine Arbeitszeit bestimmen kann.

Im vorliegenden Fall ist A jedoch Versicherungsvertreterin, § 84 I 2 HGB ist daher direkt anwendbar. Es kommt damit maßgeblich auf die von dieser Norm genannten Voraussetzungen an.

2. Bedeutung des Vertrags und der tatsächlichen Vertragsdurchführung

Für die Beurteilung der Arbeitnehmereigenschaft ist zunächst von dem zwischen den **14** Vertragsparteien geschlossenen Vertrag auszugehen. Nach diesem Vertrag ist A als selbstständige Versicherungsvertreterin zu qualifizieren. Dies entspricht dem ausdrücklich erklärten Willen beider Vertragsparteien. Umfassende Weisungsrechte, wie sie im Arbeitsverhältnis, d. h. im Verhältnis zu angestellten Außendienstmitarbeitern, üblich sind, wurden nicht vereinbart. A hätte danach den Status einer Selbstständigen.

Etwas anderes könnte sich aber aus der Veränderung der Vertragsdurchführung ab Januar 2012 ergeben. Zwar haben die Vertragsparteien den Vertrag nicht ausdrücklich geändert. Nach Ansicht des BAG ist jedoch auf die tatsächliche Vertragsdurchführung abzustellen, wenn sich diese und die vertragliche Vereinbarung widersprechen.[8]

---

7 BAG (Urt. v. 20.8.2003) NJW 2004, 461 f.; BAG (Beschl. v. 26.10.2002) AP Nr. 83 zu § 2 ArbGG 1979.
8 BAG (Urt. v. 20.8.2003) NJW 2004, 461 f.; BAG (Urt. v. 15.12.1999) AP Nr. 9 zu § 84 HGB.

Diese Grundsätze gelten auch bei einem sog. Statuswechsel von der Selbstständigen- zur Arbeitnehmereigenschaft.[9]

Entscheidend ist also, ob nach der tatsächlichen Vertragsdurchführung A als Arbeitnehmerin anzusehen ist. Dabei kommt es auf eine Gesamtwürdigung der Umstände des Einzelfalls an.[10]

3. Gesamtwürdigung der Umstände

15 Zunächst sprechen gegen die Arbeitnehmereigenschaft der A eine offenbar bestehende fachliche Weisungsfreiheit sowie ein Restbestand an Freiheit, die Tätigkeit nach eigenem Willen zu gestalten.

Für die Arbeitnehmereigenschaft der A sprechen dagegen folgende Indizien:

- Die starke Eingebundenheit durch die Terminvorgaben der V. Diese führen zu einer örtlichen und vor allem zeitlichen Weisungsunterworfenheit. Bei zehn Besuchsaufträgen pro Tag dürfte der überwiegende Teil der Arbeitstätigkeit durch V gesteuert werden, auch wenn einige Aufträge kein persönliches Treffen mit dem Kunden erfordern.
- Die Informationspflichten gegenüber V. Diese ermöglichen eine umfassende Kontrolle der A. Für den Selbstständigen ist es jedoch typisch, dass er keiner Kontrolle unterliegt.
- Eine weitere örtliche und zeitliche Eingebundenheit entsteht durch die Pflicht der A, an wöchentlichen Besprechungen, Schulungen und Messeveranstaltungen teilzunehmen.
- Auch die Genehmigungspflicht für Urlaube stellt ein Indiz für die Arbeitnehmereigenschaft dar.
- Die Pflicht zur Anzeige von Krankmeldungen ist nur ein schwaches Indiz, da V auch bei selbstständigen Handelsvertretern ein Interesse daran hat, dass die Kunden durchgehend betreut werden.

Nach einer Literaturansicht soll in dieser Frage außerdem beachtlich sein, dass ein Einfirmenvertreter zwar ein unternehmerisches Risiko trage, aber nur geringe unternehmerische Chancen habe.[11] A kann im Rahmen ihrer Vermittlungstätigkeit nur „Produkte" der V anbieten. Außerdem hat sie keine eigenen Mitarbeiter.

Entscheidend ist hier insgesamt die starke zeitliche Weisungsgebundenheit der A durch die Terminvorgaben der V, so dass insgesamt die Arbeitnehmerstellung der A zu bejahen ist.

---

9 Nicht aber umgekehrt, BAG (Urt. v. 12.9.1996) AP Nr. 1 zu § 611 BGB Freier Mitarbeiter; LAG Thüringen (Beschl. v. 6.2.1998) NZA-RR 1998, 296. Wer ausdrücklich als Arbeitnehmer eingestellt wurde, darf auf den Fortbestand des Arbeitsverhältnisses vertrauen, vgl. *Hanau/Strick*, AuA 1998, 185.

10 BAG (Urt. v. 20.8.2003) NJW 2004, 461 f.; BAG (Urt. v. 15.12.1999) AP Nr. 9 zu § 84 HGB.

11 *Wank*, DB 1992, 90.

II. Unzulässige Rechtsausübung

Nach Ansicht der Rechtsprechung kann der Berufung auf die Arbeitnehmereigenschaft **16** jedoch der Einwand der unzulässigen Rechtsausübung wegen widersprüchlichen Verhaltens (§ 242 BGB) entgegenstehen, wenn für den Vertragspartner ein schützenswerter Vertrauenstatbestand geschaffen wurde. Dies soll z. B. der Fall sein, wenn der sog. Statuskläger eine frühere Statusklage zurückgenommen hat, nach erfolgreicher Statusklage ein freies Mitarbeiterverhältnis vereinbart hat oder den Abschluss eines Arbeitsvertrages jahrelang abgelehnt hat.[12] Ein vergleichbarer Fall liegt hier jedoch nicht vor. Nach Ansicht der Rechtsprechung genügt es nicht, dass ein Vertrag über selbstständige Tätigkeit abgeschlossen wurde und der vergütungsmäßigen Behandlung als Selbstständiger nicht widersprochen wurde.[13]

III. Rechtsfolge

A hat den Status einer Arbeitnehmerin. Folglich steht ihr ein Anspruch auf Entgeltfortzahlung gem. § 3 EFZG zu. Die Höhe bestimmt sich nach § 4 des Gesetzes.

C. Ergebnis

Die Klage der A auf Entgeltfortzahlung wäre erfolgreich.

---

12 BAG (Urt. v. 11.12.1996) AP Nr. 36 zu § 242 BGB Unzulässige Rechtsausübung – Verwirkung; BAG (Urt. v. 12.8.1999) AP Nr. 41 zu § 242 BGB Unzulässige Rechtsausübung – Verwirkung.
13 BAG (Urt. v. 4.12.2002) AP Nr. 1 zu § 333 ZPO.

Repetitorium

I. Dualismus von Arbeitsnehmer- und Selbstständigeneigenschaft

17

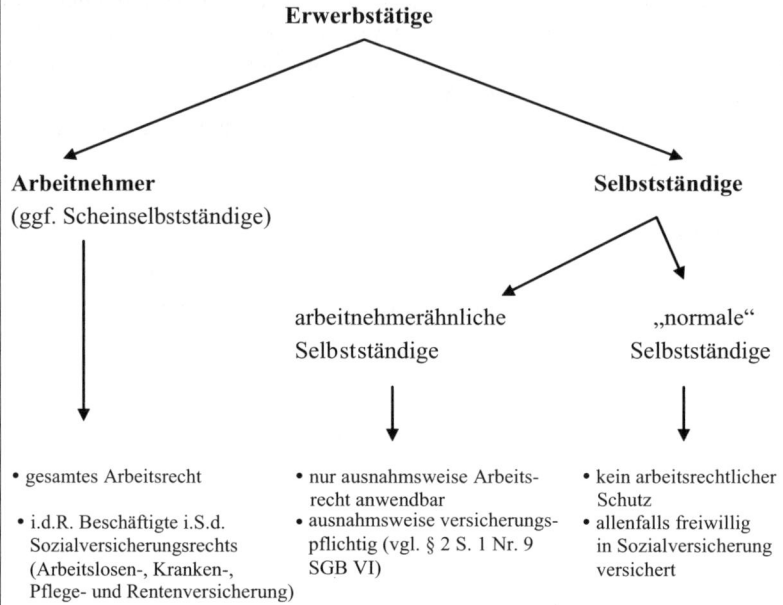

II. Prüfung der Zulässigkeit durch die Arbeitsgerichte im Urteilsverfahren

18 1. Internationale Zuständigkeit der deutschen Arbeitsgerichte

2. Rechtsweg zu den Arbeitsgerichten/Sachliche Zuständigkeit des Arbeitsgerichts (§§ 2 ff. ArbGG)

3. Örtliche Zuständigkeit des Arbeitsgerichts (§§ 48 Ia, 46 II ArbGG, §§ 12 ff. ZPO)

4. Instanzielle Zuständigkeit (§ 8 ArbGG)

5. Parteifähigkeit (§ 46 II ArbGG, § 50 ZPO)

6. Prozessfähigkeit (§ 46 II ArbGG, §§ 51 I, 52 ZPO)

7. Postulationsfähigkeit (§ 11 ArbGG)

8. Ordnungsgemäße Klageerhebung (§ 46 II ArbGG, §§ 253, 256 ZPO)

9. Ggf. Klageart/Rechtsschutzinteresse

III. Zum Urlaubsanspruch

1. Der Urlaubsanspruch, d. h. der Anspruch auf bezahlten Erholungsurlaub, kann sich **19** insbesondere aus dem Arbeitsvertrag, einer Betriebsvereinbarung, dem Tarifvertrag oder aus dem BUrlG ergeben. Spezialgesetzliche Regelungen enthalten z. B. § 19 JArbSchG und § 125 SGB IX.

Der Arbeitgeber muss den Anspruch gem. § 7 BUrlG gewähren. Sog. Selbstbeurlaubung ist eine Pflichtverletzung, die u. a. zur Kündigung führen kann.

2. Unterscheide zwischen:

- *Urlaubsentgelt:* Dies ist der Arbeitslohn, den der Arbeitnehmer während des Urlaubs zu beanspruchen hat. Zur Höhe vgl. § 11 BUrlG.
- *Urlaubsgeld:* Stellt eine Zusatzleistung des Arbeitgebers für die erhöhten Aufwendungen während des Urlaubs dar.
- *Urlaubsabgeltung:* Abgeltung für den Fall, dass der Urlaub wegen Beendigung des Arbeitsverhältnisses nicht genommen werden kann (§ 7 IV BUrlG).

IV. Zur krankheitsbedingten Arbeitsunfähigkeit

Bei Nichtleistung der Arbeit infolge einer Krankheit des Arbeitnehmers besteht ein **20** Anspruch auf Entgeltfortzahlung gem. §§ 3 I, 4 I EFZG für grundsätzlich längstens 6 Wochen für dieselbe Krankheit.

1. Voraussetzungen des Anspruchs aus §§ 3 I, 4 I EFZG:

- Bestehen eines Arbeitsverhältnisses und Erfüllung der Wartezeit des § 3 III EFZG,
- Nichtleistung von Arbeit infolge Arbeitsunfähigkeit,
- ausschließlich bedingt durch Krankheit (d. h. Erkrankung des Arbeitnehmers muss die einzige Ursache für dessen Nichtleistung sein), vgl. aber § 9 BUrlG,
- Krankheit muss unverschuldet sein (Maßstab ist „Verschulden gegen sich selbst", praktisch fast nur bei sog. „Risikosportarten" und Verkehrsunfällen),
- Leistungsverweigerungsrechte des Arbeitgebers, die die Durchsetzung hemmen: § 7 I Nr. 1 und 2 EFZG.

2. Höhe des Anspruchs (§ 4 I EFZG): 100 % dessen, was Arbeitnehmer verdient hätte, wenn er in dieser Zeit gearbeitet hätte (sog. „Lohnausfallprinzip").

3. Nach Ablauf des 6-Wochen-Zeitraums steht dem Arbeitnehmer Krankengeld nach § 44 I SGB V zu. Danach besteht ein Anspruch gegen die gesetzliche Krankenkasse in Höhe von 70 %, § 47 I SGB V.

4. Bei Verschulden Dritter an der Krankheit des Arbeitnehmers hat der Arbeitgeber einen Rückgriffsanspruch gegen den Schädiger, § 6 EFZG.

Fall 2

Oldies and Goldies

21 Die D-GmbH betreibt eine gut gehende Detektei. Sie beschäftigt 6 Vollzeitkräfte und 15 Teilzeitkräfte. Es existiert ein Betriebsrat; Vorsitzender des Betriebsrats ist B.

Die D-GmbH sucht einen neuen Mitarbeiter. In der örtlichen Tageszeitung inseriert sie:

„Detektei sucht Mitarbeiter/Mitarbeiterin mit Lebenserfahrung für den Bereich der Personenüberwachung – Nettogehalt 2000,– €/Monat."

Es melden sich mehrere Bewerber, darunter der 25-jährige A. Dieser rechnet sich gute Chancen aus. Er hat eine Ausbildung als Polizist absolviert und in den folgenden Jahren u. a. als Streifenpolizist im sog. Rotlichtmilieu seinen Dienst versehen. Er war dann jedoch aus dem Dienst ausgeschieden. A ist verheiratet und hat Kinder im Alter von 2 Jahren und 4 Monaten.

Im Bewerbungsgespräch mit A erklärt ihm der Personalleiter P, er komme für die Tätigkeit nicht in Betracht. Die Beschattung von Personen setze eine „durch das Leben gestählte Persönlichkeit" und „volle Risikobereitschaft" voraus. Oftmals müssten Beschattungen nachts in gefährlichen Gegenden durchgeführt werden. A verweist auf seine Qualifikationen. P wendet ein, er sei „formal" unter den Bewerbern zwar am besten qualifiziert, aber als Vater einer jungen Familie sei er für die Tätigkeit nicht geeignet. Stattdessen stellt die D-GmbH den Bewerber X (54 Jahre) ein.

A meint, er sei diskriminiert worden. Er verlangt von der D-GmbH, eingestellt zu werden. Zumindest möchte er eine Entschädigung in Geld i. H. v. 6000,– €. Außerdem hat er für die Bewerbung Kosten i. H. v. 15,– € für die Fahrt zum Vorstellungsgespräch aufgewendet, die er ersetzt verlangt.

Frage 1: Welche Ansprüche stehen A gegen die D-GmbH zu?

Bearbeitervermerk: Anspruchsgrundlagen aus dem BGB sind nur hinsichtlich des Einstellungsanspruchs zu prüfen. Bezüglich der anderen Anspruchsziele sind etwaige Anspruchsgrundlagen aus dem BGB nur zu benennen.

Der Vorfall mit A hat in der D-GmbH Nachdenklichkeit ausgelöst. Auch B schaltet sich ein. Nach einigen Auseinandersetzungen schließen die D-GmbH und der B eine Betriebsvereinbarung, in welcher sich die D-GmbH verpflichtet, im Bereich des Außendienstes freie Stellen bei gleicher Eignung solange an jüngere Bewerber (bis 35 Jahre) zu vergeben, bis 20% der Stellen mit jüngeren Arbeitskräften besetzt sind.

Als wieder eine Stelle ausgeschrieben wird, bewirbt sich A erneut. Er ist wiederum der am besten qualifizierte Bewerber. Der Geschäftsführer der D-GmbH will jedoch einen Arbeitsvertrag mit dem Bewerber Y, einem alten Schulfreund des P, abschließen. Er beantragt die Zustimmung des B. Dieser sendet nach drei Tagen ein Schreiben, in dem er die Zustimmung verweigert, da die Einstellung gegen die Betriebsvereinbarung verstoße.

Der Geschäftsführer will P und Y nicht verstimmen. Die GmbH schließt einen Arbeitsvertrag mit Y und weist ihm Arbeit zu. B ist wütend und will gegen die Einstellung des Y etwas unternehmen.

Frage 2: B stellt vor dem Arbeitsgericht den Antrag, die Einstellung des Y rückgängig zu machen. Die D-GmbH stellt daraufhin den Antrag, den Antrag des B abzuweisen, hilfsweise die Zustimmung des B zur Einstellung des Y zu ersetzen. Sind Antrag bzw. hilfsweise gestellter Antrag erfolgreich?

Bearbeitervermerk: Erstellen Sie ggf. ein Hilfsgutachten!

Vorüberlegungen

22 **I.** Wesentliches Thema der Klausur ist offensichtlich eine Diskriminierung wegen des Alters. Vielfach werden jedoch nur Kenntnisse zum Recht der Geschlechterdiskriminierung bestehen. Es ist jeweils zu prüfen, ob die Übertragung etwaig bekannter Grundsätze auf die Altersdiskriminierung möglich erscheint.

II. Neben Anspruchsgrundlagen aus dem AGG kommen in Diskriminierungsfällen grundsätzlich auch Ansprüche aus dem allgemeinen Schuldrecht und aus dem Deliktsrecht in Frage. Sofern bei einer entsprechenden Klausur offensichtlich der Schwerpunkt im Arbeitsrecht liegen soll (z. B. bei Abschlussklausuren im Schwerpunktbereich) gilt es, zwar die nicht arbeitsrechtlichen Anspruchsgrundlagen sauber zu prüfen, andererseits aber den Schwerpunkt in der Klausurlösung nicht in das allgemeine Zivilrecht zu verlegen. Dies strebt auch die hier vorgeschlagene Klausurlösung an.

III. Das Recht der Antidiskriminierung geht im Wesentlichen auf europäisches Recht und insbesondere die dazu ergangene Rechtsprechung des EuGH zurück. Grundsätze dazu müssen auch außerhalb eines Schwerpunktstudiums bekannt sein. Vertiefte Kenntnisse werden insbesondere erwartet, wenn auch das europäische Arbeitsrecht zum Schwerpunktstudium gehört.

IV. Die zweite Frage verdeutlicht die enge Verzahnung von Individualarbeitsrecht und kollektivem Arbeitsrecht im Bereich der Neueinstellung. Grundzüge des kollektiven Arbeitsrechts bei personellen Einzelmaßnahmen (§§ 92 ff. BetrVG) sollten daher auch außerhalb des Schwerpunktbereichs vorhanden sein.

Gliederung

23 **Frage 1: Ablehnung des A bei seiner ersten Bewerbung**

A. Anspruch des A auf Einstellung

   I. Anspruch des A auf Einstellung gem. §§ 280 I, 278 BGB i. V. m. §§ 241 II, 311 II Nr. 1 BGB

   II. Anspruch des A auf Einstellung gem. § 831 BGB

B. Anspruch des A auf Entschädigung in Geld

   I. Anspruch des A auf Entschädigung i. H. v. 6000,– € gem. § 15 II 1 AGG

     1. Persönlicher Anwendungsbereich der §§ 6 ff. AGG.

     2. Benachteiligung

     3. Mittelbare Diskriminierung

     4. Rechtfertigung

     5. Ergebnis

   II. Anspruch des A auf Ersatz der 15,– € für die Fahrt zum Vorstellungsgespräch gem. § 15 I AGG

III. Weitere mögliche Anspruchsgrundlagen aus dem BGB
1. Entschädigung i. H. v. 6000,– €
2. Ersatz der Aufwendungen i. H. v. 15,– €

Frage 2: Antrag auf Rückgängigmachung der Einstellung

A. Antrag des B gem. § 101 S. 1 BetrVG
  I. Zulässigkeit
1. Rechtsweg zu den Arbeitsgerichten/Sachliche Zuständigkeit
2. Sonstige Zulässigkeitsvoraussetzungen
3. Ergebnis
 II. Begründetheit
1. Zustimmungserfordernis
2. Nichtvorliegen der Zustimmung
3. Ergebnis

B. Hilfsantrag der D-GmbH

C. Hilfsgutachten
  I. Verstoß gegen gem. § 99 II Nr. 1 BetrVG
 II. Verstoß gem. §§ 99 II Nr. 2, 95 BetrVG
1. Verstoß der Auswahlrichtlinie gegen § 75 I BetrVG
2. Verstoß der Auswahlrichtlinie könnte gegen § 7 AGG
   a) Rechtfertigung gem. § 8 oder § 10 AGG
   b) Rechtfertigung gem. § 5 AGG
   c) Ergebnis zu 2.
3. Verstoß gegen einen allgemeinen Grundsatz des Unionsrechts
4. Ergebnis zu II.
III. Ergebnis

Lösung

Frage 1: Ablehnung des A bei seiner ersten Bewerbung

A. Anspruch des A auf Einstellung

Eine Anspruchsgrundlage, die ausdrücklich einen Anspruch auf Einstellung gewähren würde, lässt sich dem AGG nicht entnehmen. Vielmehr ordnet § 15 VI AGG gerade an, dass sich ein solcher Anspruch nicht aus einer Verletzung von § 7 AGG ergeben soll. Ein Anspruch auf Einstellung kann sich daher allenfalls im Rahmen eines Schadensersatzanspruches ergeben.

I. Anspruch des A auf Einstellung gem. §§ 280 I, 278 BGB i. V. m. §§ 241 II, 311 II Nr. 1 BGB

24 A könnte gegen die D-GmbH einen Anspruch auf Einstellung aus den §§ 280 I, 278 BGB i. V. m. §§ 241 II, 311 II Nr. 1 BGB haben.

Ob eine rechtswidrige und schuldhafte Pflichtverletzung und ein adäquat kausal entstandener Schaden des Erfüllungsgehilfen P der D-GmbH vorliegen, kann dahinstehen. Die Rechtsfolge der Einstellung ließe sich zwar im Wege des Schadensersatzes durch Naturalrestitution (§ 249 I BGB) herleiten. Rechtsfolge eines Anspruchs aus vorvertraglichem Verschulden ist aber grundsätzlich nur das negative Interesse.[1]

Entscheidend spricht jedoch die spezielle Regelung des § 15 VI AGG gegen einen Anspruch auf Einstellung. Zwar verdrängt das AGG gem. § 15 V und § 32 grundsätzlich nicht allgemeine Ansprüche. Nach seiner systematischen Stellung hinter V spricht VI jedoch dafür, dass sich der Ausschluss des Einstellungsanspruchs auch auf die allgemeinen Ansprüche bezieht.[2] Unter einem „anderen Rechtsgrund" im Sinne des VI sollte daher nicht eine andere Anspruchsgrundlage, sondern ein anderer materieller Grund für die Einstellung (z. B. bei Anspruch auf Wiedereinstellung) verstanden werden.[3]

> **Exkurs/Vertiefung:** Auch aus der Richtlinie 2000/78[4] ergibt sich nichts anders. Diese richtet sich zum einen nur an die Mitgliedstaaten der EU, zum anderen fordert sie keinen Einstellungsanspruch.[5]

---

1 MünchKomm/*Emmerich*, 6. Aufl., 2012, § 311 Rz. 199. Allerdings kommt im Ausnahmefall auch die Haftung auf das positive Interesse in Betracht, insbesondere wenn dem Verletzten der Nachweis gelingt, dass der Vertrag ohne die Pflichtverletzung zustande gekommen wäre, *Emmerich*, ebenda, Rz. 199, 205, 210 f.

2 So im Ergebnis auch Däubler/Bertzbach-*Däubler*, AGG, 3. Aufl., 2013, § 15 Rz. 131 und bzgl. deliktischer Ansprüche MünchKomm/*Thüsing*, 6. Aufl., 2012, § 15 AGG Rz. 52.

3 Dahingehend auch MünchKomm/*Thüsing*, 6. Aufl., 2012, § 15 AGG Rz. 52.

4 Richtlinie 2000/78 v. 27.11.2000 zur Festlegung eines allgemeinen Rahmens für die Verwirklichung der Gleichbehandlung in Beschäftigung und Beruf, ABl. EG 2000 L-303/16.

5 Vgl. EuGH (Urt. v. 10.4.1984) Slg. 1984, 1921 – Harz.

II.   Anspruch des A auf Einstellung gem. § 831 BGB

P könnte durch die Ablehnung des A als Verrichtungsgehilfe der D-GmbH eine uner-   **25** laubte Handlung begangen haben. Die Ablehnung hat A in Bezug auf seine beruflichen Fähigkeiten herabgesetzt und könnte damit in ein „sonstiges Recht" des A eingegriffen haben, nämlich in sein allgemeines Persönlichkeitsrecht (Art. 1 I, Art. 2 I GG). Auch hier (oben A. I., Rz. 24) steht der Rechtsfolge „Einstellung" jedoch die Regelung des § 15 VI AGG entgegen.

B. Anspruch des A auf Entschädigung in Geld

I.   Anspruch des A auf Entschädigung i. H. v. 6000,– € gem. § 15 II 1 AGG

A könnte gegen die D-GmbH einen Anspruch auf Entschädigung i. H. v. 6000,– € aus § 15 II 1 AGG haben.

A könnte ein Anspruch auf angemessene Entschädigung gem. § 15 II 1 AGG zustehen, wenn die D-GmbH gegen das Benachteiligungsverbot aus § 7 AGG verstoßen hätte.

1.   Als Stellenbewerber fällt A gem. § 6 I 2 AGG in den **persönlichen Anwendungs-   26 bereich** der §§ 6 ff. AGG.

2.   Es müsste weiter eine **Benachteiligung** gem. § 7 AGG vorliegen. A könnte wegen seines Alters nicht eingestellt worden sein. Darin läge eine Benachteiligung wegen eines Grundes gem. § 1 AGG, und zwar ein Fall der unmittelbaren Diskriminierung nach § 3 I 1 AGG. Die Entscheidung über die Auswahl unter den Bewerbern wurde jedoch nicht unmittelbar mit dem Alter des A begründet. Vielmehr wurde A mit dem Hinweis abgelehnt, er sei Vater einer „jungen Familie", also ein Vater kleiner Kinder. Darin liegt keine unmittelbare Diskriminierung, weil grundsätzlich (jedenfalls männliche) Arbeitnehmer jeden Alters eine „junge Familie" haben können.

3.   Es könnte jedoch eine **mittelbare Diskriminierung** gem. § 3 II AGG wegen des   **27** Alters vorliegen. Es könnte ein dem Anschein nach neutrales Kriterium gem. § 3 II AGG, nämlich die Eigenschaft als „junger Familienvater", den A in besonderer Weise benachteiligt haben. Dafür ist es erforderlich, dass von einer (potentiellen) Ablehnung statistisch gesehen erheblich mehr junge als alte Stellenbewerber betroffen wären.[6] Dies ist der Fall, denn es gibt in der Altersgruppe der 25- bis 40-jährigen Männer einen wesentlich höheren Anteil an „jungen Familienvätern" als in der Altersgruppe der hier offenbar bevorzugten 40- bis 55-jährigen Arbeitnehmer. Es könnte demnach eine mittelbare Diskriminierung vorliegen.

---

6   Angelehnt an die Formulierung in EuGH (Urt. v. 9.2.1999) Slg. 1999 I, 623 (Rz. 60) – Seymour-Smith.

Exkurs/Vertiefung: Die Abgrenzung zwischen unmittelbarer und mittelbarer Diskriminierung ist mit vielen Zweifelsfragen behaftet. Der Klausurschreiber sollte sich hier nicht zu allzu tiefgehenden theoretischen Erörterungen hinreißen lassen. Vgl. auch die Ausführungen im Repetitorium unter II, Rz. 40.

Eine mittelbare Diskriminierung liegt aber schon tatbestandlich gem. § 3 II AGG nicht vor, wenn die benachteiligende Regelung durch ein rechtmäßiges Ziel sachlich **gerechtfertigt** und das eingesetzte Mittel zur Erreichung des Ziels angemessen und erforderlich ist.

Exkurs/Vertiefung: In der Sache ist eine dem Studierenden aus dem öffentlichen Recht bekannte Verhältnismäßigkeitsprüfung vorzunehmen. Die nachfolgend angeführte Rechtsprechung des EuGH muss dem Studierenden nicht bekannt sein. Es genügt eine gute Argumentation.

Allgemein hat der EuGH ausgeführt, dass eine mittelbare Diskriminierung nur notwendig ist, wenn die Maßnahme der Verwirklichung eines wirklichen unternehmerischen Bedürfnisses dient. Nach der Rechtsprechung des EuGH zur Geschlechterdiskriminierung dürfen Arbeitnehmer mit höherem Erfahrungswissen oder einer besonderen Qualifikation bevorzugt werden.[7] Dasselbe gilt für Arbeitnehmer, welche eine qualitativ oder quantitativ höhere Arbeitsleistung erbringen.[8] Aber die Bevorzugung von Arbeitnehmern aufgrund einer pauschal behaupteten höheren „Motivation" ist keine Rechtfertigung.[9] Auch kann eine Diskriminierung bei der Einstellung nicht durch Umstände gerechtfertigt werden, welche erst im Laufe des Arbeitsverhältnisses zu Tage treten.[10]

Hier wurde die Ablehnung des A damit gerechtfertigt, dass er in seiner Eigenschaft als Familienvater nicht über die nötige Risikofreudigkeit verfüge. Eine nur behauptete fehlende Einsatzfreude ist keine Rechtfertigung. Ob A tatsächlich weniger risikofreudig und einsatzbereit ist, würde sich zudem erst nach Vertragsschluss zeigen. Wenn die D-GmbH sich darauf hätte stützen wollen, hätte sie mit den Bewerbern entsprechende Einstellungstests machen können.

Denkbar für die Ablehnung wäre weiter eine etwaig fehlende Erfahrung des A. Zwar hat A Erfahrungen gesammelt, aber es könnte ihm an der für diese Tätigkeit möglicherweise erforderlichen „Lebenserfahrung" fehlen. An diesem Umstand wurde die Ablehnung jedoch nicht festgemacht. Zudem ist die Lebenserfahrung sehr vom persönlichen Schicksal abhängig und korreliert nicht zwingend mit dem Lebensalter.[11]

Damit ist eine mittelbare Diskriminierung gem. § 3 II AGG gegeben.

---

7   EuGH (Urt. v. 7.2.1991) Slg. 1991 I, 297 (Rz. 13 f.) – Nimz.
8   EuGH (Urt. v. 31.5.1995) Slg. 1995 I, 1275 (Rz. 25, 29 ff.) – Royal Copenhagen.
9   EuGH (Urt. v. 13.7.1989) Slg. 1989, 2743 (Rz. 13 f.) – Rinner-Kühn (angebliche höhere Motivation und betriebliche Verbundenheit von Vollzeitkräften).
10   EuGH (Urt. v. 26.6.2001) Slg. 2001 I, 4961 (Rz. 76 ff.) – Brunnhofer.
11   Däubler/Bertzbach-*Däubler*, AGG, 3. Aufl., 2013, § 10 Rz. 73.

4. Liegt eine Benachteiligung nach § 3 II AGG vor, kann diese zulässig sein, wenn sie **28** nach § 8 AGG oder nach § 10 AGG gerechtfertigt ist.

a) Nach **§ 8 I AGG** ist eine unterschiedliche Behandlung zulässig, wenn die Eigenschaft eine wesentliche und entscheidende berufliche Anforderung darstellt, sofern der Zweck rechtmäßig und die Anforderung angemessen ist. Dies trifft für das hier vom Arbeitgeber gewünschte „höhere Alter" nicht zu.

b) Eine unterschiedliche Behandlung ist hier auch nicht nach **§ 10 AGG** zulässig. Zwar ermöglicht § 10 S. 1, 2, 3 Nr. 1 AGG die Festlegung besonderer Bedingungen für den Zugang zur Beschäftigung mit dem Ziel, die berufliche Eingliederung von älteren Beschäftigten zu sicherzustellen. Dies wird von der D-GmbH jedoch hier nicht vorgetragen.[12]

c) Die Ablehnung des A war damit nicht gerechtfertigt.

5. Ergebnis

Es liegt eine Benachteiligung gem. § 7 AGG vor. Die D-GmbH muss A daher eine angemessene Entschädigung zahlen. Ein Verschuldenserfordernis besteht nicht.[13] Weiter muss für einen Entschädigungsanspruch nicht besonders festgestellt werden, dass ein immaterieller Schaden eingetreten ist; der Verstoß gegen das Benachteiligungsverbot ist ausreichend.[14] Für die Bemessung der Höhe der Entschädigung sind alle Umstände des Einzelfalls zu berücksichtigen, wie die Art und Schwere der Benachteiligung, ihre Dauer und ihre Folgen, Anlass und Beweggründe des Benachteiligenden, das Maß an Verantwortlichkeit des Benachteiligenden sowie von diesem möglicherweise geleistete Wiedergutmachungen. Vor diesem Hintergrund erscheint eine Höhe von 6000,– € angemessen. A hätte als bestqualifizierter Bewerber die Möglichkeit gehabt, einen dauerhaften Arbeitsplatz zu erlangen. Selbst wenn A nicht der am besten qualifizierte Bewerber gewesen wäre, hätte die Entschädigung diese Höhe gem. § 15 II 2 AGG erreichen können.

II. Anspruch des A auf Ersatz der 15,– € für die Fahrt zum Vorstellungsgespräch gem. § 15 I AGG

A könnte gegen die D-GmbH einen Anspruch auf Schadensersatz i.H.v. 15,– € aus § 15 **29** I AGG haben.

Die D-GmbH hat gegen das Benachteiligungsverbot aus § 7 AGG verstoßen (oben I. 2 bis 4, Rz. 26 bis 28).

---

12 Zudem ist fraglich, ob § 10 AGG unionsrechtskonform ist, insoweit er einem privaten Arbeitgeber Diskriminierungen aufgrund der Berufung auf allgemeine politische Ziele erlaubt (vgl. dazu auch Rz. 36).
13 BAG (Urt. v. 22.1.2009) NZA 2009, 945 (950).
14 BAG (Urt. v. 22.1.2009) NZA 2009, 945 (952).

Die D-GmbH müsste die Benachteiligung gem. § 15 I 2 AGG zu vertreten (§§ 276, 278 BGB) haben. Sie hat P in ihren vorvertraglichen Pflichtenkreis gegenüber den Stellen-bewerbern eingesetzt. Das Verschulden des P muss sich die D-GmbH gem. § 278 BGB zurechnen lassen.[15]

> **Exkurs/Vertiefung:** Ob und inwieweit § 15 I 2 AGG mit europäischem Recht in Einklang steht, ist umstritten.[16] Da die Voraussetzungen hier jedoch vorliegen, braucht dies nicht weiter problematisiert zu werden.

Die D-GmbH muss den „hierdurch", also den durch die Benachteiligung „entstandenen Schaden" ersetzen. A macht hier jedoch einen Vertrauensschaden („negatives Inte-resse", vgl. § 284 BGB) geltend. Ein Schaden besteht grundsätzlich in einem unfreiwil-ligen Vermögensverlust. Ein Schaden kann jedoch auch als sog. Frustrationsschaden geltend gemacht werden. Die Auslagen für die Fahrt zum Vorstellungsgespräch sind als sog. frustrierte Aufwendungen zu ersetzen.[17]

A hat damit einen Anspruch gegen die D-GmbH auf Zahlung von 15,– €.

> **Exkurs/Vertiefung:** Der benachteiligte Stellenbewerber, der ohne Benachteiligung eingestellt worden wäre, kann darüber hinaus den Verdienstausfall als Schaden geltend machen. Hierzu enthält der Sachverhalt keine Angaben. Würde A jedoch den Verdienstausfall und damit einen Erfüllungsschaden („positives Interesse", vgl. §§ 281, 283 BGB) fordern, kann er nicht gleich-zeitig den Vertrauensschaden verlangen (vgl. § 284 BGB „anstelle").[18]

III. Weitere mögliche Anspruchsgrundlagen aus dem BGB

1. Entschädigung i. H. v. 6000,– €

30
- Anspruch des A gegen die D-GmbH gem. §§ 280 I, 278 BGB i. V. m. §§ 241 II, 311 II Nr. 1 BGB i. V. m. Art. 1 I, Art. 2 I GG wegen Verletzung seines allgemeinen Persönlichkeitsrechts
- Anspruch des A gegen die D-GmbH gem. § 831 BGB i. V. m. Art. 1 I, Art. 2 I GG[19]
- Anspruch des A gegen die D-GmbH gem. § 831 i. V. m. §§ 823 II BGB, 7 AGG i. V. m. Art. 1 I, Art. 2 I GG[20]

---

15 § 278 BGB ist im Rahmen des § 15 I 2 BGB anwendbar, MünchKomm/*Thüsing*, 5. Aufl., 2007, § 15 AGG Rz. 25.

16 MünchKomm/*Thüsing*, 6. Aufl., 2012, § 15 AGG Rz. 34; ErfK/*Schlachter*, § 15 AGG Rz. 1.

17 Wie hier *Roloff/Lampe*, JuS 2007, 354, 359. A.A. wohl ErfK/*Schlachter*, § 15 AGG Rz. 3: Vertrauens-schaden nur aus vorvertraglichem Verschulden zu ersetzen.

18 Vgl. auch zum Alternativverhältnis von Vertrauens- und Erfüllungsinteresse *Looschelders*, Schuldrecht, Allgemeiner Teil, 12. Aufl., 2014, Rz. 967 ff.

19 Das BAG hat den Anspruch grundsätzlich neben § 611a II BGB a. F. zugelassen, BAG (Urt. v. 5.3.1996) AP Nr. 226 zu Art. 3 GG.

20 Eine frühere Literaturansicht (*Soergel/Raab*, § 611a Rz. 74 m.w.Nachw.) hat § 611a BGB als Schutzgesetz i. S. des § 823 Abs. 2 BGB angesehen. Wenn dies auch für § 7 AGG zuträfe, käme auch diese Anspruchs-grundlage in Betracht. Schutzgesetzcharakter für Art. 45 II AEUV (dazu Repetitorium unter I. 6., Rz. 39) nehmen an: *Roloff/Lampe*, JuS 2007, 354, 359.

2. Ersatz der Aufwendungen i. H. v. 15,– €

- Anspruch des A gegen die D-GmbH gem. § 670 BGB
- Anspruch des A gegen die D-GmbH gem. §§ 280 I, 278 BGB i. V. m. §§ 241 II, 311 II Nr. 1 BGB auf Ersatz des Vertrauensschadens
- Anspruch des A gegen die D-GmbH gem. § 831 BGB[21]
- Anspruch des A gegen die D-GmbH gem. § 831 i. V. m. §§ 823 II BGB, 7 AGG

Frage 2: Antrag auf Rückgängigmachung der Einstellung

Das Gesetz sieht vor, dass sich der Arbeitgeber um eine Ersetzung der Zustimmung **31** gem. § 99 IV BetrVG bemüht. Die D-GmbH hat jedoch nicht vor, entsprechende Schritte einzuleiten. In dieser Situation muss dem Betriebsrat die Möglichkeit offen stehen, sich gegen die Einstellung und Beschäftigung des Y zu wehren.

> **Exkurs/Vertiefung:** Betriebsräte werden gem. § 1 I 1 BetrVG in Betrieben mit mindestens fünf ständigen wahlberechtigten Arbeitnehmern, von denen drei wählbar sind, gewählt. Wahlberechtigt sind gem. § 7 S. 1 BetrVG Arbeitnehmer des Betriebs, die das 18. Lebensjahr vollendet haben. Gem. § 8 I 1 BetrVG sind alle wahlberechtigten Arbeitnehmer wählbar, die sechs Monate dem Betrieb angehören.

A. Antrag des B gem. § 101 S. 1 BetrVG

Der Antrag des B wird erfolgreich sein, wenn er zulässig und begründet ist.

I. Zulässigkeit

1. Rechtsweg zu den Arbeitsgerichten/Sachliche Zuständigkeit

Die Zulässigkeit setzt die Eröffnung des Rechtsweges zu den Arbeitsgerichten und **32** damit deren sachliche Zuständigkeit voraus. Nach § 2a I ArbGG sind die Gerichte für Arbeitssachen ausschließlich zuständig für Angelegenheiten aus dem BetrVG. Hier macht B einen Antrag gem. § 101 S. 1 BetrVG geltend; es geht um die Mitbestimmung des Betriebsrats bei einer personellen Maßnahme nach den §§ 99 ff. BetrVG. Damit sind die Arbeitsgerichte zuständig.

2. Sonstige Zulässigkeitsvoraussetzungen

Es sind keine Hinweise ersichtlich, dass sonstige Zulässigkeitsvoraussetzungen, insbesondere die örtliche Zuständigkeit des Arbeitsgerichts (§ 82 ArbGG), seine instanzielle Zuständigkeit (§ 8 ArbGG), die Parteifähigkeit des B (§ 46 II ArbGG, § 50 ZPO), seine Prozessfähigkeit (§§ 80 II 1, 46 II ArbGG, §§ 51 I, 52 ZPO) und seine Postulationsfähigkeit (§§ 80 II 1 und 11 ArbGG) nicht gegeben wären.

---

21 Zweifelhaft ist hier und bei der folgenden Anspruchsgrundlage insbesondere, ob die Aufwendungen als sog. Frustrationsschaden über einen deliktischen Schadensersatzanspruch geltend gemacht werden könnten, vgl. allgemein MünchKomm/*Oetker*, 6. Aufl., 2012, § 249 Rz. 47 ff.

Der von B gestellte Antrag genügt den Voraussetzungen des §§ 81, 80 II, 46 II ArbGG, § 253 II ZPO.

3. Ergebnis

Der Antrag des B ist zulässig.

II. Begründetheit

Der Antrag wäre begründet, wenn die Einstellung des Y der Zustimmung des B bedurfte und diese nicht vorlag.

1. Zustimmungserfordernis

33 Die Zustimmung des Betriebsrats könnte gem. § 99 BetrVG erforderlich gewesen sein.

Das setzt voraus, dass der Betrieb mehr als 20 wahlberechtigte Arbeitnehmer hatte. Die D-GmbH beschäftigt 6 Vollzeitkräfte und 15 Teilzeitkräfte. Teilzeitbeschäftigte zählen im Rahmen des Betriebsverfassungsgesetzes grundsätzlich „voll". Die D-GmbH hatte damit 21 wahlberechtigte Arbeitnehmer.

Weiter müsste eine mitbestimmungspflichtige Maßnahme i. S. d. § 99 BetrVG vorgenommen worden sein. Unter einer Einstellung versteht das BAG die Aufnahme der tatsächlichen Beschäftigung im Betrieb.[22] Die D-GmbH hat mit Y nicht nur einen Arbeitsvertrag geschlossen, sondern diesem auch bereits Arbeit zugewiesen. Damit liegt eine Einstellung vor.

2. Nichtvorliegen der Zustimmung

Der Betriebsrat hat die Zustimmung nicht erteilt, sondern sie frist- und formgerecht verweigert. Die Zustimmung gilt auch nicht als erteilt gem. § 99 III 2 BetrVG.

3. Ergebnis

Der Antrag des B ist begründet. Das Gericht wird die D-GmbH auffordern, die Einstellung des Y rückgängig zu machen.

Exkurs/Vertiefung: Auf die Frage, ob der Betriebsrat gem. § 99 II BetrVG berechtigt war, die Zustimmung zu verweigern, ist nicht einzugehen. Ziel der §§ 99 ff. BetrVG ist es, den Arbeitgeber im Falle einer fehlenden Zustimmung des Betriebsrats zu einer Antragsstellung gem. § 99 IV BetrVG vor dem Arbeitsgericht zu veranlassen. Dieses Ziel kann nicht erreicht werden, wenn der Arbeitgeber schlicht untätig bleiben oder sich – wie hier – über die Zustimmungsverweigerung des Betriebsrats einfach hinwegsetzen könnte, und dann dennoch im Falle eines Antrags des Betriebsrats nach § 101 S. 1 BetrVG obsiegen könnte.

Dies gilt auch für den Hilfsantrag der D-GmbH:

---

22 BAG (Beschl. v. 28.4.1992) AP Nr. 98 zu § 99 BetrVG 1972.

B. Hilfsantrag der D-GmbH

Das Arbeitsgericht wird dem hilfsweise gestellten Antrag der D-GmbH stattgeben, **34** wenn er zulässig und begründet ist.

Hinsichtlich der Zulässigkeit ist grundsätzlich auf A. I. zu verweisen. Der Antrag ist jedoch nicht zulässig. Würde man einen solchen Antrag zulassen, so könnte der Arbeitgeber stets darauf verzichten, die Zustimmung des Betriebsrats zu erlangen und sich erst um diese bemühen, wenn der Betriebsrat die Zustimmung verweigert. Das würde dem Sinn und Zweck des § 99 BetrVG widersprechen.

Ergebnis: Der Hilfsantrag des D ist unzulässig.

> **Exkurs/Vertiefung:** Da zur Frage, ob der Betriebsrat die Zustimmung zu Recht verweigert hat, noch nicht Stellung genommen werden konnte, ist zu dieser Frage – wie der Bearbeitervermerk schon andeutet – hilfsgutachtlich Stellung zu nehmen.

C. Hilfsgutachten

Der Antrag der D-GmbH gem. § 99 IV BetrVG wäre begründet, wenn der Betriebsrat die Zustimmung nicht hätte verweigern dürfen. Die Zustimmung darf nur aus den in § 99 II BetrVG genannten Gründen verweigert werden.

I.   Hier könnte die Einstellung gem. **§ 99 II Nr. 1 BetrVG** gegen ein Gesetz verstoßen. **35** Diese Vorschrift berechtigt den Betriebsrat allerdings nicht, in jedem Fall eines Verstoßes gegen zwingendes Recht die Zustimmung zu verweigern. Der Betriebsrat wird durch die Norm nicht zum „Hüter des zwingenden Rechts".[23]

Notwendig ist, dass die personelle Maßnahme als solche, also die Einstellung, gegen zwingendes Recht verstößt. Dies ist bei einer Einstellung, die gegen ein Diskriminierungsverbot verstößt, anzunehmen.[24] Als zwingende Norm kommt daher § 7 AGG in Betracht. Die Wertung des § 15 AGG steht dem nicht entgegen, da auch über den Betriebsrat nicht die Einstellung des diskriminierten Bewerbers erreicht werden kann.[25]

Hier liegt jedoch kein Verstoß gegen § 7 I AGG vor. A wurde hier nicht mittelbar oder unmittelbar aufgrund eines Merkmals gem. § 1 AGG benachteiligt. Vielmehr wurde Y aufgrund seiner persönlichen Bekanntschaft mit P bevorzugt. Die Einstellung des Y verstieß damit nicht gegen zwingendes Recht.

---

23   BAG (Beschl. v. 9.7.1996) AP Nr. 9 zu § 99 BetrVG 1972 Einstellung.
24   Vgl. BAG (Beschl. v. 28.3.2000) AP Nr. 27 zu § 99 BetrVG 1972 Einstellung (zu § 611a BGB).
25   ErfK/*Kania*, § 99 BetrVG Rz. 24.

II. Möglich ist aber, dass ein Verstoß gegen eine Auswahlrichtlinie gem. **§§ 99 II Nr. 2, 95 BetrVG** vorliegt.

Der Betriebsrat und die D-GmbH haben eine Auswahlrichtlinie gem. § 95 I BetrVG geschlossen. Nach den Vorgaben der Richtlinie hätte A eingestellt werden müssen. Demnach liegt ein Verstoß gegen die Richtlinie vor. Ein Verstoß ist aber nur zu bejahen, wenn die Auswahlrichtlinie selbst wirksam ist.

1. Die Auswahlrichtlinie könnte gegen § 75 I BetrVG verstoßen, da sie die älteren Bewerber benachteiligt. Die Norm bezieht sich jedoch nur auf im Betrieb tätige Mitarbeiter. Die Frage, ob sich aus dem Überwachungsgebot des § 75 I BetrVG überhaupt die Rechtsfolge der Unwirksamkeit einer Betriebsvereinbarung ergeben könnte, kann daher dahinstehen.

2. Die Auswahlrichtlinie könnte weiter gegen § 7 AGG verstoßen. Nach § 7 II AGG sind auch Betriebsvereinbarungen unwirksam, die eine Benachteiligung wegen des Alters darstellen. Die Bevorzugung jüngerer Stellenbewerber stellt eine unmittelbare Benachteiligung älterer Stellenbewerber gem. § 3 I 1 AGG dar.

a) Eine Rechtfertigung gem. § 8 oder § 10 AGG ist nicht gegeben.

b) Allerdings sieht § 5 AGG vor, dass sog. positive Maßnahmen zulässig sind, wenn durch sie in geeigneter und angemessener Weise bestehende Nachteile einer Gruppe von Merkmalsträgern ausgeglichen werden sollen.

Dies könnte es Arbeitgebern und Betriebsrat gestatten, eine sog. „Minderheitenquote" für jüngere Stellenbewerber einzuführen. § 5 AGG könnte jedoch seinerseits unwirksam sein.

36 **aa)** § 5 AGG könnte gegen Art. 7 I der Richtlinie 2000/78[26] verstoßen, nach der „positive Maßnahmen" durch die Mitgliedstaaten, nicht aber durch die privaten Arbeitgeber durchgeführt werden dürfen.

> **Exkurs/Vertiefung:** Die Regelung ähnelt Art. 157 IV AEUV, nach dessen Wortlaut spezifische Vergünstigungen durch *die Mitgliedstaaten*, nicht aber durch die *privaten* Arbeitgeber durchgeführt werden dürfen. Diese Norm bezieht sich aber nur auf die Geschlechterdiskriminierung.

Es erscheint in der Tat widersprüchlich, dass ein privater Arbeitgeber wegen eines bestimmten Merkmals nicht diskriminieren darf, aber dann sogar eine kollektive Regelung mit eindeutig diskriminierendem Inhalt treffen können soll. Andererseits könnte Art. 7 I der Richtlinie 2000/78 es den Mitgliedstaaten möglicherweise gestatten, private Arbeitgeber zur Durchführung von positiven Maßnahmen zu ermächtigen.

---

26 Die Norm lautet: „*Positive und spezifische Maßnahmen, (1) Der Gleichbehandlungsgrundsatz hindert die Mitgliedstaaten nicht daran, zur Gewährleistung der völligen Gleichstellung im Berufsleben spezifische Maßnahmen beizubehalten oder einzuführen, mit denen Benachteiligungen wegen eines in Artikel 1 genannten Diskriminierungsgrunds verhindert oder ausgeglichen werden.*"

Wegen der mangelnden horizontalen Direktwirkung der Richtlinie bleibt § 5 AGG als nationale Norm jedoch anzuwenden, selbst wenn ein Verstoß vorläge.

Exkurs/Vertiefung: Zur Wirkung von Richtlinien vgl. weiter Fall 7, Rz. 123.

bb) Die Auswahlrichtlinie könnte aber gegen europäisches Primärrecht verstoßen. **37** Nach der Entscheidung des EuGH in der Sache Mangold[27] ist das „Verbot der Diskriminierung wegen des Alters" als „allgemeiner Grundsatz des Gemeinschaftsrechts" (jetzt: „Unionsrechts") anzusehen. Das Verbot ergebe sich gem. Art. 6 II EUV aus den „verschiedenen völkerrechtlichen Verträgen und der gemeinsamen Verfassungstradition der Mitgliedstaaten." Es kann weiter aus Art. 6 I EUV i. V. m. Art. 51 I, 21 I der Charta der Grundrechte der Europäischen Union[28] hergeleitet werden.

Das Verbot gilt als primärrechtlicher Grundsatz nicht nur im Verhältnis von Privaten zu Trägern hoheitlicher Gewalt, sondern es gilt ganz allgemein, also gerade auch im Verhältnis von privatem Arbeitgeber zu Arbeitnehmer.

Damit muss sich alles rangniedrigere Recht an diesem Recht messen lassen, d. h. alle einfachen Gesetze, Verordnungen, Tarifverträge, Betriebsvereinbarungen und Arbeitsverträge. Verstößt eine gesetzliche Regelung gegen das Verbot, ist sie „nicht anzuwenden". Der nationale Richter muss sie inzident verwerfen.

Allerdings hat der EuGH diese Rechtsprechung nachfolgend wieder eingeschränkt. Das Verbot der Altersdiskriminierung habe nur unmittelbare horizontale Direktwirkung, wenn eine Anknüpfung zum Unionsrecht bestehe[29] bzw. wenn der Anwendungsbereich des Unionsrechts eröffnet sei.[30] Dies ist der Fall, wenn durch die im Streit stehende nationale Norm eine Richtlinie umgesetzt werden soll und die möglicherweise diskriminierende Maßnahme nach Ablauf der Umsetzungsfrist erfolgte. Diese Voraussetzungen liegen hier vor, da durch § 5 AGG gerade Art. 7 I der Richtlinie 2000/78 umgesetzt werden soll und die Maßnahme – hier die Einstellung – nach Ablauf der Umsetzungsfrist der Richtlinie (2.12.2006)[31] erfolgte.

Jedoch gilt das Verbot der Altersdiskriminierung auch dann nicht uneingeschränkt. Ein Verstoß scheidet grundsätzlich aus, sofern sich das rangniedere Recht im Rahmen dessen hält, was die Richtlinie 2000/78 zulässt. Nach Art. 7 I der Richtlinie 2000/78 könnte es – wie

---

27 EuGH (Urt. v. 22.11.2005) Slg. 2005 I, 9981 (Rz. 75) – Mangold; EuGH (Urt. v. 19.1.2010 – Rs. C-555/07) NJW 2010, 427 (Rz. 21) – Kücükdeveci.
28 ABl. EG 2000 C-364/1. Zur Anwendbarkeit der Charta EuGH (Urt. v. 26.2.2013 – Rs. C-617/10) NJW 2013, 1415 (Rz. 17 ff.) – Åkerberg Fransson.
29 EuGH (Urt. v. 23.9.2008) Slg. I 2008, 7245 – Bartsch.
30 EuGH (Urt. v. 19.1.2010 – Rs. C-555/07) NJW 2010, 427 (Rz. 23 ff.) – Kücükdeveci; vgl. *Preis/Temming* NZA 2010, 185 (186 f.).
31 Vgl. Art. 18 Abs. 2 der Richtlinie 2000/78. Die Bundesrepublik Deutschland hat von diesem Vorbehalt Gebrauch gemacht. Der Bearbeiter der Klausur kann unproblematisch vom Ablauf der Umsetzungsfrist ausgehen.

unter aa), Rz. 36 bereits erwähnt – den Mitgliedstaaten gestattet sein, private Arbeitgeber zur Durchführung von positiven Maßnahmen zu ermächtigen.[32] Es kann jedoch nicht angenommen werden, dass Art. 7 I der Richtlinie 2000/78 eine solche Ermächtigungsgrundlage enthält. Diese ist im Wortlaut der Norm nicht einmal angedeutet. Insbesondere wäre zu erwarten, dass die Richtlinie angibt, welche Akteure zu derartigen Einschränkungen der Diskriminierungsverbote berechtigt wären (z. B. die Tarifvertragsparteien).

38 Selbst wenn man aber sog. „private Quoten" grundsätzlich für zulässig hielte, könnte die hier vereinbarte „starre Quote", die die ausnahmslose Bevorzugung bei gleicher Eignung anordnet, gegen das Verbot der Altersdiskriminierung verstoßen, weil die Quote unverhältnismäßig ist. Dies entspräche im Ergebnis der Rechtsprechung des EuGH zur ehemaligen Bestimmung in Art. 2 IV der Richtlinie 76/207.[33, 34] Grundsätzlich müssen die Maßnahmen jedenfalls dem Verhältnismäßigkeitsgrundsatz entsprechen.[35] Die Anknüpfung an den Verhältnismäßigkeitsgrundsatz würde auch hier gegen die Zulässigkeit einer „starren Quote" sprechen. Zulässig wäre z. B. eine Quote mit Öffnungsklauseln wie „soweit nicht Gründe in der Person des älteren Mitbewerbers überwiegen."

cc) Damit ist § 5 AGG wegen Verstoßes gegen das Verbot der Diskriminierung wegen des Alters nicht anzuwenden.

c) Die „Altersquote" ist daher eine Benachteiligung wegen des Alters gem. § 7 I AGG. Die Betriebsvereinbarung ist gem. § 7 II AGG unwirksam.

3. Ferner könnte die Auswahlrichtlinie selbst gegen das Verbot der Altersdiskriminierung als allgemeinen Grundsatz des Unionsrechts verstoßen. Hier ergeben sich jedoch keine von 2. abweichenden Ergebnisse.

4. Die Auswahlrichtlinie ist demnach unwirksam. Damit liegt kein Verstoß gem. § 99 II Nr. 2 BetrVG vor.

III. Ergebnis

Damit hätte B die Zustimmung zur Einstellung des Y nicht verweigern dürfen. Ein Antrag der D-GmbH auf Ersetzung der Zustimmung gem. § 99 IV BetrVG wäre erfolgreich.

---

32 Tendenziell ablehnend zu Art. 157 Abs. 4 EGV Calliess/Ruffert/*Krebber*, EUV, AEUV, 4. Aufl. 2011, Art. 157 AEUV Rz. 78. Vgl. auch *Hanau*, Frauenförderung bei Ausschreibung und Besetzung von Arbeitsplätzen im deutschen und europäischen Recht, Gedächtnisschrift Lüderitz, 2000, S. 241, 262 (zu § 611a BGB a. F.). Anders *Burg*, Positive Maßnahmen zwischen Unternehmerfreiheit und Gleichbehandlung, 2008, S. 44 f. m.w.Nachw. zum Streitstand.

33 Richtlinie vom 9.2.1976 zur Verwirklichung des Grundsatzes der Gleichbehandlung von Frauen und Männern hinsichtlich des Zugangs zur Beschäftigung, zur Berufsbildung und zum beruflichen Aufstieg sowie in Bezug auf die Arbeitsbedingungen, ABl. EG 1976 L-39/40. Die Richtlinie ist aufgehoben. Der Vorschrift entspricht nun Art. 3 der Richtlinie 2006/54 v. 26.7.2006 zur Verwirklichung des Grundsatzes der Chancengleichheit und Gleichbehandlung im Arbeitsleben von Männern und Frauen, ABl. EG 2006 L-204/23.

34 EuGH (Urt. v. 17.10.1995) Slg. 1995 I, 3051 (Rz. 22) – Kalanke; EuGH (Urt. v. 11.11.1997) Slg. 1997 I, 6363 (Rz. 24 ff.) – Marschall; EuGH (Urt. v. 19.3.2002) Slg. 2002 I, 2891 (Rz. 45) – Lommers.

35 Calliess/Ruffert/*Krebber*, EUV, AEUV, 4. Aufl. 2011, Art. 157 AEUV Rz. 75, 80 ff.

Repetitorium

I. Fallgruppen der Diskriminierung

Normen, nach denen Diskriminierungen unzulässig sind, finden sich nicht ausschließ- **39**
lich im AGG. Die wichtigsten einschlägigen Normen werden im Folgenden nach Merk-
malen geordnet dargestellt.

1. Geschlecht

- Art. 157 AEUV (grundsätzlich nur bezüglich Entgelt); hat horizontale Direktwirkung, d. h. unmittelbar im Verhältnis Arbeitgeber – Arbeitnehmer anwendbar
- Im Einzelnen unklar:[36] allgemeiner primärrechtlicher Gleichbehandlungsgrundsatz in
  allen Arbeitsbedingungen; hat horizontale Direktwirkung, d. h. unmittelbar im Verhältnis Arbeitgeber – Arbeitnehmer anwendbar (vgl. Art. 6 I EUV i. V. m. Art. 51 I,
  23 der Charta der Grundrechte der Europäischen Union[37])
- RL 2006/54 zur Verwirklichung des Grundsatzes der Chancengleichheit und Gleichbehandlung im Arbeitsleben von Männern und Frauen;[38] keine horizontale Direktwirkung
- Art. 3 II, III 1 GG; grundsätzlich nur im Verhältnis Staat – Bürger anwendbar
- AGG
- § 4 TzBfG (mittelbare Diskriminierung)

2. Behinderung

- Im Einzelnen unklar: allgemeines primärrechtliches Diskriminierungsverbot, d. h.
  unmittelbar im Verhältnis Arbeitgeber – Arbeitnehmer anwendbar (vgl. Art. 6 I EUV
  i. V. m. Art. 51 I, 21 I der Charta der Grundrechte der Europäischen Union[39])
- Richtlinie 2000/78 zur Festlegung eines allgemeinen Rahmens für die Verwirklichung der Gleichbehandlung in Beschäftigung und Beruf;[40] keine horizontale Direktwirkung
- Art. 3 I, III 2 GG; grundsätzlich nur im Verhältnis Staat – Bürger anwendbar
- AGG
- § 81 II SGB IX

---

36 Calliess/Ruffert/*Krebber*, EUV, AEUV, 4. Aufl. 2011, Art. 157 AEUV Rz. 72.
37 ABl. EG 2000 C-364/1.
38 Richtlinie v. 26.7.2006, ABl. EG 2006 L-204/23.
39 ABl. EG 2000 C-364/1.
40 Richtlinie v. 27.11.2000, ABl. EG 2000 L-303/16.

3. Rasse/ethnische Herkunft

• Im Einzelnen unklar: allgemeines primärrechtliches Diskriminierungsverbot; hat horizontale Direktwirkung, d. h. unmittelbar im Verhältnis Arbeitgeber – Arbeitnehmer anwendbar (vgl. Art. 6 I EUV i. V. m. Art. 51 I, 21 I der Charta der Grundrechte der Europäischen Union[41])

• Richtlinie 2000/43 zur Anwendung des Gleichbehandlungsgrundsatzes ohne Unterschied der Rasse oder ethnischen Herkunft;[42] keine horizontale Direktwirkung

• Art. 3 I, III 1 GG; grundsätzlich nur im Verhältnis Staat – Bürger anwendbar

• AGG

4. Religion/Weltanschauung

• Im Einzelnen unklar: allgemeines primärrechtliches Diskriminierungsverbot; hat horizontale Direktwirkung, d. h. unmittelbar im Verhältnis Arbeitgeber – Arbeitnehmer anwendbar (vgl. Art. 6 I EUV i. V. m. Art. 51 I, 21 I der Charta der Grundrechte der Europäischen Union[43])

• Richtlinie 2000/78 zur Festlegung eines allgemeinen Rahmens für die Verwirklichung der Gleichbehandlung in Beschäftigung und Beruf;[44] keine horizontale Direktwirkung

• Art. 3 I, III 1 GG; grundsätzlich nur im Verhältnis Staat – Bürger anwendbar

• AGG

5. Alter/sexuelle Identität

• Im Einzelnen unklar: allgemeines primärrechtliches Diskriminierungsverbot; hat horizontale Direktwirkung, d. h. unmittelbar im Verhältnis Arbeitgeber – Arbeitnehmer anwendbar (vgl. Art. 6 I EUV i. V. m. Art. 51 I, 21 I der Charta der Grundrechte der Europäischen Union[45])

• Richtlinie 2000/78 zur Festlegung eines allgemeinen Rahmens für die Verwirklichung der Gleichbehandlung in Beschäftigung und Beruf;[46] keine horizontale Direktwirkung

• Art. 3 I GG; grundsätzlich nur im Verhältnis Staat – Bürger anwendbar

• AGG

---

41 ABl. EG 2000 C-364/1.
42 Richtlinie v. 29.6.2000, ABl. EG 2000 L-180/22.
43 ABl. EG 2000 C-364/1.
44 Richtlinie v. 27.11.2000, ABl. EG 2000 L-303/16.
45 ABl. EG 2000 C-364/1.
46 Richtlinie v. 27.11.2000, ABl. EG 2000 L-303/16.

6. Staatsangehörigkeit

- Art. 45 AEUV (für Unionsbürger); hat horizontale Direktwirkung, d. h. unmittelbar im Verhältnis Arbeitgeber – Arbeitnehmer anwendbar

- Art. 18 AEUV

- Art. 6 I EUV i. V. m. Art. 21 II der Charta der Grundrechte der Europäischen Union[47]

- VO 492/2011 über die Freizügigkeit der Arbeitnehmer innerhalb der Union[48]; hat horizontale Direktwirkung, d. h. unmittelbar im Verhältnis Arbeitgeber – Arbeitnehmer anwendbar

- Art. 3 I GG; grundsätzlich nur im Verhältnis Staat – Bürger anwendbar

- AGG analog[49]

7. Gewerkschaftszugehörigkeit

- Art. 9 III GG

II. Unmittelbare und mittelbare Diskriminierung

Eine unmittelbare Diskriminierung liegt vor, wenn die Benachteiligung direkt mit **40** einem der in § 1 AGG genannten Merkmale begründet wird. Dies ist auch der Fall, wenn zwar nicht das Merkmal (z. B. Geschlecht) selbst genannt wird, aber auf eine Eigenschaft abgestellt wird, die *zwingend* nur bei der Gruppe der Merkmalsträger vorliegen kann (z. B. Schwangerschaft).

Die mittelbare Diskriminierung ist theoretisch wenig durchdrungen. Da das Diskriminierungsrecht zum überwiegenden Teil rechtlichen Vorgaben der EU entspringt, ist die Rechtsprechung des EuGH maßgeblich. Der EuGH fordert grundsätzlich, **Vergleichsgruppen** zu bilden. Es ist dann die Zusammensetzung in der benachteiligten Gruppe und die in der Gesamtgruppe zu vergleichen.[50] Allerdings führt der EuGH oft einen solchen Vergleich gar nicht aus.[51] Auch die „Gegenprobe", d. h. die Prüfung, ob die nachteilige Wirkung auch anders als mit dem Merkmal (hier: Alter) erklärt werden kann, ist nicht erforderlich. Es muss von der benachteiligenden Regelung ein wesentlich höherer Anteil der Angehörigen eines Merkmals (hier: junges Alter) betroffen sein.[52] Genaue Prozentzahlen lassen sich der Rechtsprechung des EuGH nicht entnehmen. Die „Berechnung" überlässt der EuGH den jeweils zuständigen nationalen Gerichten.

---

47 ABl. EG 2000 C-364/1.

48 Verordnung v. 5.4.2011, ABl. EU 2011 L-141/1.

49 Dafür *Roloff/Lampe*, JuS 2007, 354, 355 (für § 15 AGG); ErfK/*Wißmann*, Art. 45 AEUV Rz. 53.

50 Ausführlich *Schlachter*, Grundsatz des gleichen Entgelts nach Art. 119 EG-Vertrag und der Richtlinie 75/117/EWG, in: Oetker/Preis, Europäisches Arbeits- und Sozialrecht (EAS) B 4100, Stand: 4/1998, Rz. 43 ff. Vgl. auch EuGH (Urt. v. 9.2.1999) Slg. 1999 I, 623 (Rz. 60) – Seymour-Smith.

51 Vgl. EuGH (Urt. v. 28.9.1994) Slg. 1994 I, 5491 – Vroege. Weiterführend Calliess/Ruffert/*Krebber*, EUV, AEUV, 4. Aufl. 2011, Art. 157 AEUV Rz. 49 ff. Teilweise werden auch benachteiligte und begünstigende Gruppe verglichen Däubler/Bertzbach-*Däubler*, AGG, 3. Aufl., 2013, § 3 Rz. 42a.

52 Vgl. EuGH (Urt. v. 9.9.2003) Slg. 2003 I, 8349 (Rz. 33 ff.) – Rinke; EuGH (Urt. v. 23.10.2003) Slg. 2003 I, 12575 (Rz. 71 ff.) – Schönheit.

Beispiel für einen typischen Fall mittelbarer Diskriminierung:

Zahlung von Weihnachtsgeld nur an Vollzeitkräfte
Unternehmen: 100 Arbeitnehmer
Teilzeitkräfte: 50, davon 45 Frauen, 5 Männer
Vollzeitkräfte: 50, davon 45 Männer, 5 Frauen

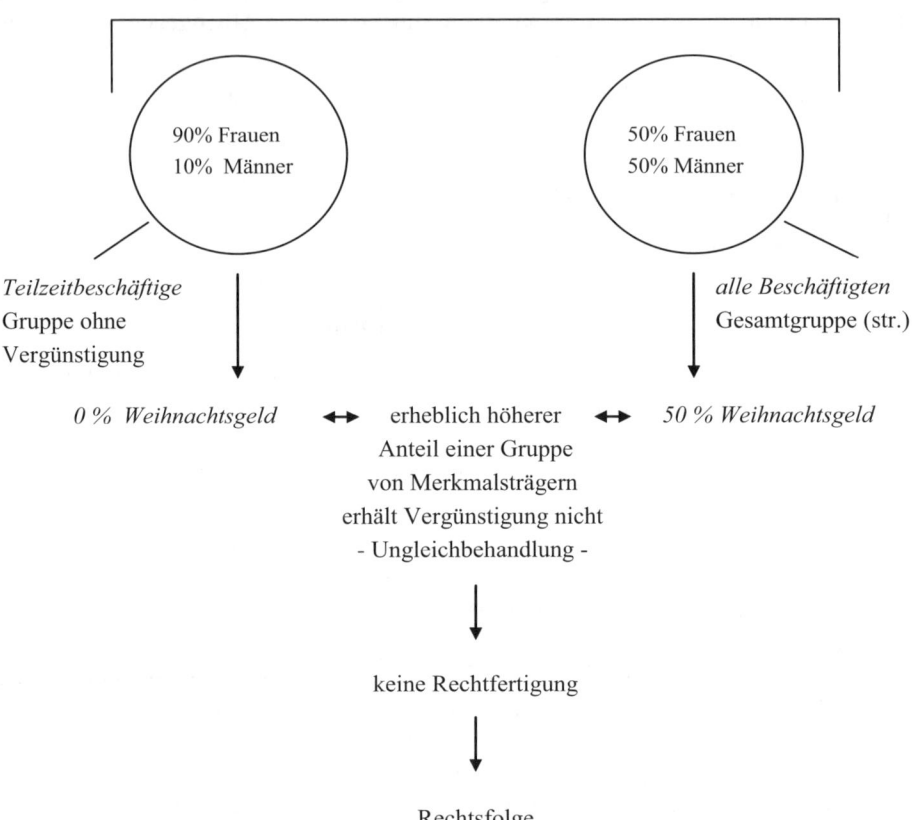

vergleichbare Situation

90% Frauen
10% Männer

50% Frauen
50% Männer

Teilzeitbeschäftige
Gruppe ohne
Vergünstigung

alle Beschäftigten
Gesamtgruppe (str.)

0 % Weihnachtsgeld ↔ erheblich höherer ↔ *50 % Weihnachtsgeld*
Anteil einer Gruppe
von Merkmalsträgern
erhält Vergünstigung nicht
- Ungleichbehandlung -

keine Rechtfertigung

Rechtsfolge

(im Beispiel: Angleichung „nach oben", d. h. Teilzeitbeschäftigte haben Anspruch auf Weihnachtsgeld)

III. Mitbestimmung bei personellen Einzelmaßnahmen gem. §§ 99 ff. BetrVG

41 § 99 BetrVG gewährt dem Betriebsrat ein Zustimmungsrecht. Die Voraussetzungen dafür sind insbesondere:

- Beschäftigung von in der Regel mehr als 20 wahlberechtigten Arbeitnehmern im Betrieb und

- das Vorliegen einer personellen Einzelmaßnahme, und zwar Einstellung, Versetzung oder Eingruppierung eines Arbeitnehmers.

Wenn der Betriebsrat seine Zustimmung verweigert hat, kann der Arbeitgeber beim Arbeitsgericht beantragen, die Zustimmung zu ersetzen. Das Gericht kommt dem nur nach, wenn keiner der in § 99 II BetrVG aufgeführten Gründe vorlag. Bis zur Klärung des Streits ist unter den Voraussetzungen des § 100 BetrVG eine vorläufige Durchführung der personellen Maßnahme zulässig.

Übersicht: Zustimmungsersetzungsverfahren, §§ 99 bis 101 BetrVG

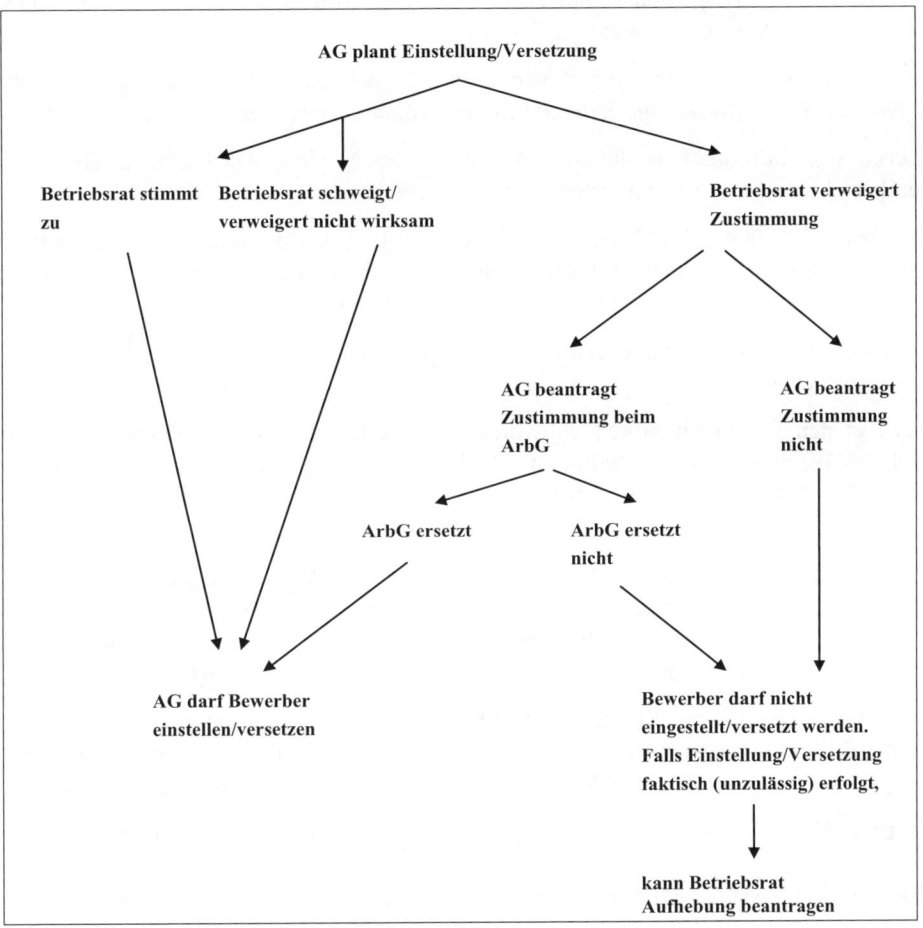

Fall 3

Gehaltsgalopp

42 Der ehemalige Landwirt G hat seinen Gutshof zu einem großen Reitstall umgebaut. Der Betrieb floriert. G hat mehrere Arbeiter, Bürokräfte und Reitlehrer eingestellt. Da ihm Anfang 1999 die Arbeit über den Kopf wächst, sucht er nach einem erfahrenen Reitlehrer, der den anderen Angestellten vorgesetzt sein und die Koordination und Gehaltsabrechnungen übernehmen soll. In R findet er den geeigneten Bewerber. Da er die üblichen Verträge, die er mit den anderen Mitarbeitern abschließt, im Falle von R nicht für geeignet hält, sucht er seinen Rechtsanwalt auf. Mit diesem zusammen entwirft er einen Vertrag, den er am nächsten Tag R vorlegt. In diesem am 14.12.1999 geschlossenen Vertrag heißt es:

„... *3.2. R erhält ein Monatsgehalt von 3000,– € sowie eine Zulage von 600,– € brutto. G hat das Recht, die Zulage jederzeit unbeschränkt zu widerrufen. ...*"

G erklärt R klipp und klar, dass der Vertrag so bleibe, wie er sei. Raum für Diskussionen bestehe nicht. R ist einverstanden und unterschreibt.

Seit dem Jahr 2004 zahlt G der gesamten Belegschaft darüber hinaus jeweils 1000,– € Weihnachtsgeld zusammen mit der Lohnauszahlung im Dezember. Auf der Lohnabrechnung vom Dezember 2009 findet sich erstmals ein handschriftlicher Vermerk:

„Die Zahlung des Weihnachtsgeldes ist eine freiwillige Leistung und begründet keinen Rechtsanspruch!"

Auch in den folgenden Jahren wird dieser Vermerk auf den Lohnabrechnungen, die auch das Weihnachtsgeld enthalten, wiederholt. Die Belegschaft reagiert nicht auf diese Vermerke. Anfang November 2013 übergibt G dem R dann folgendes Schreiben:

„Sehr geehrter Herr R,
leider gehen die Anmeldungen für Reitkurse zurück. Der Betrieb wirft daher zurzeit keinen Gewinn ab. Aus diesem Grunde bin ich gezwungen, die Zulage i.H.v. 600,– € zum 1.12.2013 zu widerrufen. Auch Weihnachtsgeld werde ich in diesem Jahr keines auszahlen können. Sicher haben Sie für diese Maßnahmen Verständnis. MfG G"

R hat wenig Verständnis. Er hat sich gerade ein Einfamilienhaus gekauft und eine Familie gegründet. Bei seiner Kalkulation hat er ein Bruttogehalt von 3600,– € zugrunde gelegt. Von dem Weihnachtsgeld wollte er mit seiner Familie in Skiurlaub fahren.

Frage 1: Hat R Anspruch auf Zahlung der monatlichen Zulage i.H.v. 600,– €?

Frage 2: Hat R Anspruch auf Zahlung des Weihnachtsgelds i.H.v. 1000,– €?

Bearbeitervermerk: Der Lösung ist das geltende Recht zugrunde zu legen. Fragen des Übergangsrechts (Art. 229 § 5 EGBGB) sind nicht zu untersuchen.

Vorüberlegungen

I. Im Fall geht es nicht nur um die Anwendung geltenden Rechts, sondern um die **43** Frage, inwieweit das geltende Recht durch vertragliche Bestimmungen geändert werden kann. Das Arbeitsrecht ist in der Regel einseitig (d. h. für den Arbeitgeber) zwingend und kann allenfalls durch Tarifvertrag zu Lasten des Arbeitnehmers geändert werden. Sofern jedoch die gesetzlichen Bestimmungen auch für den Arbeitgeber disponibel sind, stellt sich die Frage, ob eine sog. Klauselkontrolle nach den §§ 305 ff. BGB vorgenommen werden muss.

II. Mit der Schuldrechtsmodernisierung hat der Gesetzgeber die Kontrolle von Arbeitsbedingungen durch die §§ 305 ff. BGB angeordnet. Dadurch hat sich die Rechtsprechung des BAG zu typischen und in Arbeitsverträgen seit jeher verwendeten Klauseln vielfach geändert. Daher handelt es sich um eine aktuelle Klausurmaterie.

III. Die Kontrolle gemäß der §§ 305 ff. BGB ist zunächst eine zivilrechtliche und damit nicht eine speziell arbeitsrechtliche Materie. Daher lassen sich Probleme aus diesem Bereich tendenziell gut in Klausuren auch außerhalb eines Schwerpunktstudiums einbauen, da erwartet wird, dass der Studierende auch ohne vertiefte Kenntnisse im Arbeitsrecht den Prüfungsaufbau bewerkstelligen kann.

Gliederung

AGB - KONTROLLE

Frage 1: Anspruch des R auf Zahlung der monatlichen Zulage i. H. v. 600,– € **44**

A. Widerrufserklärung

B. Widerrufsrecht
   I. Anwendbarkeit der §§ 305 ff. BGB
     1. § 310 IV 2 BGB
     2. Kontrollfähigkeit der Klausel
       a) Allgemeine Geschäftsbedingung
       b) Verbrauchervertrag
       c) Einbeziehung in den Vertrag
     3. Unwirksamkeit gem. §§ 307, 308 Nr. 4 BGB
       a) § 307 III 1 BGB, Abweichung von Rechtsvorschriften
       b) § 308 Nr. 4 BGB
       c) § 307 I 2 BGB Transparenzgebot
   II. Ergebnis zu B.

C. Ergebnis zu Frage 1

Frage 2: Anspruch des R auf Zahlung von Weihnachtsgeld i. H. v. 1000,– €

A. Anspruch aus betrieblicher Übung

B. Erlöschen des Anspruchs

    I. Einseitige Erklärung des G

    II. „Negative" betriebliche Übung

        1. Vertragsänderung

        2. Kontrolle gem. §§ 307, 308 Nr. 5 BGB

            a) § 310 IV 2 BGB

            b) Allgemeine Geschäftsbedingung

            c) Einbeziehung in den Vertrag

        3. Ergebnis zu II.

    III. Ergebnis zu B.

C. Ergebnis zu Frage 2

Lösung

Frage 1: Anspruch des R auf Zahlung der monatlichen Zulage i. H. v. 600,– €

R könnte gegen G einen Anspruch auf Zahlung der monatlichen Zulage i. H. v. 600,– € **45** gem. § 611 I BGB i. V. m. Satz 1 der Klausel 3.2. des Arbeitsvertrages haben.

G und R haben den Arbeitsvertrag wirksam geschlossen. Anhaltspunkte dafür, dass Satz 1 der Klausel 3.2. des Arbeitsvertrages unwirksam sein könnte, bestehen nicht.

Exkurs/Vertiefung: Nach der Fallfrage ist auf die Zulässigkeit einer etwaigen Klage nicht einzugehen. R könnte grundsätzlich eine Leistungs- oder eine Feststellungsklage erheben. Allerdings wäre eine Feststellungsklage gem. § 256 I ZPO, § 46 II 1 ArbGG nur zulässig, wenn ein besonderes Feststellungsinteresse bestünde. Soweit R unproblematisch eine Leistungsklage erheben kann, ist das nicht der Fall. Das Begehren des R ist jedoch nicht nur auf eine Zahlung für die vergangenen Monate gerichtet, sondern auch auf die Weiterzahlung der Zulage in der Zukunft.[1] Fraglich ist, ob eine Klage auf zukünftiges Entgelt, also auf eine zukünftige Leistung, erhoben werden kann. Diese führte zu einem vollstreckbaren Urteil, obwohl zum Zeitpunkt der letzten mündlichen Verhandlung nicht feststeht, ob die zukünftigen Ansprüche des R jemals entstehen und fällig werden. Das Gesetz sieht grundsätzlich für zukünftige Leistungen in §§ 257, 258 ZPO vor, dass die Leistung nicht von einer Gegenleistung abhängig sein darf. Davon macht § 259 ZPO eine Ausnahme für den Fall, dass zu befürchten ist, der Schuldner werde sich der Leistung entziehen. Dafür genügt es, wenn der Schuldner die Ansprüche bestreitet.[2] Im Klageantrag und im späteren Urteil müssen alle Umstände aufgenommen werden, von denen die Leistung abhängt (§ 326 I 1 BGB!). „Nur das Unerwartete kann unberücksichtigt bleiben.“[3] Diese Schwierigkeiten lassen sich vermeiden, indem R eine Feststellungsklage erhebt.

R kann grundsätzlich das Bruttoentgelt einklagen. Auch etwaige Zinsen berechnen sich aus dem Brutto.[4]

Allerdings könnte der Anspruch ab dem 1.12.2013 infolge des von G ausgeübten Widerrufs erloschen sein. Dies setzt voraus, dass G eine entsprechende Widerrufserklärung abgegeben hat (A.), dass G ein Widerrufsrecht zustand (B.) und dass G den Widerruf wirksam ausgeübt hat.

A. Widerrufserklärung

G hat den Widerruf in dem an R gerichteten Schreiben erklärt. Dieses ist R auch zugegangen.

---

1 Vgl. z. B. den Klageantrag in BAG (Urt. v. 25.4.2007) AP Nr. 7 zu § 308 BGB.
2 BAG (Urt. v. 23.2.1983) AP Nr. 4 zu § 850c ZPO.
3 BAG (Urt. v. 13.3.2002) EzA § 259 ZPO Nr. 1.
4 BAG (Urt. v. 7.3.2001) AP Nr. 4 zu § 288 BGB.

B. Widerrufsrecht

46 G müsste weiter ein Recht zustehen, die in Satz 1 der Klausel 3.2. des Arbeitsvertrages versprochene Zulage zu widerrufen. Ein solches kann sich nur aus Satz 2 dieser Klausel ergeben. Fraglich ist jedoch, ob Satz 2 der Klausel 3.2. wirksam ist. Möglich ist insbesondere, dass diese Klausel wegen eines Verstoßes gegen die §§ 305 ff. BGB unwirksam ist.

> **Exkurs/Vertiefung:** Ein Verstoß kommt nur in Betracht, wenn der zeitliche Anwendungsbereich der §§ 305 ff. BGB eröffnet ist. Dies könnte hier fraglich sein, weil diese Bestimmungen erst mit dem Gesetz zur Modernisierung des Schuldrechts in das BGB aufgenommen wurden,[5] der Arbeitsvertrag aber schon am 14.12.1999 geschlossen wurde. Hierzu bestimmt jedoch Art. 229 § 5 S. 2 EGBGB, dass die §§ 305 ff. BGB ab dem 1.1.2003 auch für alle Dauerschuldverhältnisse gelten, die bereits vor dem 1.1.2002 begründet wurden (sog. Altverträge).
>
> Vor Einfügung der §§ 305 ff. BGB galt das AGB-Gesetz, welches nach seinem § 23 I auf Arbeitsverträge keine Anwendung fand. Das BAG nahm dennoch eine Kontrolle arbeitsvertraglicher Klauseln durch zivilrechtliche Generalklauseln vor. Mit der Einführung der §§ 305 ff. BGB hat sich tendenziell die Kontrolle arbeitsvertraglicher Klauseln verschärft. Arbeitgebern, die – wie G – von diesen verschärften Anforderungen zum Zeitpunkt des Vertragsschlusses noch nichts wissen konnten, gewährt das BAG grundsätzlich Vertrauensschutz: Ihre unwirksamen Alt-Klauseln können durch ergänzende Vertragsauslegung „gerettet" werden[6] oder der Arbeitnehmer hat dem Angebot des Arbeitgebers, die Alt-Klausel auf das zulässige Maß zu reduzieren, zuzustimmen.[7]
>
> Nach dem Bearbeitervermerk ist hierauf jedoch nicht einzugehen. Es soll auch auf den hier vorliegenden Altvertrag das heutige Recht angewandt werden.

47 Der Widerrufsvorbehalt müsste wirksam vereinbart worden sein. Nach Ansicht des BAG sind Widerrufsvorbehalte grundsätzlich zulässig. Die Klausel in 3.2. Satz 2 des Arbeitsvertrages könnte jedoch gem. §§ 307, 308 Nr. 4 BGB unwirksam sein.

I. Das setzt voraus, dass die §§ 305 ff. BGB auf den Vertrag anwendbar sind.

1. Gem. § 310 IV 2 BGB findet die AGB-Kontrolle auf Arbeitsverträge Anwendung, allerdings sind die im Arbeitsrecht geltenden Besonderheiten angemessen zu berücksichtigen.

2. Dafür müsste es sich zunächst um einen kontrollfähigen Klauseltyp gehandelt haben.

a) Das wäre zu bejahen, wenn es sich bei der Klausel um eine **Allgemeine Geschäftsbedingung**, also um eine für eine Vielzahl von Verträgen vorformulierte Vertragsbedingung (§ 305 I 1 BGB), gehandelt hätte. Das ist jedoch nicht der Fall. G hat

---

5 V. 26.11.2001, BGBl. 2001 I, S. 3138.
6 BAG (Urt. v. 12.1.2005) AP Nr. 1 zu § 308 BGB.
7 BAG (Urt. v. 11.4.2006) AP Nr. 16 zu § 307 BGB.

den Vertrag gesondert für R entwerfen lassen, da es sich bei R nicht um die von G üblicherweise beschäftigten Reitlehrer handelt, sondern R Führungsaufgaben übernehmen sollte (sog. **Einmalvertrag**).

b) Möglich ist jedoch, dass es sich um einen **Verbrauchervertrag** handelt und die **48** Klausel gem. § 310 III Nr. 2 BGB der Klauselkontrolle nach den §§ 305 ff. BGB unterliegt.

aa) G ist Unternehmer gem. § 14 BGB; er handelt in Ausübung seiner gewerblichen Tätigkeit. Fraglich ist jedoch, ob R Verbraucher i. S. d. Norm ist. Der Begriff des Verbrauchers ist in § 13 BGB definiert. Der Arbeitsvertrag ist der unselbstständigen beruflichen Tätigkeit des Arbeitnehmers zuzuordnen. Dem Wortlaut der Norm nach ist ein Arbeitnehmer damit grundsätzlich Verbraucher. Das BAG hat die Frage der Verbrauchereigenschaft von Arbeitnehmern nicht abstrakt, also für das gesamte Arbeitsrecht einheitlich entschieden,[8] sondern stellt auf die jeweilige den Verbraucher schützende Norm ab. Für § 310 III BGB hat das Gericht die Verbraucherstellung des Arbeitnehmers bejaht. Dagegen spräche weder das allgemeine Sprachverständnis, noch eine historische Auslegung der Norm.[9]

Dass das von einem Verbraucher abgeschlossene Rechtsgeschäft einen „konsumtiven Zweck" haben muss, d. h. dass als Verbraucher nur Personen in Betracht kommen, soweit sie als Nachfrager von Sach- oder Dienstleistungen für den privaten Verbrauch in Erscheinung treten, wie in der Literatur teilweise gefordert wird,[10] ergibt sich aus § 13 BGB nicht und ist damit auch nicht erforderlich.

bb) Erforderlich für eine Kontrolle gemäß der §§ 306, 307 bis 309 BGB ist weiter, dass die sonstigen Voraussetzungen des § 310 III Nr. 2 BGB erfüllt sind. Als G dem R den Vertrag vorlegte, war dieser vorformuliert. R konnte auf den Vertragsinhalt keinen Einfluss mehr nehmen.

c) Die Klausel ist wirksam gem. § 305 I BGB in den Vertrag **einbezogen** worden. Die Voraussetzungen der § 305 II und III BGB müssen gem. § 310 IV 2 BGB nicht vorliegen, d. h. die Klausel muss lediglich nach allgemeinen rechtsgeschäftlichen Regeln (§§ 145 ff. BGB) Vertragsbestandteil geworden sein. Hier wurde die Klausel unmittelbar Teil des Vertrages.

3. Die Klausel könnte gem. §§ 307, 308 Nr. 4 BGB unwirksam sein. **49**

a) Materiell darf eine Klausel nur einer Kontrolle nach den §§ 307 I, II, 308 f. BGB unterzogen werden, wenn gem. § 307 III 1 BGB durch sie „**von Rechtsvorschriften abweichende** oder diese ergänzende **Regelungen** vereinbart" wurden. Es ist nicht Sinn

---

8 Vgl. z. B. für § 355 BGB BAG (Urt. v. 12.11.2003) AP Nr. 1 zu § 312 BGB, dazu unten Fall 5, Rz. 87.
9 BAG (Urt. v. 25.5.2005) AP Nr. 1 zu § 310 BGB.
10 *Henssler*, RdA 2002, 129 (134).

der AGB-Kontrolle, das geltende Recht zu überprüfen. Dabei sind unter „Rechtsvorschriften" auch allgemeine Grundsätze des Zivilrechts zu verstehen.[11]

Nach Ansicht des BAG verstößt der Widerrufsvorbehalt gegen den Grundsatz *pacta sunt servanda*. Dies ist allerdings fraglich, denn auch der Widerrufsvorbehalt ist Teil des *pactums*. Das Leistungsversprechen des Arbeitgebers beinhaltete bezüglich der Zulage nie mehr als eine Zahlung unter Vorbehalt.

Nach Ansicht des BAG darf der Arbeitgeber jedoch bezüglich typischer Hauptleistungspflichten im Arbeitsverhältnis das Entstehen der vertraglichen Bindung gar nicht erst verhindern. Es dürfe nicht sein, dass der Arbeitgeber vom Arbeitnehmer die vollständige Erbringung der geschuldeten Leistung verlangen, aber seinerseits über die von ihm geschuldete Leistung disponieren könne.[12]

Dagegen spricht wiederum, dass das geltende Recht genau dies in § 315 BGB gestattet. Nach dieser Vorschrift könnte sogar die gesamte Hauptleistungspflicht der Bestimmung durch ihren Schuldner überlassen bleiben, wobei der Schuldner diese Bestimmung dann grundsätzlich nach billigem Ermessen zu treffen hat. Auf diesen Einwand geht das BAG nicht ein.

Gegen ihn ließen sich die im Arbeitsrecht geltenden Besonderheiten gem. § 310 IV 2 BGB anführen. § 315 BGB ist Ausfluss der Privatautonomie. Diese muss im Arbeitsrecht jedoch zurücktreten, insbesondere wenn es um die Hauptleistungspflichten der Arbeitsvertragsparteien geht. Denn die Möglichkeit, die Zulage zu widerrufen, beeinträchtigt die Interessen des Arbeitnehmers grundlegend. Das ist auch anzunehmen, wenn es sich bei der unter einem Vorbehalt stehenden Leistung nicht um die eigentliche Grundvergütung, sondern um eine monatliche Zulage handelt. Auch eine solche Zulage stellt für den Arbeitnehmer laufendes Arbeitsentgelt und damit zumeist seine einzige relevante Einkommensquelle dar.

50 **b)** Gem. § 308 Nr. 4 BGB wäre der Widerrufsvorbehalt unwirksam, außer er wäre für den Arbeitnehmer zumutbar.

Nach Ansicht des BAG ist ein Widerrufsvorbehalt, der einen nicht erheblichen Teil der Gesamtvergütung ausmacht, grundsätzlich zumutbar.[13] Der Arbeitgeber habe grundsätzlich wegen der Ungewissheit der wirtschaftlichen Entwicklung des Unternehmens ein anerkennenswertes Interesse daran, „Zusatzleistungen" flexibel auszugestalten. Hierdurch dürfe jedoch das Wirtschaftsrisiko des Unternehmers nicht auf den Arbeitnehmer verlagert werden. Danach sei die Vereinbarung eines Widerrufsvorbehalts zulässig, soweit der widerrufliche Anteil am Gesamtverdienst unter 25 bis 30 % liege und der Tariflohn nicht unterschritten werde.

---

11 Palandt/*Grünberg*, § 307 BGB Rz. 51.
12 BAG (Urt. v. 25.4.2007) AP Nr. 7 zu § 308 BGB (bzgl. Freiwilligkeitsvorbehalt).
13 BAG (Urt. v. 12.1.2005) AP Nr. 1 zu § 308 BGB.

Ob ein Tariflohn für die von R ausgeübte Tätigkeit besteht, ist nicht ersichtlich. Der widerrufliche Teil des Lohns beträgt hier jedoch weniger als 20 % (16,67%). Damit ist der Widerruf der Höhe nach zumutbar.

c) Der Widerrufsvorbehalt könnte aber wegen eines Verstoßes gegen das **Transpa-**   **51**
renzgebot gem. § 307 I 2 BGB unwirksam sein. Danach müsste die Klausel „klar und verständlich" sein. An sich trifft dies auf die Formulierung, nach der der Widerruf „unbeschränkt und jederzeit" erfolgen kann, zu. Nach Ansicht des BAG kann sich eine unangemessene Benachteiligung i. S. der Vorschrift aber auch daraus ergeben, dass die Klausel ihre Angemessenheit und Zumutbarkeit nicht erkennen lässt. Daher müssten die Voraussetzungen und der Umfang des vorbehaltenen Widerrufs möglichst konkretisiert werden. Dafür sei es erforderlich, dass in der Klausel die **Widerrufsgründe** angegeben seien (z. B. wirtschaftliche Notlage, nicht ausreichender Gewinn der Betriebsabteilung, unterdurchschnittliche Leistung des Arbeitnehmers, Pflichtverletzungen des Arbeitnehmers usw.). Ansonsten sei der Widerrufsvorbehalt nicht zumutbar.

Da R die Widerrufsgründe hier nicht in der Klausel benannt hat, ist der Widerrufsvorbehalt wegen eines Verstoßes gegen das Transparenzgebot unwirksam.

II. R hat damit kein Widerrufsrecht.

> **Exkurs/Vertiefung:** Wenn der Klausurersteller (vertretbar) zur Wirksamkeit der Klausel kommt, muss er weiter unter C. prüfen, ob die **Ausübung des Widerrufs** durch G in seinem Schreiben vom November 2013 gem. § 315 BGB den Maßstäben des billigen Ermessens genügte. In diesem Rahmen ist auf den konkreten Einzelfall einzugehen. Hier wäre zu berücksichtigen, dass im Falle des Widerrufs möglicherweise die Finanzierung des Eigenheims scheitert, so dass R und seine Familie dieses verlieren könnten. Daher könnte man auch an einen teilweisen Widerruf oder an einen Widerruf mit Auslauffrist (d. h. der Widerruf wird erst zu einem späteren Zeitpunkt wirksam) denken.

C. Ergebnis

R hat einen Anspruch auf monatliche Zahlung der Zulage in Höhe 600,– € gegen G.

Frage 2: Anspruch des R auf Zahlung von Weihnachtsgeld i. H. v. 1000,– €

R könnte gegen G einen Anspruch auf Zahlung von Weihnachtsgeld für das Jahr 2013 haben. Fraglich ist, welche Anspruchsgrundlage hier bestehen könnte.

A. Anspruch aus betrieblicher Übung

52   Aus dem Arbeitsvertrag selbst ergibt sich kein Anspruch. Der Anspruch könnte sich aber aus **betrieblicher Übung** ergeben. Nach Ansicht des BAG ist unter einer betrieblichen Übung die regelmäßige Wiederholung bestimmter Verhaltensweisen des Arbeitgebers zu verstehen, aus denen die Arbeitnehmer folgern dürfen, dass ihnen eine bestimmte Leistung auf Dauer zugewandt werden soll. In einem solchen Verhalten sei ein Vertragsangebot an die Arbeitnehmer zu sehen (sog. Vertragstheorie). Maßgeblich sei dabei nicht der Verpflichtungswille des Arbeitgebers, sondern dass die Arbeitnehmer als Erklärungsempfänger das Verhalten des Arbeitgebers gem. §§ 133, 157 BGB als Ausdruck eines Verpflichtungswillens verstehen durften. Daher muss im Wege der Auslegung ermittelt werden, ob die Arbeitnehmer davon ausgehen durften, die Leistung werde in Zukunft weiter gewährt, oder ob sie annehmen mussten, die Leistung werde nur unter bestimmten Voraussetzungen oder nur für eine bestimmte Zeit erbracht werden.[14]

Exkurs/Vertiefung: Gegenstand einer betrieblichen Übung können auch andere Vergünstigungen als Geldleistungen wie z. B. die Gewährung von zusätzlichem Urlaub zu speziellen Anlässen (z. B. Karneval, Pfingsten) sein.

Das Vertragsangebot des Arbeitgebers werde von den Arbeitnehmern konkludent angenommen. Auf den Zugang dieser Annahmeerklärung kann gem. § 151 S. 1 BGB nach der Verkehrssitte verzichtet werden.

Dabei geht das BAG in stetiger Rechtsprechung davon aus, dass für jährlich an die gesamte Belegschaft gezahlte Gratifikationen die Regel besteht, dass durch dreimalige vorbehaltlose Zahlung eine betriebliche Übung begründet wird.[15]

Nach der in der Literatur[16] vertretenen sog. Vertrauenstheorie werde die Verpflichtung des Arbeitgebers durch das bei den Arbeitnehmern geweckte Vertrauen begründet. Gem. § 242 BGB dürfen die Arbeitnehmer darauf vertrauen, dass die Leistung auch in Zukunft weiter gewährt werde.

Der Streit über die dogmatischen Unterschiede in der Begründung braucht nicht entschieden zu werden, wenn beide Ansichten zu demselben Ergebnis kommen.

G gewährte der Belegschaft seines Betriebs seit dem Jahr 2004 jeweils 1000,– € Weihnachtsgeld, ohne dass er dabei Vorbehalte abgegeben hätte. Erst 2009 erfolgte eine einschränkende Erklärung anlässlich der Auszahlung. Schon 2006 war jedoch nach den Anforderungen, die das BAG stellt, eine betriebliche Übung entstanden. Nach der Vertrauenstheorie ergibt sich kein anderes Ergebnis.

Damit ist ein Anspruch des R auf Zahlung von Weihnachtsgeld i. H. v. 1000,– € entstanden.

---

14   St. Rspr., vgl. nur BAG (Urt. v. 16.1.2002) AP Nr. 56 zu § 242 BGB Betriebliche Übung.
15   Vgl. nur BAG (Urt. v. 30.7.2008) AP Nr. 274 zu § 611 BGB Gratifikation.
16   MüArbR/*Richardi*, 3. Aufl., 2009, Bd. 1, Rz. 19; modifizierend *Henssler*, FS 50 Jahre Bundesarbeitsgericht, 2004, S. 683 (685 ff.) m.w.Nachw.

B. Erlöschen des Anspruchs

Der Anspruch könnte jedoch wieder erloschen sein. Ein Grund für das Erlöschen könnte darin liegen, dass G ab dem Jahr 2009 anlässlich der Auszahlung von Weihnachtsgeld einen handschriftlichen Vermerk auf der Lohnabrechnung vornahm, nach welchem die Zahlung des Weihnachtsgeldes eine freiwillige Leistung sei und keinen Rechtsanspruch begründe.

I. Allerdings kann der Arbeitgeber (wie jede Vertragspartei) grundsätzlich nicht **53** durch einseitige Erklärungen einen Anspruch des Arbeitnehmers erlöschen lassen. Der Anspruch des Arbeitnehmers aus betrieblicher Übung ist ein vertraglicher Anspruch und nicht etwa ein Anspruch „minderer Rechtsbeständigkeit".[17] Zum Erlöschen des Anspruchs führte eine solche Erklärung nur, wenn dem Arbeitgeber ein entsprechendes vertragliches Recht zustünde. Einen solchen sog. Freiwilligkeitsvorbehalt hätten G und R in den Arbeitsvertrag aufnehmen können; dies ist jedoch nicht geschehen.

Exkurs/Vertiefung: Der Arbeitgeber kann das Entstehen einer betrieblichen Übung verhindern, indem er bei jeder Leistungsgewährung einen Vorbehalt ausspricht. Fraglich ist, ob auch ein im Arbeitsvertrag enthaltener Freiwilligkeitsvorbehalt genügt, um das Entstehen von Vertrauen des Arbeitnehmers in die zukünftige Weiterzahlung zu hindern. Das BAG ging zunächst von der Notwendigkeit der Wiederholung des Vorbehalts bei jeder Leistungsgewährung aus,[18] ließ dann aber den vertraglichen Freiwilligkeitsvorbehalt genügen.[19]

An dieser Rechtsprechung hat das BAG (10. Senat) zunächst auch nach der Schuldrechtsmodernisierung festgehalten. Bei (jährlichen) Sonderzahlungen genüge ein Freiwilligkeitsvorbehalt, um das Entstehen der betrieblichen Übung zu vermeiden. Auch eine solche Klausel unterfalle den §§ 305 ff. BGB; sie sei jedoch grundsätzlich wirksam.[20] Die Unwirksamkeit scheitere schon daran, dass es durch den Freiwilligkeitsvorbehalt gar nicht zu einem vertraglichen Leistungsversprechen des Arbeitgebers komme, das die Arbeitnehmer konkludent annehmen könnten. Damit liege schon keine nach § 307 III 1 BGB „von Rechtsvorschriften abweichende oder diese ergänzende" Regelung vor.

Diese Argumentation ließ sich kaum mit der Rechtsprechung des BAG (5. Senat) zum Widerrufsvorbehalt (oben Frage 1, Rz. 49) sowie mit der Rechtsprechung des BAG (5. Senat) zu Freiwilligkeitsvorbehalten für *monatlich* zu zahlende Leistungszulagen in Einklang bringen. Bei diesen soll ein Verstoß gegen den Grundsatz *pacta sunt servanda* vorliegen.[21] Der 10. Senat hat nun entschieden, dass zumindest ein vertraglicher Freiwilligkeitsvorbehalt, der alle zukünftigen Leistungen unabhängig von ihrer Art und ihrem Entstehungsgrund erfasse, den Arbeitnehmer regelmäßig gem. § 307 I S. 1, II Nr. 1 und 2 BGB unangemessen belaste und daher unwirksam sei.[22]

---

17 BAG (Urt. v. 18.3.2009) AP Nr. 83 zu § 242 BGB Betriebliche Übung.

18 BAG (Urt. v. 26.6.1975) AP Nr. 86 zu § 611 BGB Gratifikation; BAG (Urt. v. 17.11.1998) AP Nr. 162 zu § 242 BGB Gleichbehandlung.

19 BAG (Urt. v. 12.1.2000) AP Nr. 223 zu § 611 BGB Gratifikation; BAG (Urt. v. 5.6.1996) AP Nr. 193 zu § 611 BGB Gratifikation.

20 BAG (Urt. v. 30.7.2008) AP Nr. 274 zu § 611 BGB Gratifikation.

21 BAG (Urt. v. 25.4.2007) AP Nr. 7 zu § 308 BGB.

22 BAG (Urt. v. 14.9.2011) AP Nr. 56 zu § 307 BGB.

54 **II.** Zur Begründung eines Freiwilligkeitsvorbehalts könnte es allerdings dadurch gekommen sein, dass G diesen Freiwilligkeitsvorbehalt regelmäßig in den Jahren 2009 bis 2013 wiederholte, ohne dass die Arbeitnehmer dem widersprochen hätten. Durch dieses Verhalten könnte eine gegenläufige, sog. **„negative" betriebliche Übung** begründet worden sein.

Nach der Rechtsprechung des BAG konnte eine betriebliche Übung durch eine geänderte betriebliche Übung beendet werden.[23] Eine solche negative betriebliche Übung wurde bejaht, wenn der Arbeitgeber erklärte, die Zahlung der Gratifikation sei eine freiwillige Leistung, auf die zukünftig kein Rechtsanspruch bestehe, und die Arbeitnehmer der neuen Handhabung über einen Zeitraum von drei Jahren hinweg nicht widersprechen. Dadurch käme stillschweigend eine Vereinbarung zustande, nach der der Arbeitgeber nicht mehr zur Zahlung der Gratifikation verpflichtet sei.

55 **1.** Fraglich ist allerdings, ob das Verhalten von Arbeitgeber- und Arbeitnehmerseite tatsächlich eine derartige Vertragsänderung, d. h. die nachträgliche Einfügung eines Freiwilligkeitsvorbehalts, herbeiführt. Dazu müsste der Vermerk ein entsprechendes Angebot zur Vertragsänderung enthalten. Dies lässt sich dem Wortlaut nicht ohne Weiteres entnehmen; dieser deutet nicht darauf hin, dass bestehende Rechtsansprüche aufgehoben werden sollen. Selbst wenn man die Erklärung als Angebot zur verschlechternden Vertragsänderung sehen wollte, bleibt aber fraglich, ob R das Angebot angenommen hat. R hat sich nicht geäußert. Grundsätzlich gilt im Zivilrecht, dass Schweigen keine Erklärung ist. Das Verhalten eines Arbeitnehmers, also die Erbringung der Arbeitsleistung, mag als konkludente Zustimmung gewertet werden, wenn der Arbeitgeber ihm ein verbesserndes Vertragsangebot macht. Der Tatsache, dass R seine Tätigkeit nach Zugang der jeweiligen Lohnabrechnung, die den Vermerk enthielt, fortführte, kann jedoch gem. §§ 133, 157 BGB nicht der Erklärungsgehalt zugemessen werden, er sei damit einverstanden, auf seinen Anspruch auf Zahlung von Weihnachtsgeld i. H. v. 1000,– € zu verzichten. Auch das BAG stimmt den Grundzügen dieser Argumentation nach heftiger Kritik an der früheren Rechtsprechung im Schrifttum[24] zu.[25]

56 **2.** Darüber hinaus könnten die Vermerke, sofern man sie als Angebot zur verschlechternden Vertragsänderung auffasst, gem. §§ 307, 308 Nr. 5 BGB unwirksam sein.

Dann müssten die §§ 305 ff. BGB anwendbar sein.

a) Gem. § 310 IV 2 BGB findet die AGB-Kontrolle auf Arbeitsverträge Anwendung (oben Frage 1, B. 1., Rz. 47).

---

23 BAG (Urt. v. 26.3.1997) AP Nr. 50 zu § 242 BGB Betriebliche Übung.
24 ErfK/*Preis*, § 611 BGB Rz. 225a; *Henssler*, FS 50 Jahre Bundesarbeitsgericht, 2004, S. 683 (704 ff.); Waltermann, RdA 2006, 257 (268 f.)
25 BAG (Urt. v. 18.3.2009) AP Nr. 83 zu § 242 BGB Betriebliche Übung.

b) Die Klauseln wurden gegenüber der gesamten Belegschaft verwendet; damit könnte es sich um eine für eine Vielzahl von Verträgen vorformulierte Vertragsbedingung (§ 305 I 1 BGB), und damit um eine Allgemeine Geschäftsbedingung, handeln.

c) Die Klausel müsste jedoch wirksam gem. § 305 I BGB in den Vertrag **einbezogen** **57** worden sein. Nach § 310 IV 2 BGB müssen die Voraussetzungen der § 305 II und III BGB nicht vorliegen. Die Klausel muss aber nach allgemeinen rechtsgeschäftlichen Regeln (§§ 145 ff. BGB) Vertragsbestandteil geworden sein.

aa) Fraglich ist dies zunächst schon, weil nach dem Wortlaut des § 305 I 1 BGB die Bedingung „bei Abschluss des Vertrages" gestellt sein muss. Diese Formulierung wird allerdings dahingehend verstanden, dass auch der Abschluss eines Änderungsvertrages gemeint ist.[26]

bb) Nach allgemeinen rechtsgeschäftlichen Regeln wäre die Klausel weiter nur Vertragsbestandteil geworden, wenn der Arbeitnehmer der Klausel zugestimmt hätte. Eben dies ist jedoch, wie oben unter 1. (Rz. 55) gesehen, nicht der Fall.

Da der Vermerk, sofern man ihn als Angebot einer verschlechternden Vertragsänderung verstehen will, damit gar nicht erst zu einer allgemeinen Geschäftsbedingung wurde, kann diese auch nicht nach den Maßstäben der §§ 307, 308 Nr. 5 BGB kontrolliert werden.

Zwar enthält § 308 Nr. 5 BGB eine Regelung, nach der grundsätzlich Klauseln unwirksam sind, die bestimmen, dass das Schweigen des Vertragspartners – hier also des Arbeitnehmers – als Zustimmung gelten soll. Denn das Prinzip, dass Schweigen keine Willenserklärung ist, soll durch allgemeine Geschäftsbedingungen nicht zulasten des Vertragspartners eingeschränkt werden.

§ 308 Nr. 5 BGB bezieht sich aber nur auf wirksam abgeschlossene Vertragsklauseln, die dem Verwender, also hier dem Arbeitgeber, ein solches Recht einräumen. § 308 Nr. 5 BGB bezieht sich nicht auf das Zustandekommen einer solchen Vertragsklausel selbst.[27] Denn für dieses Zustandekommen gelten die allgemeinen rechtsgeschäftlichen Regeln, die (ohnehin) von dem Grundsatz, dass Schweigen keine Willenserklärung ist, geprägt sind.

d) Mangels Einbeziehung liegt keine kontrollfähige Klausel vor; die §§ 305 ff. BGB sind nicht anwendbar.

3. Der Freiwilligkeitsvorbehalt wurde nicht durch eine negative betriebliche Übung **58** beendet.

---

26 Vgl. MünchKomm/*Basedow*, 6. Aufl., 2012, § 305 BGB, Rz. 81; Ulmer/Brandner/Hensen-*Ulmer/Habersack*, AGB-Recht, 12. Aufl., 2011, § 305 Rz. 157.
27 A.A. offenbar BAG (Urt. v. 18.3.2009) AP Nr. 83 zu § 242 BGB Betriebliche Übung.

> **Exkurs/Vertiefung:** Ansprüche aus betrieblicher Übung können daher wie alle individualvertraglichen Ansprüche nur durch eine (schwer durchsetzbare) Änderungskündigung oder durch eine Vertragsänderung, der der Arbeitnehmer zustimmen muss, durchgesetzt werden. Sie können nach dem Günstigkeitsprinzip (dazu Repetitorium I.) nicht durch Betriebsvereinbarung „aufgehoben" werden. Allerdings kann nach dem Prinzip des kollektiven Günstigkeitsvergleichs eine Umverteilung erfolgen (umstrukturierende Betriebsvereinbarung).[28] Eine Kürzung oder Aufhebung der Ansprüche durch Betriebsvereinbarung kommt nur in Betracht, wenn ein entsprechender Vorbehalt erklärt wurde, nach dem die Leistung „betriebsvereinbarungsoffen" erfolgt. Auch ein solcher Vorbehalt unterliegt der Kontrolle durch die §§ 305 ff. BGB. Allein aus der Tatsache, dass es einen Betriebsrat gibt, folgt nicht, dass die Leistung „betriebsvereinbarungsoffen" erfolgt.[29]

III. Der Anspruch des R ist damit nicht erloschen.

C. Ergebnis

R hat einen Anspruch gegen G auf Zahlung von Weihnachtsgeld i. H. v. 1000,– €.

Repetitorium

I. Anspruchsgrundlagen im Arbeitsrecht

59 Im Arbeitsrecht ist mehr noch als im allgemeinen Zivilrecht zu beachten, dass sich Ansprüche des Arbeitnehmers aus unterschiedlichen geschriebenen und ungeschriebenen Rechtsquellen ergeben können. Diese werden hier nach Rangordnung genannt:

1. a) Aus dem Grundgesetz, insbesondere den Grundrechten, lassen sich grundsätzlich keine Ansprüche ableiten. Grundrechte sind in erster Linie Abwehrrechte gegen den Staat. Im Zivilrecht, also auch im Verhältnis von Arbeitgeber und Arbeitnehmer, entfalten sie nur mittelbare Wirkung

   b) Ansprüche aus unmittelbar anwendbarem Unionsrecht (Primärrecht, Verordnungen)

   Das Rangverhältnis zwischen beiden Rechtsquellen ist ungeklärt.

2. Ansprüche aus dem einfachen Gesetzesrecht

3. Ansprüche aus Tarifvertrag

4. Ansprüche aus Betriebsvereinbarung

5. a) Ansprüche aus dem Arbeitsvertrag, auf dieser Rechtsquellenebene stehen auch:

   b) Gesamtzusage, vertragliche Einheitsregelung

---

28 BAG (Beschl. v. 16.9.1986) NJW 1987, 1967.
29 BAG (Urt. v. 5.8.2009) AP Nr. 85 zu § 242 BGB Betriebliche Übung.

c) Ansprüche aus dem (ungeschriebenen) arbeitsrechtlichen Gleichbehandlungs-grundsatz; dieser setzt jedoch insbesondere eine kollektive Maßnahme des Arbeit-gebers voraus

d) Ansprüche aus betrieblicher Übung

Im Rahmen der gutachterlichen Falllösung müssen sämtliche Anspruchsgrundlagen gefunden und geprüft werden. Dann ist zu entscheiden, in welchem Konkurrenzverhält-nis die Anspruchsgrundlagen zueinander stehen.

In der allgemeinen Rechtsquellenlehre gilt zunächst das **Rangprinzip**, danach geht die **60** ranghöhere der rangniedrigeren Rechtsquelle vor.

Existieren zwei (selten mehr) Anspruchsgrundlagen auf dem **gleichen** Rang (z. B. kom-men zwei unterschiedliche tarifvertragliche Anspruchsgrundlagen in Betracht), gelten zwei Prinzipien:

- das *Ablösungs-/Ordnungsprinzip*, nach dem neue Regelungen ältere bei gleichem Regelungsgegenstand verdrängen (lex posterior derogat legi priori), und

- das *Spezialitätsprinzip*, nach dem eine speziellere Regelung einer allgemeineren vor-geht (lex specialis derogat legi generali).

Auf der arbeitsvertraglichen Ebene ist das Rangverhältnis durch Auslegung der Partei-vereinbarung zu ermitteln. Grundsätzlich kann ein vertraglicher Anspruch nur durch beide Arbeitsvertragsparteien geändert werden.

Existieren zwei oder mehr Anspruchsgrundlagen auf **unterschiedlichen Rängen**, gilt im Arbeitsrecht das **Günstigkeitsprinzip**. Ausdrücklich ist dies nur in § 4 III TVG geregelt; es handelt sich jedoch um einen allgemeinen Grundsatz, der aus dem Schutz-zweck des Arbeitsrechts folgt. Im Verhältnis zwischen Betriebsvereinbarungen und Tarifverträgen (§§ 77 III, 87 I BetrVG) besteht eine wichtige Ausnahme zum Günstig-keitsprinzip.

II. Prüfungsschema AGB-Kontrolle

Das folgende Schema stellt nur die wichtigsten Stufen der AGB-Prüfung dar. Im Ein- **61** zelfall können sich Abweichungen ergeben; insbesondere können auch Prüfungsschritte entfallen. Grundsätzlich sind die „im Arbeitsrecht geltenden Besonderheiten" gem. § 310 IV 2 BGB angemessen zu berücksichtigen.

1. Vorliegen von AGB (§ 305 I BGB)

   a) vorformulierte Vertragsbedingungen

   b) für eine Vielzahl von Verträgen (oder Verbrauchervertrag gem. § 310 III Nr. 2 BGB)

   c) vom Verwender gestellt (nicht bei Verbrauchervertrag, § 310 III Nr. 1 BGB)

2. Einbeziehung in den Vertrag

    a) nach allg. rechtsgeschäftlichen Regeln (§ 310 IV 2 BGB)

    b) Vorrang von Individualabreden (§ 305b BGB)

    c) keine überraschende Klausel (§ 305c I BGB)

3. Auslegung der Allgemeinen Vertragsbedingungen

    a) nach allgemeinen Auslegungsregeln (§§ 133, 157 BGB)

    b) Unklarheitenregel (§ 305c II BGB)

4. Inhaltskontrolle

    a) uneingeschränkte Kontrollfähigkeit (§ 307 III 1 BGB, sonst S. 2 der Norm)

    b) Klauseln ohne Wertungsmöglichkeit (§ 309 BGB)

    c) Klauseln mit Wertungsmöglichkeit (§ 308 BGB)

    d) Generalklausel (§ 307 I und II BGB, bei Verbrauchervertrag § 310 III Nr. 3 BGB), insbesondere auch Transparenzgebot (§ 307 I 2 BGB)

Fall 4

Dumm gelaufen

Der 20-jährige A hat keinen Schulabschluss. Er ist verheiratet und Vater eines Kindes. Er verfügt nicht über nennenswertes Vermögen und ist daher glücklich, als ihn der Verpackungsbetrieb des B als Hilfsarbeiter für brutto 980,– € monatlich einstellt. A erhält die Aufgabe, im Lager des Betriebs auf Anweisung des Vorarbeiters Y tätig zu werden. Hauptsächlich ist A mit dem Beladen von Pkws oder Lkws beschäftigt. Er wird immer dann eingesetzt, wenn die Verwendung des Gabelstaplers nicht möglich ist. Y hat dem A ausdrücklich untersagt, den Gabelstapler zu benutzen. A hat weder einen Führerschein für das Fahrzeug, noch wurde er in die Bedienung des Gabelstaplers eingewiesen.

Eines Tages fährt ein mit großen Kartons beladener Lkw auf den Hof. L, eine Mitarbeiterin im Bereich Sekretariat/Buchhaltung, gibt A die Anweisung, den Lkw abzuladen. Ob L befugt ist, ihm solche Anweisungen zu geben, weiß A nicht. Tatsächlich steht L diese Befugnis nicht zu. A besichtigt die abzuladenden Kartons und erkennt zutreffend, dass angesichts des Gewichts nur ein Abladen mit dem Gabelstapler in Betracht kommt. Es gelingt ihm, mit dem Gabelstapler zum Lkw zu fahren. Bei dem Versuch, eine Palette mit 10 Kartons anzuheben, rutscht diese jedoch ab. In den Kartons befanden sich insgesamt 50 neue Notebooks im Wert von je 1000,– €. Sämtliche Notebooks gehen irreparabel zu Bruch.

Am selben Abend eröffnet ihm B, dass A für den Schaden i. H. v. 50 000,– € aufkommen müsse.

Frage 1: Hat B gegen A einen Anspruch auf Zahlung der 50 000,– €?

Bearbeitervermerk: Deliktische Ansprüche sind nicht zu prüfen.

Am nächsten Tag betritt A am Boden zerstört den Betrieb. Er trifft auf Y, der gerade mit einem Spritzgerät Metallfässer rot lackiert. A und Y unterhalten sich angeregt über die Schadensersatzforderung, die B stellt, und einen kleinen Moment gibt Y nicht Acht. Die Sprühpistole rutscht ab und der Sprühnebel dringt u. a. A in die Augen und verteilt sich über die Grenzen des Betriebsgeländes hinweg auf der angrenzenden Straße. Dort parkt der schwarze Mercedes SLK der G. Diese steigt aus ihrem Wagen und stellt fest, dass sich ein feiner roter Sprühnebel auf dem Wagen niedergelassen hat. Die Reparaturkosten betragen 15 000,– €.

Frage 2:

a) Muss Y an G 15 000,– € zahlen?
b) Was ist Y zu raten?

Die Augen des A sind gereizt und schmerzen A über einige Tage hinweg. Durch die notwendige medizinische Behandlung entstehen 300,– € Heilungskosten.

Frage 3: Hat A gegen Y Anspruch auf Zahlung der 300,– € und auf die Zahlung eines angemessenen Schmerzensgelds?

Vorüberlegungen

I. Der Fall behandelt die Haftung des Arbeitnehmers im Betrieb. Die Grundsätze der **63** Arbeitnehmerhaftung gehören zum arbeitsrechtlichen Grundwissen, das auch im Ersten Juristischen (Staats-)Examen geprüft werden kann.

II. Grundsätzlich kommen vertragliche und deliktische Schadensersatzansprüche in Betracht. Die Prüfung deliktischer Anspruchsgrundlagen kann aufwendig sein. Sofern es sich um eine Klausur mit eindeutig arbeitsrechtlichem Inhalt handelt, ist auf die richtige Schwerpunktsetzung zu achten. Rein deliktsrechtlichen Problemen (z. B. Kausalitätsfragen) sollte nicht zu viel Raum gegeben werden.

III. In der Aufgabe wird zwischen drei unterschiedlichen Haftungskonstellationen (A – B, Y – G, Y – A) unterschieden. Das bedeutet, dass hier offensichtlich unterschiedliche rechtliche Lösungsansätze bestehen.

IV. In der Fallfrage 2b) ist nicht nur nach dem Bestehen eines Anspruchs gefragt, sondern nach den Möglichkeiten des Y. Daher ist zu prüfen, ob Y unterschiedliche Handlungsalternativen hat und, wenn ja, ob diese erfolgversprechend sind.

Gliederung

Frage 1: Schadensersatzansprüche des B gegen A   **64**

A. Schuldverhältnis

B. Pflichtverletzung

C. Schaden

D. Verschulden
    I. Grundsätzliche Haftung
    II. Haftungsmilderung
        1. Bezugspunkt des Verschuldens
        2. Arbeitnehmerstatus
        3. Betrieblich veranlasstes Handeln
        4. Abstufung der Haftung
    III. Ergebnis

Frage 2: Rechtliche Lage zwischen G und Y

A. Frage 2a): Schadensersatzansprüche der G gegen Y

B. Frage 2b): Möglichkeiten des Y
    I. Regressanspruch
    II. Freistellungsanspruch

Frage 3: Anspruch des A gegen Y gem. § 823 I BGB, Sperre des § 105 I 1 SGB VII

A. Beschäftigter gem. § 2 I Nr. 1 SGB VII

B. Versicherungsfall der gesetzlichen Unfallversicherung

C. Betriebliche Tätigkeit

D. Kausalität

E. Angehörige desselben Betriebs

F. Kein Vorsatz

G. Ergebnis

Lösung

Frage 1: Schadensersatzansprüche des B gegen A

B könnte gegen A einen Anspruch auf Zahlung von 50 000,– € gem. § 280 I BGB haben.

A. Schuldverhältnis

Zwischen beiden besteht ein Schuldverhältnis, nämlich ein Arbeitsvertrag.

B. Pflichtverletzung

A müsste eine Pflicht aus diesem Schuldverhältnis verletzt haben. Als Nebenpflicht aus **65** dem Arbeitsverhältnis ergibt sich für den Arbeitnehmer die Pflicht, sorgsam mit den ihm anvertrauten Arbeitsmitteln umzugehen, § 241 II BGB. Dies hat A nicht getan. Nach der Anordnung (§ 106 GewO) des B durfte A den Gabelstapler nicht benutzen. Diese Weisung wurde auch nicht durch L aufgehoben. Zum einen ist L dem A gegenüber nicht weisungsbefugt; zum anderen hat L nichts dazu gesagt, auf welche Art und Weise der Lkw abgeladen werden sollte. A hat den Gabelstapler also weisungswidrig verwendet. Damit hat A eine vertragliche Pflicht verletzt.

C. Schaden

Diese Pflichtverletzung führte adäquat kausal zu dem Schaden (§ 249 BGB) des B i. H. v. 50 000,– €.

> **Exkurs/Vertiefung:** Üblicherweise wird der Eintritt eines Schadens nach der Feststellung des Vertretenmüssens geprüft. Hier wird jedoch von diesem Prüfungsaufbau abgewichen, da sich – wie noch zu zeigen ist – die Ausführungen zum Vertretenmüssen auch auf den Schaden beziehen, so dass dieser im Rahmen des Vertretenmüssens inzident geprüft werden müsste.

D. Verschulden

Den A müsste ein Verschulden gem. § 276 BGB treffen. Das Verschulden hätte gem. § 619a BGB B zu beweisen.

> **Exkurs/Vertiefung:** Der Hinweis zur Beweislast ist nicht notwendig; er zeigt jedoch vertiefte Kenntnisse im Arbeitsrecht.
>
> Im Übrigen ist umstritten, ob und in welchem Umfang es einer teleologischen Reduktion des § 619a BGB bedarf. Nach dem Wortlaut des § 619a BGB fände eine Beweislastumkehr auch statt, wenn der Arbeitnehmer nicht betrieblich veranlasst handelt (z. B. Arbeitnehmer „macht

blau"). Daher wird vorgeschlagen, § 619a BGB nur anzuwenden, soweit materiell-rechtlich die Grundsätze der Haftungsprivilegierung reichen.[1]

I. Grundsätzliche Haftung

66   Die **Pflichtverletzung** des A war vorsätzlich. Er wusste, dass er den Gabelstapler nicht einsetzen durfte. Nach allgemeinen zivilrechtlichen Grundsätzen muss sich das Vertretenmüssen nur auf die Pflichtverletzung beziehen.[2] Dies würde zu einer unbeschränkten Haftung des A führen.

Im vorliegenden Fall könnte aber eine Haftungsmilderung nach den Grundsätzen der Arbeitnehmerhaftung in Betracht kommen. Dabei wird unter der Berücksichtigung des Äquivalenzgedankens und des erforderlichen Existenzschutzes des Arbeitnehmers[3] eine Abstufung nach dem Verschulden vorgenommen. Bei vorsätzlichem Handeln des Arbeitnehmers scheidet eine Haftungsmilderung nach diesen Grundsätzen jedoch aus.

II. Haftungsmilderung

1. Bezugspunkt des Verschuldens

67   Nach Ansicht des BAG muss sich in den Fällen der Arbeitnehmerhaftung das Verschulden nicht nur auf die Pflichtverletzung, sondern auch auf den Schadensverlauf und auf den Schaden beziehen.[4] Vorsatz läge damit nur vor, wenn der Arbeitnehmer sich nicht nur bewusst war, dass er eine Pflichtverletzung begeht, sondern wenn er darüber hinaus die Gefahr des Schadenseintritts erkannte und den Eintritt des Schadens billigend in Kauf nahm.

Diese weitere Einschränkung der Arbeitnehmerhaftung wird vom BAG damit begründet, dass die Haftungsprivilegierung des Arbeitnehmers darauf abziele, den Arbeitnehmer von der allgemeinen zivilrechtlichen Risikozurechnung des Schadens zu entlasten. Die Enthaftung des Arbeitnehmers sei gerade deshalb angemessen, weil Schäden infolge von Tätigkeiten entstehen könnten, deren Schadensrisiko so hoch sei, dass der Arbeitnehmer typischerweise schon von seinem Arbeitsentgelt her nicht in der Lage sei, Risikovorsorge zu betreiben oder einen eingetretenen Schaden zu ersetzen. Das vom Arbeitgeber zu tragende Betriebsrisiko drücke sich u. a. darin aus, dass der im Schadensfall zu erwartende Vermögensverlust des Arbeitgebers in einem groben Missverhältnis zu dem vom Arbeitnehmer verdienten Arbeitslohn stehe.

Bezogen auf den Schadenseintritt hat A nur grob fahrlässig (§ 277 BGB) gehandelt. Er hat den Eintritt des Schadens nicht billigend in Kauf genommen. Er hat jedoch nicht erkannt, dass das Abladen von wertvollen Gegenständen durch eine Person, die nicht

---

1   ErfK/*Preis*, § 619a BGB Rz. 4; *Henssler*, RdA 2002, 129 (132 f.).
2   MünchKomm/*Grundmann*, 6. Aufl., 2012, § 276 Rz. 52 m.w.Nachw.
3   BAG (Urt. v. 18.4.2002) AP Nr. 122 zu § 611 BGB Haftung des Arbeitnehmers.
4   BAG (Urt. v. 18.4.2002) AP Nr. 122 zu § 611 BGB Haftung des Arbeitnehmers; BAG (25.10.2007) AP Nr. 6 zu § 611 BGB Mobbing.

gelernt hat, einen Gabelstapler zu bedienen, zur Zerstörung dieser Gegenstände führen kann. Damit hat er die im Verkehr erforderliche Sorgfalt in einem ungewöhnlich hohen Grade verletzt, denn er hat außer Acht gelassen, was jedem anderen in der konkreten Situation hätte einleuchten müssen.[5]

Bei grober Fahrlässigkeit ist eine Haftungsmilderung nicht in jedem Fall ausgeschlossen.

2. Arbeitnehmerstatus

Die Grundsätze der eingeschränkten Arbeitnehmerhaftung finden nur Anwendung, wenn der Schädiger Arbeitnehmerstatus hat. A ist Arbeitnehmer.

3. Betrieblich veranlasstes Handeln

Die Haftungsmilderung setzt weiter stets voraus, dass der Schaden während eines **68** betrieblich veranlassten Handelns des A eingetreten ist. Das Handeln muss im Rahmen der betrieblichen Tätigkeit und auf Grund des Arbeitsverhältnisses erfolgen.[6]

Die schädigende Handlung hat an der Arbeitsstelle, während der Arbeitszeit und mit einem Betriebsmittel stattgefunden. Das Vorliegen dieser Kriterien rechtfertigt nach Ansicht des BAG die Annahme einer betrieblichen Veranlassung allerdings noch nicht. Betrieblich veranlasst seien nur solche Tätigkeiten des Arbeitnehmers, die ihm arbeitsvertraglich übertragen worden seien oder die er im Interesse des Arbeitgebers für den Betrieb ausführe. Die Tätigkeit müsse in nahem Zusammenhang mit dem Betrieb und seinem betrieblichen Wirkungskreis stehen. Dies ist hier jedoch fraglich, da die Verwendung des Gabelstaplers weisungswidrig war. So scheidet eine betriebliche Veranlassung aus, wenn der Arbeitnehmer am Arbeitsort und während der Arbeitszeit Betriebsmittel aufgrund eigenen Entschlusses im eigenen Interesse verwendet.[7] Vorliegend hat A jedoch den Gabelstapler eingesetzt, um den Lkw zu entladen. Das Entladen von Fahrzeugen gehört grundsätzlich zu den ihm dienstlich aufgetragenen Tätigkeiten. Das Entladen des konkreten Fahrzeugs erfolgte weiter nicht aufgrund eines eigenständigen Entschlusses des A, sondern weil L ihn dazu angewiesen hatte. Diese Weisung mag zwar nicht wirksam gewesen sein, weil L nicht befugt war, eine solche Weisung auszusprechen. Dies ändert jedoch nichts daran, dass die Aufforderung aus der betrieblichen Sphäre stammt, und A durch diese Aufforderung – und nicht aufgrund eigener Entscheidung – dazu bestimmt wurde, den Lkw zu entladen.

Dass die Ausführung der Tätigkeit selbst fehlerhaft war, da A hierfür den Gabelstapler verwendete, ändert an ihrem betrieblichen Charakter nichts.[8]

A handelte damit betrieblich veranlasst.

---

5 Vgl. BAG (Urt. v. 23.3.1983) AP Nr. 82 zu § 611 BGB Haftung des Arbeitnehmers.
6 Vgl. BAG (Urt. v. 18.4.2002) AP Nr. 122 zu § 611 BGB Haftung des Arbeitnehmers.
7 BAG (Urt. v. 9.11.1967) AP Nr. 1 zu § 67 VVG („Spritztour" eines Tankstellengehilfen ohne Führerschein mit Kundenfahrzeug).
8 Vgl. BAG (Urt. v. 18.4.2002) AP Nr. 122 zu § 611 BGB Haftung des Arbeitnehmers; BAG (Urt. v. 18.1.2007) AP Nr. 15 zu § 254 BGB.

4. Abstufung der Haftung

69 Durch die Haftungsmilderung soll nach ständiger Rechtsprechung des BAG[9] die Verantwortung des Arbeitgebers für die Organisation des Betriebes und die Gestaltung der Arbeitsbedingungen sowie das darin liegende Betriebsrisiko des Arbeitgebers berücksichtigt werden. Der Arbeitnehmer könne den vorgegebenen Arbeitsbedingungen in der Regel weder tatsächlich noch rechtlich ausweichen. Aufgrund des Weisungsrechts bestimme der Arbeitgeber die arbeitsvertraglich geschuldete Arbeitsleistung. Damit präge die vom Arbeitgeber gesetzte Organisation des Betriebes das Haftungsrisiko des Arbeitnehmers.

Die Haftung des Arbeitnehmers sei daher gem. § 254 BGB analog abzustufen: Bei vorsätzlichem Handeln habe der Arbeitnehmer den Schaden in vollem Umfang zu tragen. Bei grober Fahrlässigkeit des Arbeitnehmers sei eine Haftungserleichterung zu seinen Gunsten nicht ausgeschlossen, sondern von einer Abwägung im Einzelfall abhängig. Bei leichter Fahrlässigkeit hafte der Arbeitnehmer gar nicht. Bei normaler Fahrlässigkeit und soweit auch bei grober Fahrlässigkeit eine Haftungsmilderung vorgenommen wird, habe der Arbeitnehmer den Schaden anteilig zu tragen, d. h. es ist eine Haftungsquote zu bilden. Dabei sei eine Abwägung der Gesamtumstände vorzunehmen. Maßgeblich seien dabei insbesondere folgende Umstände: **Schadensanlass** und **Schadensfolgen**, **Billigkeits- und Zumutbarkeitsgesichtspunkte**. So sei auf den Grad des dem Arbeitnehmer zur Last fallenden **Verschuldens**, die **Gefahrgeneigtheit** der Arbeit, die **Höhe des Schadens**, die **Versicherbarkeit des Risikos**, die **Stellung des Arbeitnehmers im Betrieb** und die **Höhe seines Arbeitsentgelts** sowie **persönliche Umstände** des Arbeitnehmers, wie etwa die **Dauer der Betriebszugehörigkeit**, sein **Lebensalter**, seine **Familienverhältnisse** sowie das bisherige **Verhalten** des Arbeitnehmers abzustellen.

> **Exkurs/Vertiefung:** In der Stellungnahme der Bundesregierung zum Gesetz zur Modernisierung des Schuldrechts wurde vorgeschlagen, als Rechtsgrundlage für die Beschränkung der Arbeitnehmerhaftung nun § 276 I 1 BGB („soweit [nicht] eine … mildere Haftung … aus dem sonstigen Inhalt des Schuldverhältnisses … zu entnehmen ist") heranzuziehen.[10] Dies ist vertretbar, hat sich aber nicht durchgesetzt; dafür spricht, dass sich der Gedanke der Mitverantwortung und die aus ihm resultierende Möglichkeit einer Quotenbildung besser in § 254 BGB analog verorten lässt.[11]
>
> Neben der durch § 254 BGB analog ermöglichten Haftungsmilderung ist auch – also ggf. kumulativ – die unmittelbare Anwendung dieser Norm möglich, wenn ein echtes Mitverschulden des Arbeitgebers vorliegt. Ein solches Mitverschulden kann auch in einem Organisationsverschulden bestehen.[12]

---

9   BAG (Urt. v. 18.4.2002) AP Nr. 122 zu § 611 BGB Haftung des Arbeitnehmers m.w.Nachw.
10   BT-Drucks. 14/6857, S. 48.
11   MünchKomm/*Henssler*, 6. Aufl., 2012, § 619a Rz. 12. Gegen die Anwendung von § 254 BGB analog jedoch *Staudinger/Richardi/Fischinger*, 2011, § 619a Rz. 58 ff.
12   BAG (Urt. v. 15.11.2001) AP Nr. 121 zu § 611 BGB Haftung des Arbeitnehmers.

A handelte grob fahrlässig (oben II. 1., Rz. 67). Bei grober Fahrlässigkeit findet grund- **70**
sätzlich keine Haftungsmilderung statt. Nach der Rechtsprechung ist eine Haftungsmilderung jedoch ausnahmsweise möglich, wenn der Verdienst des Arbeitnehmers in
einem deutlichen Missverhältnis zum verwirklichten Schadensrisiko der Tätigkeit
steht.[13] Dies ist vorliegend zu bejahen, da dem Bruttomonatsverdienst des A (980,– €)
ein Ersatzanspruch in einer Höhe von 50 000,– € gegenüberstünde. Eine entsprechende
Haftung führte A in den wirtschaftlichen Ruin.

Es ist daher auch in diesem Fall eine Haftungsquote zu bilden. Dabei ist zulasten des A
zu gewichten, dass er in Bezug auf die Pflichtverletzung sogar vorsätzlich handelte.
Andererseits ist zu berücksichtigen, dass A einem Irrtum unterlag, da er annahm, L sei
befugt, ihm entsprechende Weisungen zum Abladen bestimmter Fahrzeuge zu geben. In
diesem Irrtum gefangen konnte A angesichts von Größe und Gewicht der Kartons zu
dem Schluss kommen, dass der Einsatz des Gabelstaplers notwendig war. Ein wirkli-
cher Vorwurf kann A also nur dahingehend gemacht werden, dass er es unterließ, Rück-
sprache mit seinem Vorgesetzten zu nehmen und dass er ferner nicht erkannte, dass der
Einsatz des Gabelstaplers überaus risikoreich war. Weiter zugunsten des A zu berücksichtigen ist, dass er ohne besondere Qualifikation angestellt wurde und noch relativ
jung ist, d. h. nicht über eine langjährige Berufserfahrung verfügt. Er wurde ferner nur
als Hilfsarbeiter beschäftigt, so dass von ihm die Bewältigung komplexerer Vorgänge
nicht erwartet werden konnte. Sein Verdienst war entsprechend gering. Schließlich fällt
zu seinen Gunsten ins Gewicht, dass er für seine Ehefrau und sein Kind unterhaltspflichtig ist.

Insgesamt erscheint im vorliegenden Fall daher eine Haftungsmilderung von 95 %
angemessen.

III. Ergebnis

B hat einen Anspruch gegen A i. H. v. 2500,– €.

Frage 2: Rechtliche Lage zwischen G und Y

A. Frage 2a: Schadensersatzansprüche der G gegen Y

G könnte gegen Y einen Anspruch auf Zahlung von 15 000,– € gem. § 823 I BGB **71**
haben.

Y hat durch sein Handeln das Rechtsgut der G, nämlich deren Eigentum am Mercedes
SLK, verletzt. Dadurch entstand G ein Schaden in Höhe der Reparaturkosten von
15 000,– €. Y handelte rechtswidrig und schuldhaft, nämlich fahrlässig.

---

13 BAG (Urt. v. 12.10.1989) AP Nr. 97 zu § 611 BGB Haftung des Arbeitnehmers.

Die Grundsätze der beschränkten Arbeitnehmerhaftung finden im Verhältnis zu einem betriebsfremden Dritten keine Anwendung. Im Außenverhältnis haftet der Arbeitnehmer unbeschränkt.[14]

G hat damit einen Anspruch gegen Y auf Zahlung von 15 000,– €.

> **Exkurs/Vertiefung:** Eine entsprechende Klage müsste G vor den Zivilgerichten erheben. Der Rechtsweg zu den Arbeitsgerichten ist nicht eröffnet. Auch § 2 I Nr. 3d) ArbGG ist nicht einschlägig, da es sich nicht um eine Rechtsstreitigkeit zwischen Arbeitgeber und Arbeitnehmer handelt.
>
> G könnte auch deliktische Ansprüche gegen B geltend machen. Für eine Haftung gem. § 823 I BGB ergeben sich hier aber auch unter dem Gesichtspunkt des Organisationsverschuldens keine Anhaltspunkte. G könnte ein Anspruch gegen B gem. § 831 BGB zustehen, doch wird dem Arbeitgeber regelmäßig die Exkulpation gem. § 831 I 2 BGB möglich sein, indem er nachweist, dass er den Arbeitnehmer ordnungsgemäß ausgewählt und überwacht hat.

B. Frage 2b: Möglichkeiten des Y

Y ist verpflichtet, 15 000,– € an G zu zahlen. Da die schädigende Handlung jedoch im Rahmen der Erfüllung seines Arbeitsverhältnisses zu B geschah, könnten Y gegenüber B Ansprüche zustehen.

72 **I.** Y hat einmal die Möglichkeit, die 15 000,– € an G zu zahlen. In diesem Fall könnte Y diesen Betrag möglicherweise gem. § 670 BGB analog von B verlangen.

Im Ergebnis besteht Einigkeit, dass dem Arbeitnehmer, der nach außen haftet, ein Regressanspruch gegenüber dem Arbeitgeber zusteht.[15] Als Anspruchsgrundlage kann § 670 BGB analog herangezogen werden.

Durch die Zahlung der 15 000,– € an G hat Y eine Aufwendung, nämlich ein freiwilliges Vermögensopfer, erbracht. Nach den Grundsätzen des innerbetrieblichen Schadensausgleichs steht Y dabei einem Beauftragten gleich und die Aufwendungen sind auch als erforderlich anzusehen.

Allerdings kann Y den Schaden nur insoweit geltend machen, als er selber – unterstellt, er hätte B und nicht G geschädigt – in den Genuss der Haftungsprivilegierung käme. Das heißt, Y müsste Arbeitnehmer sein und er müsste betrieblich veranlasst gehandelt haben. Weiter ist auf den jeweiligen Verschuldensmaßstab abzustellen.

Y ist Arbeitnehmer des B. Das Lackieren der Metallfässer war eine betrieblich veranlasste Tätigkeit. Y handelte dabei leicht fahrlässig. Nach den Grundsätzen der eingeschränkten Arbeitnehmerhaftung würde er gegenüber B gar nicht haften. B muss daher

---

14 BGH (Urt. v. 21.12.1993) AP Nr. 104 zu § 611 BGB Haftung des Arbeitnehmers.

15 BAG (Urt. v. 23.6.1988) AP Nr. 94 zu § 611 BGB Haftung des Arbeitnehmers; *Preis*, Individualarbeitsrecht, § 52 II. 1.

den entstandenen Schaden voll tragen. Daher hat Y gegenüber B einen Rückgriffsanspruch in Höhe von 15 000,– €.

II. Y hat aber darüber hinaus die Möglichkeit, von B zu verlangen, dass dieser sogleich die von Y geschuldeten 15 000,– € an G zahlt. Dieser Freistellungsanspruch besteht gem. § 670 BGB analog i. V. m. § 257 BGB.[16] Er unterliegt den gleichen Tatbestandsvoraussetzungen wie der Regressanspruch.

> **Exkurs/Vertiefung:** Der Regress- bzw. Freistellungsanspruch ist für den Arbeitnehmer allerdings im Ergebnis nur hilfreich, solange sein Arbeitgeber zahlungsfähig ist. Im Falle der Insolvenz des Arbeitgebers helfen die sog. Grundsätze des innerbetrieblichen Schadensausgleichs dem Arbeitnehmer nicht weiter.[17]

Frage 3: Anspruch des A gegen Y

A könnte gegen Y einen Anspruch auf Zahlung der Heilbehandlungskosten i. H. v. **73** 300,– € aus § 823 I BGB sowie auf Schmerzensgeld gem. §§ 823 I, 253 II BGB haben. Allerdings könnte der Anspruch im vorliegenden Fall gem. § 105 I 1 SGB VII ausgeschlossen sein. Dafür müssten die Voraussetzungen dieser Norm vorliegen. Es müsste sich um einen Arbeitsunfall handeln, der zu einem Personenschaden führte und den ein Betriebsangehöriger durch einen anderen Arbeitnehmer erlitt.

A. Beschäftigter gem. § 2 I Nr. 1 SGB VII

A gehörte als Arbeitnehmer und damit Beschäftigter gem. § 2 I Nr. 1 SGB VII zum versicherten Personenkreis.

B. Versicherungsfall der gesetzlichen Unfallversicherung

Es müsste sich um einen Versicherungsfall der gesetzlichen Unfallversicherung (§ 7 I SGB VII) handeln. Vorliegend kam es zu einem Arbeitsunfall gem. § 8 I SGB VII.

C. Betriebliche Tätigkeit

Der Arbeitsunfall geschah durch eine betriebliche Tätigkeit einer Person, dem Lackieren der Metallfässer durch Y.

D. Kausalität

Der Arbeitsunfall war kausal für einen Personenschaden, nämlich die Augenverletzung des A.

---

16 *Preis*, Individualarbeitsrecht, § 52 II. 1.
17 Vgl. BGH (Urt. v. 21.12.1993) AP Nr. 104 zu § 611 BGB Haftung des Arbeitnehmers.

E. Angehörige desselben Betriebs

A und Y gehören demselben Betrieb an.

F. Kein Vorsatz

Y hat den Arbeitsunfall nicht vorsätzlich oder auf einem nach § 8 II Nr. 1 bis 4 SGB VII versicherten Weg[18] verursacht (sog. Haftungsentsperrung). In einem solchen Fall würde Y neben der gesetzlichen Unfallversicherung haften. Beide Fälle sind jedoch nicht gegeben.

G. Ergebnis

Damit ist die Haftung des Y ausgeschlossen.

> **Exkurs/Vertiefung:** Der Haftungsausschluss gem. den §§ 104, 105 SGB VII bezieht sich nur auf Personenschäden, **nicht auf Sachschäden**. Y würde daher A gem. § 823 I BGB haften, wenn er z. B. dessen Kleidung durch den Sprühnebel beschädigt hätte. Y stünden dann aber wiederum Rückgriffs- bzw. Freistellungsansprüche gegen B zu.
>
> Der Träger der Unfallversicherung trägt die Heilungskosten, zahlt jedoch **kein Schmerzensgeld**, d. h. dass A kein Schmerzensgeldanspruch zusteht. Der Ausschluss des Schmerzensgeldanspruchs durch § 105 SGB VII ist mit dem Grundgesetz vereinbar, weil diesem Nachteil der Vorteil gegenübersteht, dass der Träger der Unfallversicherung auch bei Nichtverschulden des Arbeitskollegen zahlt und für den Arbeitnehmer kein Insolvenzrisiko besteht.[19]

Repetitorium

I. Haftung des Arbeitgebers bei Arbeitsunfällen

74 Sie richtet sich grundsätzlich nach den allgemeinen Regeln (§§ 280 ff. BGB, §§ 823 ff. BGB), insbesondere auch unter dem Gesichtspunkt des Organisationsverschuldens. Aber auch hier kann die Haftung des Arbeitgebers gem. § 104 I 1 SGB VII ausgeschlossen sein, wenn ein Arbeitsunfall vorliegt.

Die Voraussetzungen dafür sind, dass

- der Arbeitnehmer zum versicherten Personenkreis gehört (§§ 2 bis 6 SGB VII),
- es sich um einen Arbeitsunfall handelt (§ 8 SGB VII),

---

18 Versicherter Weg ist insbesondere der Weg von und zur Arbeit. Für sog. Wegeunfälle haftet grundsätzlich die Unfallversicherung. Die Haftungsentsperrung, also die zusätzliche Haftung des Schädigers, wird damit begründet, dass es sich hier regelmäßig um Unfälle mit Pkws handelt, für die eine Kfz-Haftpflichtversicherung besteht.

19 BVerfG (Beschl. v. 8.2.1995) AP Nr. 21 zu § 636 RVO.

- es sich um einen *Personen*schaden handelt, den der Arbeitgeber dem Arbeitnehmer zugefügt hat,
- er dabei nur fahrlässig gehandelt hat
- und der Arbeitsunfall kein sog. Wegeunfall nach § 8 II Nr. 1 bis 4 SGB VII ist.

Ein Rückgriff der Unfallversicherung gegen den Unternehmer ist nach § 110 SGB VII möglich.

II. Mankohaftung

Ein Spezialfall der Arbeitnehmerhaftung ist die sog. Mankohaftung. Als Manko **75** bezeichnet man einen Vermögensverlust, den ein Arbeitgeber dadurch erleidet, dass ein dem Arbeitnehmer anvertrauter Warenbestand oder eine von ihm geführte Kasse eine Fehlmenge oder Fehlbeträge aufweist. Grundsätzlich haftet auch hier der Arbeitnehmer nach allgemeinen Grundsätzen.

1. Ohne besondere vertragliche Vereinbarung haftet der Arbeitnehmer nach §§ 280 ff. bzw. §§ 823 ff. BGB. Dabei gelten die Grundsätze der Haftungsmilderung. Der Arbeitgeber muss das Vorliegen des Mankos und nach § 619a BGB das Verschulden des Arbeitnehmers beweisen. Dies wird im Regelfall praktisch nicht möglich sein. Wenn dem Arbeitnehmer eine Tätigkeit, die mit wirtschaftlichen Überlegungen und Entscheidungen bzgl. des Bestandes verbunden ist, übertragen wurde, wenn er also eine besondere Vertrauensstellung innehatte (z.B. Filialleiter), soll der Arbeitnehmer Besitzer der Sache sein und zusätzlich analog §§ 675, 667 BGB oder §§ 688, 695 BGB haften.[20]

2. Bei besonderer Vereinbarung (sog. Mankoabrede) zwischen Arbeitgeber und Arbeitnehmer haftet der Arbeitnehmer auch ohne Verschuldensnachweis. Solche Abreden sind aber nur eingeschränkt möglich, da nach der Rechtsprechung des BAG die **Grundsätze des innerbetrieblichen Schadensausgleichs** zwingendes Arbeitnehmerschutzrecht darstellen, also nicht abbedungen werden können.[21] Daher soll eine Mankoabrede gem. § 307 BGB unwirksam sein, wenn der Arbeitnehmer kein ausreichendes Äquivalent (Risikozuschlag, sog. Mankogeld) erhält. Problematisch ist auch die Vereinbarkeit von Mankoabreden mit § 309 Nr. 12 BGB.

---

20 BAG (Urt. v. 29.1.1985) AP Nr. 87 zu § 611 BGB Haftung des Arbeitnehmers. Dagegen *Preis*, Individualarbeitsrecht, § 52 III. m.w.Nachw.
21 BAG (Urt. v. 2.12.1999) AP Nr. 3 zu § 611 BGB Mankohaftung.

Fall 5

Des Menschen Wille

76 Die portugiesische Staatsangehörige A ist als vollzeitbeschäftigte Reinigungskraft bei dem Gebäudereinigungsunternehmen des B in Stuttgart beschäftigt. Nach ihrem am 1.1.2014 geschlossenen Arbeitsvertrag bezieht A einen Nettoarbeitslohn von 1400,– €. B ist ebenfalls Portugiese.

Kurz vor Weihnachten betritt die Sekretärin S des B ihr Büro, in dem A gerade arbeitet. Sie sieht, dass A einen Schrank geöffnet hat und die geöffnete Handtasche der S in den Händen hält. Diesen Vorfall berichtet sie B. Beide gehen davon aus, dass A Wertgegenstände, Geld o. ä. entwenden wollte. S hatte bereits einmal bemerkt, dass Geld aus ihrer Handtasche genommen worden war. Nachfolgend befragt B beide Frauen. A behauptet, sie habe lediglich im Schrank Staub gewischt. Dafür habe sie die Handtasche anheben müssen. Diese sei bereits geöffnet gewesen.

Am nächsten Tag bestellt B die A in das Personalbüro. B legt A ein Schreiben vor, in dem ihr die außerordentliche Kündigung erklärt wird. Er erklärt ihr, es sei auch möglich, das Arbeitsverhältnis einvernehmlich mit sofortiger Wirkung zu beenden. Er legt ihr folgendes Schriftstück vor:

„Die Arbeitnehmerin erklärt:

Ich, A, bin damit einverstanden, dass mein Arbeitsverhältnis mit B mit dem heutigen Tage endet. Ich habe gegen die Beendigung meines Arbeitsverhältnisses keine Einwendungen und werde mein Recht, das Fortbestehen des Arbeitsverhältnisses geltend zu machen, gleich aus welchen Gründen, nicht wahrnehmen und eine mit diesem Ziel erhobene Klage nicht durchführen. Der Inhalt dieser Erklärung wurde von mir und B zur Kenntnis genommen, genehmigt und unterschrieben.“

A will nicht unterschreiben. B ruft seinen Geschäftsführer und den Prokuristen herbei. Sie machen der A eindringlich klar, dass man, wenn sie nicht unterschreibe, die fristlose Kündigung „voll durchziehen“ und Strafanzeige erstatten werde. A meint, ohne die Arbeit bei B stünden sie und ihre Kinder ohne Einkommen da. B erwidert, in Deutschland werde schließlich Arbeitslosengeld gezahlt. Daraufhin unterschreibt A. B unterschreibt ebenfalls und erklärt, die Sache mit der Kündigung sei damit „erledigt“.

A meldet sich sofort arbeitslos. Die Agentur für Arbeit teilt ihr mit, dass sie die erforderliche Anwartschaftszeit nicht erfülle. Sie habe innerhalb der Rahmenfrist (2 Jahre, § 143 I SGB III) lediglich 11 Monate und 2 Wochen, nicht aber die notwendigen 12 Monate (§ 142 I SGB III) in einem Beschäftigungsverhältnis gestanden. Ihr stehe daher kein Anspruch auf Arbeitslosengeld nach dem SGB III zu. A bezieht daraufhin das wesentlich niedrigere Arbeitslosengeld II.

A wendet sich an Rechtsanwalt R. Sie meint, sie hätte die Vereinbarung nie unterschrieben, wenn sie gewusst hätte, dass sie nur „Stütze" beziehen könne. Sie sei unerfahren in rechtlichen Angelegenheiten. B hätte sie vor den sozialversicherungsrechtlichen Konsequenzen warnen müssen. Zudem habe er unzulässigen Druck auf sie ausgeübt und ihr keine Zeit gelassen, die Lage zu überdenken.

A erhebt vier Wochen nach der Unterzeichnung der Erklärung Klage vor dem Arbeitsgericht Stuttgart auf Feststellung, dass ihr Arbeitsverhältnis zu B weiter besteht. B hält das für unrichtig. A solle ihn doch in Portugal verklagen. Das Gericht erhebt Beweis, aber es lässt sich nicht aufklären, ob A tatsächlich versuchte, etwas aus der Handtasche zu stehlen oder nicht.

Frage: Ist die Klage der A erfolgreich?

EG-Verordnung (EG) Nr. 44/2001 vom 22. Dezember 2000 über die gerichtliche Zuständigkeit und die Anerkennung und Vollstreckung von Entscheidungen in Zivil- und Handelssachen (ABl. EG Nr. L-12/1)

[...]

ABSCHNITT 5: Zuständigkeit für individuelle Arbeitsverträge

Artikel 18

(1) Bilden ein individueller Arbeitsvertrag oder Ansprüche aus einem individuellen Arbeitsvertrag den Gegenstand des Verfahrens, so bestimmt sich die Zuständigkeit unbeschadet des Artikels 4 und des Artikels 5 Nummer 5 nach diesem Abschnitt.

(2) Hat der Arbeitgeber, mit dem der Arbeitnehmer einen individuellen Arbeitsvertrag geschlossen hat, im Hoheitsgebiet eines Mitgliedstaats keinen Wohnsitz, besitzt er aber in einem Mitgliedstaat eine Zweigniederlassung, Agentur oder sonstige Niederlassung, so wird er für Streitigkeiten aus ihrem Betrieb so behandelt, wie wenn er seinen Wohnsitz im Hoheitsgebiet dieses Mitgliedstaats hätte.

Artikel 19

Ein Arbeitgeber, der seinen Wohnsitz im Hoheitsgebiet eines Mitgliedstaats hat, kann verklagt werden:
1. vor den Gerichten des Mitgliedstaats, in dem er seinen Wohnsitz hat, oder
2. in einem anderen Mitgliedstaat
   a) vor dem Gericht des Ortes, an dem der Arbeitnehmer gewöhnlich seine Arbeit verrichtet oder zuletzt gewöhnlich verrichtet hat, oder
   b) wenn der Arbeitnehmer seine Arbeit gewöhnlich nicht in ein und demselben Staat verrichtet oder verrichtet hat, vor dem Gericht des Ortes, an dem sich die Niederlassung, die den Arbeitnehmer eingestellt hat, befindet bzw. befand.

Artikel 20

(1) Die Klage des Arbeitgebers kann nur vor den Gerichten des Mitgliedstaats erhoben werden, in dessen Hoheitsgebiet der Arbeitnehmer seinen Wohnsitz hat.

(2) Die Vorschriften dieses Abschnitts lassen das Recht unberührt, eine Widerklage vor dem Gericht zu erheben, bei dem die Klage selbst gemäß den Bestimmungen dieses Abschnitts anhängig ist.

Artikel 21

Von den Vorschriften dieses Abschnitts kann im Wege der Vereinbarung nur abgewichen werden,

1. wenn die Vereinbarung nach der Entstehung der Streitigkeit getroffen wird oder
2. wenn sie dem Arbeitnehmer die Befugnis einräumt, andere als die in diesem Abschnitt angeführten Gerichte anzurufen.

Vorüberlegungen

I. In diesem Fall soll das Arbeitsverhältnis nicht durch Kündigung, sondern – wie in **77** der Praxis häufig – durch eine entsprechende Parteivereinbarung beendet werden. Es liegt also nicht eine einseitige Willenserklärung des Arbeitgebers, sondern ein Vertrag vor, nach dem auch der Arbeitnehmer sich mit der Beendigung einverstanden erklärt. Die Regeln des Kündigungsrechts finden daher keine Anwendung.

II. Der Sachverhalt enthält weiter den Hinweis darauf, dass A und B portugiesische Staatsangehörige sind und dass B nicht in Deutschland verklagt werden möchte. Es geht also auch um die Frage, ob ein deutsches Gericht überhaupt zuständig ist. Daran schließt sich die Frage an, ob das deutsche Gericht nach deutschem Arbeitsrecht entscheiden kann, obwohl die Beteiligten nicht Deutsche sind. Diese Fragen beantwortet das internationale Arbeits(prozess)recht. Es wird hier unterstellt, dass keine vertieften Kenntnisse zu diesem Rechtsgebiet vorhanden sein müssen. Daher wird in den Bearbeitungshinweisen eine entsprechende Hilfestellung gegeben.

III. Weiter enthält der Sachverhalt rechtliche Hinweise zum Sozialrecht; vom Bearbeiter werden dazu jedoch keine Ausführungen erwartet. Sollte nach der jeweiligen Ausbildungsordnung auch das Sozialrecht Prüfungsgegenstand sein, würden sich entsprechende Fragen z. B. nach dem Erlass einer sog. Sperrzeit gem. § 159 I 2 Nr. 1 SGB III anbieten.

Gliederung

A. Zulässigkeit **78**
    I. Internationale Zuständigkeit der deutschen Arbeitsgerichte
    II. Sachliche Zuständigkeit des Arbeitsgerichts/Rechtsweg zu den Arbeitsgerichten
    III. Örtliche Zuständigkeit des Arbeitsgerichts
    IV. Sonstige Zulässigkeitsvoraussetzungen
    V. Klageart/Rechtsschutzinteresse
    VI. Zwischenergebnis
B. Begründetheit
    I. Anwendbares Recht
    II. Beendigung durch Kündigung
    III. Beendigung durch Aufhebungsvertrag
        1. Form
        2. Anfechtbarkeit wegen Inhaltsirrtums
        3. Anfechtbarkeit wegen Täuschung
        4. Anfechtbarkeit wegen Drohung
        5. Widerruf gem. §§ 312g, 312b, 355 BGB
        6. Unwirksamkeit gem. § 307 BGB
    IV. Ergebnis zu B.
C. Ergebnis

Lösung

Die Klage der A ist erfolgreich, wenn sie zulässig und begründet ist.

A. Zulässigkeit

I. Internationale Zuständigkeit der deutschen Arbeitsgerichte

79   Das Arbeitsgericht Stuttgart muss zunächst feststellen, dass es international zuständig ist. Beide Vertragsparteien sind Portugiesen, so dass der Fall eine sog. Auslandsberührung aufweist.

Die internationale Zuständigkeit bestimmt sich nach der (unmittelbar anwendbaren, Art. 288 II AEUV) EG-Verordnung Nr. 44/2001.

> **Exkurs/Vertiefung:** Vor Anwendung dieser Verordnung wäre grundsätzlich – wie immer bei der Anwendung internationaler Übereinkommen – zu prüfen, ob der persönliche, der sachliche, der räumliche und der zeitliche Anwendungsbereich des Übereinkommens eröffnet ist. Weiter ist zu prüfen, ob eine wirksame und vorrangige Gerichtsstandsvereinbarung von den Parteien geschlossen wurde. Vorliegend werden diese Kenntnisse jedoch nicht erwartet, was sich für den Bearbeiter daraus ergibt, dass die dafür erforderlichen Normen der Verordnung nicht in den Bearbeiterhinweis aufgenommen wurden.

Für die internationale Zuständigkeit der deutschen Gerichte unterscheidet die Verordnung in Klagen des Arbeitnehmers und Klagen des Arbeitgebers. Hier wird die Klage von der Arbeitnehmerin erhoben. Die Zuständigkeit deutscher Gerichte ergibt sich aus Art. 19 Nr. 1 und 2a) der VO 44/2001. Danach kann A ihren Arbeitgeber B an dessen Wohnsitz[1] verklagen oder am Gericht des Ortes, an dem sie gewöhnlich ihre Arbeitsleistung erbringt bzw. erbracht hat.

II. Sachliche Zuständigkeit des Arbeitsgerichts/Rechtsweg zu den Arbeitsgerichten

Nach der obigen Prüfung ist nur festgestellt, dass deutsche Gerichte zuständig sind. Fraglich ist weiter, welcher Rechtsweg innerhalb Deutschlands eröffnet ist. A möchte feststellen lassen, dass ihr Arbeitsverhältnis mit B nicht beendet wurde. Nach § 2 I Nr. 3 lit. b) ArbGG sind die Gerichte für Arbeitssachen für bürgerliche Streitigkeiten zwischen Arbeitnehmern und Arbeitgebern über das Bestehen oder Nichtbestehen eines Arbeitsverhältnisses ausschließlich zuständig.

---

1   Mit „Wohnsitz" ist der „Sitz" des Arbeitgebers gemeint, MünchKommZPO/*Gottwald*, 4. Aufl., 2013, Bd. 3, EuGVO Art. 19 Rz. 1.

III. Örtliche Zuständigkeit des Arbeitsgerichts

Die örtliche Zuständigkeit (Gerichtsstand) wird durch die §§ 48 Ia, 46 II ArbGG, §§ 12 ff. ZPO bestimmt. Nach § 48 Ia ArbGG ist u. a. das Gericht zuständig, in dessen Bezirk der Arbeitnehmer gewöhnlich seine Arbeit verrichtet. Damit ist das Arbeitsgericht Stuttgart örtlich zuständig.

IV. Sonstige Zulässigkeitsvoraussetzungen

Es sind keine Anhaltspunkte dafür ersichtlich, dass sonstige Zulässigkeitsvoraussetzungen, insbesondere die instanzielle Zuständigkeit (§ 8 ArbGG), die Parteifähigkeit (§ 46 II ArbGG, § 50 ZPO), die Prozessfähigkeit (§ 46 II ArbGG, §§ 51 I, 52 ZPO) oder die Postulationsfähigkeit (§ 11 ArbGG) nicht gegeben wären.

V. Klageart/Rechtsschutzinteresse

Gem. § 256 I ZPO, § 46 II 1 ArbGG ist die Klage als Feststellungsklage nur zulässig, wenn ein besonderes Feststellungsinteresse besteht. Dies ist im vorliegenden Fall zu bejahen. A hat ein wesentliches Interesse daran, dass geklärt wird, ob sie noch Arbeitnehmerin des B ist. Das Arbeitsverhältnis ist das grundlegende Dauerschuldverhältnis, aus dem sich für beide Arbeitsvertragsparteien fortlaufend eine Vielzahl von Rechten und Pflichten ergeben.

VI. Zwischenergebnis

Die Klage ist damit zulässig.

B. Begründetheit

Die Klage ist begründet, wenn das zwischen A und B begründete Arbeitsverhältnis nicht beendet worden wäre.

I. Anwendbares Recht

Zunächst ist zu fragen, ob diese materiellrechtliche Prüfung nach deutschem Arbeitsrecht vorgenommen werden kann. Der Fall hat aufgrund der portugiesischen Staatsangehörigkeit der Vertragsparteien eine Auslandsberührung. Daher ist zu fragen, welche Rechtsordnung die Frage nach dem Weiterbestehen des Arbeitsverhältnisses entscheidet. Dies ist eine kollisionsrechtliche Problematik, die das internationale Arbeitsrecht regelt. Maßgebend ist für alle Verträge, die nach dem 17.12.2009 geschlossen wurden, die Verordnung Nr. 593/2008 über das auf vertragliche Schuldverhältnisse anzuwendende Recht (sog. Rom I-VO[2]).[3] Nach Art. 8 I Rom I-VO entscheidet die von den Par-

80

---

2 ABl. EG 2008 Nr. L-177/6.
3 Vgl. Art. 28 Rom I-VO. Auf vorher geschlossene Arbeitsverträge sind weiterhin die früheren Art. 27, 30 und 34 EGBGB anzuwenden.

teien gewählte Rechtsordnung. Hat jedoch wie hier keine Rechtswahl stattgefunden, ist gem. Art. 8 II 1 Rom I-VO das Recht des Staates anzuwenden, in dem der Arbeitnehmer in Erfüllung des Vertrages gewöhnlich seine Arbeit verrichtet. Dies ist hier Deutschland. Damit ist deutsches Arbeitsrecht anzuwenden

---

Exkurs/Vertiefung: Ein Abdruck der maßgeblichen Vorschriften der Rom I-VO in den Bearbeiterhinweisen ist nicht erforderlich, weil diese in den üblicherweise zu verwendenden Rechtssammlungen[4] zu finden sind.

Auch hier wäre grundsätzlich zu prüfen, ob der persönliche, der sachliche, der räumliche und der zeitliche Anwendungsbereich der Verordnung eröffnet ist. Dies kann allerdings nur erwartet werden, wenn vertiefte Kenntnisse im Internationalen Arbeitsrecht zum Prüfungsstoff gehören.

Macht der Bearbeiter keine Ausführungen zu diesem Punkt, wirkt sich dies im konkreten Fall weniger nachteilig aus, weil der Auslandsbezug nur durch die Staatsangehörigkeit gegeben ist, welcher im Vertragsrecht kaum Bedeutung zukommt.

II. Beendigung durch Kündigung

B hat A ein Kündigungsschreiben vorgelegt. Damit könnte das Arbeitsverhältnis durch Kündigung beendet worden sein. Die Kündigung wurde zwar formwirksam schriftlich erklärt (§ 623 BGB). Sie ist jedoch eine empfangsbedürftige Willenserklärung. Erforderlich sind damit die Abgabe und der Zugang der Willenserklärung. Hier fehlt es schon an der Abgabe: Für diese ist bei einer empfangsbedürftigen Willenserklärung erforderlich, dass sie mit dem Willen des Erklärenden in den Rechtsverkehr gebracht wurde.[5] Solange B das Kündigungsschreiben nicht der Post übergibt oder es in ähnlicher Weise in Richtung der A auf den Weg bringt, hat er sich der Willenserklärung gar nicht entäußert. Jedenfalls aber fehlt es am Zugang. Der Zugang einer empfangsbedürftigen schriftlichen Willenserklärung ist auch unter Anwesenden nur zu bejahen, wenn die Willenserklärung in den Herrschaftsbereich des Empfängers gelangt ist. Dazu müsste A die Kündigung zumindest übergeben werden.[6]

Damit liegt keine Kündigung vor.

III. Beendigung durch Aufhebungsvertrag

81 Das Arbeitsverhältnis könnte jedoch durch die zwischen A und B geschlossene Vereinbarung beendet worden sein. Ein Vertrag, nach dem Arbeitgeber und Arbeitnehmer sich einig sind, dass das Arbeitsverhältnis endet, wird als Aufhebungsvertrag bezeichnet.

---

4   Z.B. ArbG, Arbeitsgesetze, Beck-Texte im dtv, unter Ordnungsziffer 11a.
5   BGH (Urt. v. 30.5.1975) BGHZ 65, 13.
6   BGH (Urt. v. 4.11.2004) NJW 2005, 1533.

1. Form

Ein Aufhebungsvertrag bedarf gem. § 623 BGB der Schriftform. A und B haben diesem Formerfordernis genügt.

> **Exkurs/Vertiefung:** Die Präklusionsfrist von drei Wochen nach Zugang der Kündigung gem. §§ 4 S. 1, 7 KSchG ist hier nicht einschlägig, da keine Kündigung, sondern ein Aufhebungsvertrag vorliegt.

2. Anfechtbarkeit wegen Inhaltsirrtums

Der Aufhebungsvertrag könnte jedoch rückwirkend durch Anfechtung gem. § 119 I, 1. **82** Alt. BGB wegen eines Inhaltsirrtums erloschen sein (§ 142 I BGB).

> **Exkurs/Vertiefung:** Es bleibt hier bei der Rückwirkung der Anfechtung gem. § 142 II BGB, weil nicht der Arbeitsvertrag (dazu Fall 9), sondern ein Aufhebungsvertrag angefochten wird.

A könnte ihre Willenserklärung, mit der sie das Vertragsangebot des Arbeitgebers annahm, nur anfechten, wenn sie einem Irrtum unterlag. A irrte über die sozialrechtlichen Folgen des Aufhebungsvertrags. Sie ging davon aus, dass sie Arbeitslosengeld (§§ 136 ff. SGB III) erhalten würde, tatsächlich kann sie nur sog. Arbeitslosengeld II (Grundsicherung für Arbeitssuchende, §§ 19 ff. SGB II) beziehen. Damit irrte A jedoch nicht über den Inhalt ihrer Willenserklärung, sondern nur über die weiteren Rechtsfolgen, die sich an diese Willenserklärungen knüpfen. Es handelt sich damit um einen bloßen Rechtsfolgenirrtum,[7] der einen unbeachtlichen Motivirrtum darstellt.

> **Exkurs/Vertiefung:** Hat ein Arbeitnehmer selbst den Grund für die Auflösung des Arbeitsverhältnisses gesetzt, indem er einen Aufhebungsvertrag geschlossen hat, droht ihm eine zwölfwöchige Sperrzeit vor dem ersten Bezug von Arbeitslosengeld (§ 159 I 1, 2 Nr. 1, III 1 SGB III).[8] Dadurch mindert sich auch die Anspruchsdauer (§ 148 I Nr. 4 SGB III). Ein Irrtum darüber ist ebenfalls als unbeachtlicher Rechtsfolgenirrtum einzuordnen.

Außerdem wäre die Anfechtungserklärung erst mit der Klageerhebung erfolgt. Dies war nicht unverzüglich im Sinne des § 121 BGB. Die Anfechtung wäre daher auch verfristet.

---

7 Vgl. Palandt/*Ellenberger*, § 119 BGB Rz. 15.
8 Die nachteiligen Folgen eines solchen Aufhebungsvertrages können durch entsprechende Vertragsgestaltung gemindert werden, vgl. dazu insbesondere BSG (Urt. v. 18.12.2003) BSGE 92, 74; BSG (Urt. v. 17.10.2007) NZA-RR 2008, 383.

3. Anfechtbarkeit wegen Täuschung

83 Der Aufhebungsvertrag könnte aber durch Anfechtung wegen arglistiger Täuschung gem. § 123 I BGB rückwirkend beendet worden sein.

Dazu müsste B die A arglistig getäuscht haben. B könnte bei A die Fehlvorstellung hervorgerufen haben, sie habe nach Abschluss des Aufhebungsvertrages einen Anspruch auf Arbeitslosengeld nach dem SGB III. Eine solche Aussage hat B aber nicht getroffen. Er hat lediglich pauschal erklärt, dass in Deutschland Arbeitslosengeld gezahlt wird. B hat nicht erklärt, dass A im Falle ihres Ausscheidens einen Anspruch auf Arbeitslosengeld nach dem SGB III hat, also die entsprechenden Anspruchsvoraussetzungen erfüllt. Weiter ist seine Aussage so vage, dass ein objektiver Empfänger nicht annehmen durfte, dass er mit „Arbeitslosengeld" einen Anspruch nach den §§ 136 ff. SGB III meint.

Die Fehlvorstellung der A ist damit nicht auf ein Handeln des B zurückzuführen. Vielmehr hat A den Schluss, sie habe im konkreten Fall einen solchen Anspruch, selbst gezogen.

Allerdings könnte eine Täuschung des B durch Unterlassen vorliegen. Dies wäre anzunehmen, wenn B die Pflicht hat, A darüber aufzuklären, dass sie im Falle ihres sofortigen Ausscheidens keinen Anspruch auf Arbeitslosengeld nach den §§ 136 ff. SGB III hat.[9] Grundsätzlich gilt jedoch, dass der Arbeitnehmer – wie jeder Teilnehmer am Rechtsverkehr – sich über die Folgen seines rechtsgeschäftlichen Tuns selbst informieren muss, ggf. indem er sich rechtlich beraten lässt. Richtig ist zwar, dass der Arbeitgeber gem. § 241 II BGB auf die Rechte, Rechtsgüter und Interessen des Arbeitnehmers Rücksicht zu nehmen hat. Daraus kann aber nicht allgemein gefolgert werden, dass der Arbeitgeber den Arbeitnehmer über die überaus vielfältigen rechtlichen Folgen einer einvernehmlichen Vertragslösung[10] umfassend und zutreffend aufklären muss. Nach Ansicht des BAG treffen den Arbeitgeber aber erhöhte Hinweis- und Aufklärungspflichten, wenn er im betrieblichen Interesse den Abschluss eines Aufhebungsvertrags vorschlage und dabei den Eindruck erwecke, er werde bei der vorzeitigen Beendigung des Arbeitsverhältnisses auch die Interessen des Arbeitnehmers wahren und ihn nicht ohne ausreichende Aufklärung erheblichen Risiken für den Bestand seines Arbeitsverhältnisses aussetzen.[11] Wenn der Arbeitgeber aber wie hier nur ganz allgemein auf die Möglichkeit zum Bezug von Arbeitslosengeld hinweist, kann davon nicht die Rede sein.

B trafen daher keine besonderen Aufklärungspflichten. Eine Anfechtung wegen arglistiger Täuschung scheidet damit aus.

---

9 Aus der Verletzung einer Aufklärungspflicht kann sich auch ein Schadensersatzanspruch des Arbeitnehmers ergeben, vgl. BAG (Urt. v. 17.10.2000) AP Nr. 56 zu § 1 BetrAVG Zusatzversorgungskassen.
10 Dazu Repetitorium unter I. 2, Rz. 89.
11 BAG (Urt. v. 27.11.2003) AP Nr. 1 zu § 312 BGB.

4. Anfechtbarkeit wegen Drohung

Der Aufhebungsvertrag könnte weiter durch Anfechtung gem. §§ 123 I, 142 BGB **84** wegen widerrechtlicher Drohung rückwirkend beendet worden sein.

Eine Drohung liegt vor, wenn der Erklärende dem Empfänger ein Übel in Aussicht stellt, auf dessen Eintritt er Einfluss zu haben vorgibt. In der Erklärung des B, das Arbeitsverhältnis durch eine außerordentliche Kündigung zu beenden und Strafanzeige gegen A erheben zu wollen, falls sie den Aufhebungsvertrag nicht unterschreibe, stellt die Ankündigung eines zukünftigen empfindlichen Übels dar, dessen Verwirklichung in der Macht des B liegt.

Allerdings müsste die Drohung widerrechtlich sein. Die Widerrechtlichkeit kann sich aus dem angedrohten Mittel, dem mit der Drohung verfolgten Zweck oder aus der sog. **Zweck-Mittel-Relation** ergeben. Hier ist weder das angedrohte Mittel, die fristlose Kündigung und das Stellen einer Strafanzeige, noch der von B verfolgte Zweck, der Abschluss eines Aufhebungsvertrags, widerrechtlich. Die Widerrechtlichkeit könnte sich jedoch aus der Inadäquanz von Mittel und Zweck ergeben. Dies ist zu bejahen, wenn der Drohende an der Erreichung des verfolgten Zwecks kein berechtigtes Interesse hat oder die Drohung nach Treu und Glauben nicht mehr als angemessenes Mittel zur Erreichung dieses Zwecks erscheint.

Zur Bejahung der Inadäquanz ist dabei nicht erforderlich, dass die Kündigung wirksam oder die Strafanzeige zu einer Verurteilung geführt hätte. Beides würde sich erst in nachfolgenden rechtlichen Verfahren ergeben, deren Ausgang für den Arbeitgeber (der vielfach juristischer Laie ist) nicht ohne weiteres prognostizierbar ist.

Nach Ansicht des BAG führt die Androhung einer Kündigung nur dann zur Widerrechtlichkeit, wenn der Arbeitgeber unter Abwägung aller Umstände des Einzelfalls davon ausgehen muss, die angedrohte Kündigung werde im Falle ihres Ausspruchs einer arbeitsgerichtlichen Überprüfung mit hoher Wahrscheinlichkeit nicht standhalten.[12]

Für die Strafanzeige ist entsprechend anzunehmen, dass die Drohung mit dieser nicht widerrechtlich ist, wenn ein verständiger Arbeitgeber sie ernsthaft in Erwägung ziehen durfte.[13] Das ist zu bejahen. B und S hatten aufgrund ausreichender Indizien einen konkreten Diebstahlverdacht, die die Einschätzung des B rechtfertigen, dass für die Strafverfolgungsbehörden der Anfangsverdacht eines Diebstahlsversuchs vorliegen würde.

Fraglich ist aber, ob B der A auch mit der außerordentlichen Kündigung drohen durfte. Dies wäre nur zu bejahen, wenn B mit einer gewissen Wahrscheinlichkeit annehmen durfte, dass ein Arbeitsgericht nach den vorliegenden Tatsachen die Kündigung für wirksam hielte. Dazu ist festzustellen, ob nach der Einschätzung eines verständigen Arbeitgebers mit hinreichender Wahrscheinlichkeit die Voraussetzungen der fristlosen Kündigung gem. § 626 BGB vorliegen.

---

12 BAG (Urt. v. 27.11.2003) AP Nr. 1 zu § 312 BGB.
13 Vgl. BAG (Urt. v. 30.9.1993) AP Nr. 37 zu § 123 BGB.

85 **a)** Dafür müsste insbesondere ein wichtiger Grund vorliegen. Der Kündigungsgrund muss so erheblich sein, dass dem Kündigenden die Zusammenarbeit mit dem Arbeitnehmer bis zum Ablauf der Kündigungsfrist nicht zugemutet werden kann. Der Kündigungsgrund lag hier nicht in einer Pflichtverletzung der A, da zum Zeitpunkt des Ausspruchs der Kündigung nicht erwiesen war, dass tatsächlich ein Diebstahlsversuch der A vorlag (Tatkündigung). Ob dafür jemals ausreichende Beweise beigebracht werden können, ist fraglich. Daher kann eine etwaige Pflichtverletzung die außerordentliche Kündigung nicht rechtfertigen.

Ein ausreichender Kündigungsgrund kann jedoch schon gegeben sein, wenn der Arbeitgeber lediglich den Verdacht hat, dass der Arbeitnehmer eine Straftat begangen hat. Die Rechtsprechung stellt an eine solche **Verdachtskündigung** allerdings besondere Anforderungen.

> **Exkurs/Vertiefung:** Eine Verdachtskündigung liegt im Gegensatz zur Tatkündigung vor, wenn und soweit der Arbeitgeber seine Kündigung damit begründet, dass gerade der Verdacht eines von ihm nicht für sicher gehaltenen oder erwiesenen strafbaren bzw. vertragswidrigen Verhaltens das für die Fortsetzung des Arbeitsverhältnisses notwendige Vertrauen zerstört habe. Eine Tatkündigung liegt dagegen dann vor, wenn der Arbeitnehmer nach Überzeugung des Arbeitgebers die strafbare Handlung oder Pflichtwidrigkeit tatsächlich begangen hat, und dem Arbeitgeber daher die Fortsetzung des Arbeitsverhältnisses unzumutbar ist.
>
> Weil bei der Verdachtskündigung der Arbeitgeber das Vertrauen in die Person des Arbeitnehmers verloren hat, wird diese i.d.R als personenbedingte Kündigung angesehen. Die Tatkündigung ist dagegen als verhaltensbedingte Kündigung einzuordnen.

aa) Zunächst muss das Fehlverhalten, würde es tatsächlich vorliegen, als Kündigungsgrund gem. § 626 BGB genügen. Das ist der Fall, wenn das Fehlverhalten eine erhebliche Störung des Vertrauens des Arbeitgebers in den Arbeitnehmer bewirkte.

Läge tatsächlich ein Diebstahlsversuch vor, wäre eine außerordentliche Kündigung wirksam. Zu einer Reinigungskraft, die ihre Arbeitskollegen bzw. andere Firmenmitarbeiter bestiehlt, kann der Arbeitgeber kein Vertrauen mehr haben. In diesem Fall wäre es B nicht zuzumuten, den Arbeitsvertrag mit A bis zum Ablauf von deren Kündigungsfrist fortzusetzen.

bb) Die Verdachtskündigung setzt weiter voraus, dass ein dringender, durch objektive Tatsachen gestützter Verdacht besteht. B hat eine Zeugenaussage, nach der A unbeobachtet die Handtasche der S ergriffen hat. Weiter hat S bereits zuvor einmal bemerkt, dass Geld aus ihrer Handtasche genommen worden war. Damit hatte B einen ausreichenden Verdacht.

cc) Erforderlich ist weiter, dass der Arbeitgeber den Sachverhalt erforscht und den Arbeitnehmer befragt, damit dieser auch Gelegenheit erhält, seinen Standpunkt zu schildern. Dies hat B getan.

dd) Schließlich muss es auch im Rahmen der Verdachtskündigung zu einer Interes- **86** senabwägung kommen. Zu Gunsten der A kann hier berücksichtigt werden, dass für ihre Kinder unterhaltspflichtig ist. Dennoch ist festzustellen, dass B der Einsatz von A im Betrieb in Zukunft **(Prognoseprinzip)** kaum mehr zuzumuten ist, da er nicht mehr darauf vertrauen kann, dass A sich korrekt verhält. Auch ein milderes Mittel steht B nicht zur Verfügung **(Ultima-ratio-Prinzip)**. Eine Reinigungskraft kann kaum so eingesetzt werden, dass sie keinerlei Zugriffsmöglichkeit auf Vermögensgegenstände anderer Personen hat. Eine Abmahnung[14] (§ 314 II 2 BGB) ist in Bezug auf ein Verhalten, welches offensichtlich auch für den Arbeitnehmer eine Straftat darstellt, nicht erforderlich.

> **Exkurs/Vertiefung:** Die **Abmahnung** hat Beweis-, Ermahnungs- und Warnfunktion. Dem Abgemahnten muss klar werden, dass er bei einem erneuten Fehlverhalten mit schwerwiegenden Konsequenzen rechnen muss. Die Abmahnung unterliegt keiner bestimmten Form, kann also auch mündlich erteilt werden. Die Abmahnung muss als rechtsgeschäftsähnliche Handlung wie eine Willenserklärung gem. § 130 BGB zugehen.
>
> Eine der Kündigung vorhergehende Abmahnung ist nach Ansicht des BAG entbehrlich, wenn eine Verhaltensänderung in Zukunft trotz Abmahnung nicht erwartet werden kann oder wenn es sich um eine schwere Pflichtverletzung handelt, deren Rechtswidrigkeit dem Arbeitnehmer ohne weiteres erkennbar ist. Weiter sei nach dem Rechtsgedanken des § 323 II Nr. 1, 3 BGB eine Abmahnung nicht erforderlich, wenn der Arbeitnehmer das Unterlassen der Pflichtverletzung ernsthaft und endgültig verweigere oder besondere Umstände vorliegen, die unter Abwägung der beiderseitigen Interessen die sofortige Kündigung rechtfertigen.[15]

b) Für die außerordentliche Kündigung ist weiter die Frist des § 626 II 1, 2 BGB einzuhalten. Die Kündigung wäre B zum Zeitpunkt des Ausspruchs der Drohung noch innerhalb der Frist möglich gewesen.

c) Im Ergebnis musste B daher nicht davon ausgehen, dass die außerordentliche Kündigung im Falle einer Überprüfung durch das Arbeitsgericht nicht standhalten würde. Damit war die Drohung nicht widerrechtlich. Eine Anfechtung gem. § 123 I BGB wegen widerrechtlicher Drohung scheidet damit ebenfalls aus.

5. Widerruf gem. §§ 312g, 312b, 355 BGB

Der Aufhebungsvertrag könnte aber gem. §§ 312g, 312b, 355 BGB durch A widerrufen **87** worden sein. Die Widerrufsfrist wäre gem. § 356 III 1, 2 BGB eingehalten. Das Widerrufsrecht könnte sich allerdings nur aus § 312g I BGB ergeben.

---

14 Auch wenn die Verdachtskündigung als personenbedingte Kündigung angesehen wird, gilt der Ultima-ratio-Grundsatz, so dass zu prüfen bleibt, ob eine Abmahnung erforderlich gewesen wäre, vgl. BAG (Urt. v. 15.08.2002) AP Nr. 42 zu § 1 KSchG 1969 Verhaltensbedingte Kündigung.
15 BAG (Urt. v. 19.4.2007) AP Nr. 20 zu § 174 BGB.

a) Dazu müsste § 312g I BGB anwendbar sein. Gem. § 312 I BGB ist die Vorschrift nur anzuwenden, wenn es sich bei dem Aufhebungsvertrag um einen Verbrauchervertrag i.S. des § 310 III BGB handelt. Nach Ansicht des BAG ist § 310 III BGB jedenfalls auf den Abschluss von Arbeitsverträgen anwendbar, weil der Arbeitnehmer insoweit als Verbraucher anzusehen sei.[16] Fraglich ist allerdings, ob der Aufhebungsvertrag ein Verbrauchervertrag i.S. des § 312 I BGB sein kann, da ein solcher eine „entgeltliche Leistung des Unternehmers zum Gegenstand" haben muss, insbesondere weil hier für den „Verzicht" auf den Arbeitsvertrag keine Abfindung gezahlt werden soll.

b) Diese Frage kann indes dahinstehen, da § 312b BGB einen Vertrag voraussetzt, der außerhalb „von Geschäftsräumen" geschlossen wurde. Gem. § 312b II 1 BGB sind Geschäftsräume grundsätzlich solche, in denen der Unternehmer seine Tätigkeit dauerhaft ausübt. Vorliegend wurde der Aufhebungsvertrag zwischen A und B im Personalbüro des B und damit in einem seiner Geschäftsräume geschlossen. Die Tatbestandsalternativen des § 312b I 1 BGB liegen damit nicht vor.

c) Auch eine analoge Anwendung der Norm scheidet aus. Zwar kann es auch bei Aufhebungsverträgen zu „Überrumpelungs- oder Überraschungseffekten" kommen und es kann eine Informationsasymmetrie bestehen. Bei einem Vertragsschluss im Personalbüro fehlt es jedoch an einer vergleichbaren Interessenlage, da das Personalbüro gerade der Ort ist, an dem der Arbeitnehmer typischerweise mit wichtigen, seinen Arbeitsvertrag betreffenden Fragen konfrontiert wird.

d) Damit steht A kein Widerrufsrecht gem. §§ 312g, 312b, 355 BGB zu.

6. Unwirksamkeit gem. § 307 BGB

88 Eine Unwirksamkeit des Aufhebungsvertrages gem. § 307 BGB scheidet aus. Dabei kann dahinstehen, ob die §§ 305 ff. BGB anwendbar sind. Eine Inhaltskontrolle findet in Bezug auf vertragliche Klauseln statt, nicht aber in Bezug auf die Hauptleistungspflichten des Vertrages. Diese sind der AGB-Kontrolle entzogen. Unwirksam könnte allenfalls eine bestimmte Klausel des Aufhebungsvertrages sein, nicht aber der Vertrag als solcher.[17]

IV. Ergebnis zu B.

Der Aufhebungsvertrag ist wirksam. Das Arbeitsverhältnis ist beendet worden.

C. Ergebnis

Die Klage der A ist zulässig, aber nicht begründet.

---

16 BAG (Urt. v. 25.5.2005) AP Nr. 1 zu § 310 BGB. Vgl. dazu oben Fall 3, Rz. 48.
17 BAG (Urt. v. 22.4.2004) AP Nr. 27 zu § 620 BAG Aufhebungsvertrag.

Repetitorium

I. Aufhebungsvertrag und Ausgleichsquittung

1. Allgemeines

Durch Aufhebungsverträge können Arbeitnehmer und Arbeitgeber jederzeit einver- **89**
nehmlich das Arbeitsverhältnis beenden (§ 311 I BGB). In der Praxis geschieht dies
vielfach auch im Rahmen von Kündigungsschutzprozessen (vgl. §§ 9, 10 KSchG). Der
Aufhebungsvertrag bedarf der Schriftform (§ 623 BGB). Demgegenüber ist eine Ausgleichsquittung eine bei Beendigung des Arbeitsverhältnisses abgegebene Erklärung,
dass der Arbeitnehmer auf alle Ansprüche aus dem Arbeitsverhältnis (Lohn, Urlaub
usw.) verzichten wolle; regelmäßig muss der Umfang des Verzichts durch Auslegung
ermittelt werden. Insbesondere bedeutet eine Ausgleichsquittung nicht automatisch den
Verzicht auf Kündigungsschutz.

2. Rechtsfolgen des Aufhebungsvertrags

Die Beendigung des Arbeitsvertrages kann insbesondere die nachstehenden Rechtsfolgen haben. Der Arbeitnehmer sollte daher vor Abschluss eines solchen Vertrages diese
Aspekte prüfen (lassen):

- Nichterwerb eines Anspruchs auf Arbeitslosengeld nach dem SGB III wegen Nicht-
  erreichens der **Anwartschaftszeit** gem. §§ 142, 143 SGB III (vgl. Fall);

- Eintritt einer **Sperrzeit** gem. § 159 I 2 Nr. 1 SGB III, d. h. Anspruch auf Arbeitslosengeld ruht und Anspruchsdauer wird gem. § 148 I Nr. 4 SGB III gemindert;

- Notwendigkeit einer sofortigen Meldung als **arbeitsuchend** gem. § 38 SGB III,
  andernfalls Ruhen des Anspruchs auf Arbeitslosengeld gem. § 159 VI SGB III und
  Minderung der Anspruchsdauer gem. § 148 SGB III;

- zeitweises Ruhen des Anspruchs auf Arbeitslosengeld, wenn **Abfindung** gezahlt
  wird unter den Voraussetzungen des § 158 SGB III;

- Abfindung ist wie normales Einkommen zu **versteuern**;

- Nachteile bei der **betrieblichen Altersversorgung**: Die Unverfallbarkeit dieser
  Ansprüche tritt in der Regel erst nach fünfjährigem Bestehen der Versorgungszusage
  (vgl. § 1b I 1 BetrAVG) ein;

- Nachteile im Rahmen der **gesetzlichen Rentenversicherung**, insbesondere bei
  Nichterreichen der dortigen Wartezeiten (vgl. § 50 SGB VI);

- Gefahr fehlenden **Krankenversicherungsschutzes**, der nach Verlust des Beschäfti-
  gungsverhältnisses grundsätzlich an den *Bezug* von Arbeitslosengeld gekoppelt ist
  (vgl. § 5 I Nr. 2 SGB V). Wird kein Arbeitslosengeld bezogen, z. B. aufgrund von
  § 158 SGB III, besteht nur ein Übergangsschutz nach § 19 II SGB V von einem
  Monat.

II. Wiedereinstellungsanspruch

90 Ein Arbeitnehmer kann einen Anspruch auf **Wiedereinstellung** gegen den Arbeitnehmer haben. Als Anspruchsgrundlage kommt grundsätzlich § 242 BGB in Betracht. Das
BAG nimmt einen Wiedereinstellungsanspruch aber nur in Ausnahmefällen an, denn
ein solcher Anspruch führt zu einem Kontrahierungszwang für den Arbeitgeber, der mit
dem grundrechtlich gem. Art. 2 I GG geschützten Recht auf Vertragsabschlussfreiheit
grundsätzlich nicht vereinbar ist.[18] Anerkannte Fallkonstellationen sind:

- Nach einer **Verdachtskündigung**, wenn sich später die **Unschuld** des Arbeitnehmers
  herausstellt oder zumindest nachträglich Umstände bekannt werden, die den beste-
  henden Verdacht beseitigen. [19]

- Nach einer (wirksamen) betriebsbedingten Kündigung ergibt sich während der Kündigungsfrist unvorhergesehen eine **Weiterbeschäftigungsmöglichkeit** für den
  gekündigten Arbeitnehmer.[20]

- Nach einer (wirksamen) betriebsbedingten Kündigung ergibt sich ggf. auch erst nach
  Ablauf der Kündigungsfrist eine **Weiterbeschäftigungsmöglichkeit** für den gekündigten Arbeitnehmer, weil es zu einem Betriebsübergang kommt. Der Anspruch richtet sich gegen den Betriebserwerber.[21]

- Ein Wiedereinstellungsanspruch kann sich auch nach den Regeln über die Störung
  der Geschäftsgrundlage gem. § 313 I BGB ergeben, wenn es zur Vermeidung einer
  betriebsbedingten Kündigung zum Abschluss eines **Aufhebungsvertrags** kam und
  sich nach dem Abschluss des Aufhebungsvertrags, aber vor dem vereinbarten Ver-
  tragsende unvorhergesehen eine **Weiterbeschäftigungsmöglichkeit** ergibt. Rechtsfolge ist eine Vertragsanpassung des Aufhebungsvertrags, die auch in der Wiedereinstellung liegen kann.[22]

Im Übrigen kann sich auch bei einem Aufhebungsvertrag ein Anspruch auf Wiedereinstellung aus § 242 BGB ergeben. Dieser setzt aber voraus, dass der Aufhebungsvertrag
z. B. durch Anfechtung beseitigt wurde.[23]

---

18 BAG (Urt. v. 23.11.2006) AP Nr. 1 zu § 613a BGB Wiedereinstellung.
19 BAG (Urt. v. 20.8.1997) AP Nr. 27 zu § 626 BGB Verdacht strafbarer Handlung.
20 BAG (Urt. v. 25.9.2008) AP Nr. 355 zu § 613a BGB.
21 BAG (Urt. v. 25.9.2008) AP Nr. 355 zu § 613a BGB.
22 BAG (Urt. v. 8.5.2008) AP Nr. 40 zu § 620 BGB Aufhebungsvertrag.
23 BAG (Urt. v. 23.11.2006) AP Nr. 1 zu § 613a BGB Wiedereinstellung.

Fall 6

Erin in Cologne

Die alleinerziehende Mutter und Jurastudentin E möchte nach ihrer Ausbildung bei **91** einer Großkanzlei „amerikanischen Stils" arbeiten. Um ihre späteren Chancen zu verbessern, bewirbt sie sich als Aushilfskraft. Sie wird von der Kölner Kanzlei F, die den Vorstellungen der E entspricht, am 1.10.2013 zum Bewerbungsgespräch geladen. Man erklärt ihr, sie könne dem „senior partner" X zur Hand gehen. Auf weitere „Formalitäten" wolle man verzichten. Die Beschäftigung könne sie sofort aufnehmen.

E ist begeistert, fällt aber schnell auf den Boden der Tatsachen, als X ihr erklärt, er fahre morgen für eine Woche in Urlaub. Während dieser Zeit solle sie sein Büro aufräumen und verschiedene Schreibarbeiten erledigen.

Als E am nächsten Morgen das Büro betritt, erblickt sie ein völliges Chaos. Im Laufe der Aufräumarbeiten stößt sie auf eine Kladde mit der Aufschrift „Akte X – privat – streng vertraulich". Ihr ist sofort klar, dass sie von dem Akteninhalt nicht Kenntnis nehmen darf. Sie tut es trotzdem.

Nach einiger zusätzlicher Recherche wird E klar, dass X unter Verwendung von Informationen, die er im Rahmen seiner Anwaltstätigkeiten von Mandanten erlangt hat, in großem Umfang Börsengeschäfte im Namen seiner Lebensgefährtin getätigt hat. Sie stellt zutreffend fest, dass das Verhalten des X gegen den Straftatbestand des Insiderhandels gem. §§ 14, 38 WpHG verstößt. E ist völlig entsetzt. Mit den Machenschaften des X will sie nichts zu tun haben. Ohne weiter darüber nachzudenken, erstattet sie unter Vorlage der Akte X Strafanzeige gegen X. Um die Ermittlungen der Staatsanwaltschaft nicht zu gefährden, informiert sie X nicht über ihr Vorgehen und arbeitet weiter für ihn.

Am frühen Morgen des 3.2.2014 will E ihre zweijährige Tochter T zur Kindertagesstätte bringen. T hat jedoch plötzlich krampfartige Hustenanfälle und erhebliche Atembeschwerden (sog. Krupphusten). E fährt sofort mit ihr zur Notaufnahme in ein Krankenhaus. Man erklärt ihr, T müsse sofort gründlich untersucht werden, dies werde voraussichtlich den ganzen Tag in Anspruch nehmen. E sollte an diesem Tag von 9:00 Uhr bis 12:00 Uhr eine wichtige Internetrecherche für X machen. Da ihr aber keine andere Betreuungsperson für T zur Verfügung steht, ruft sie um 8:30 Uhr bei X an und bittet um Freistellung. Diese wird ihr gewährt.

Am 14.5.2014 erfährt F von der Strafanzeige. In der nachfolgenden Aufregung um X beachtet man E zunächst nicht. Am 4.6.2014 wird sie jedoch in das Büro des Personalleiters geschickt. Man erklärt ihr, ihr Vorgehen sei „illoyal" und „rufschädigend" für die Kanzlei gewesen, und übergibt ihr ein Schreiben, indem es heißt, sie sei ab sofort entlassen.

E versteht die Welt nicht mehr. Es sei doch ihr Recht und zumindest ihre moralische Pflicht als Staatsbürgerin, Straftatbestände anzuzeigen. Sie will weiter bei F arbeiten und ggf. rechtliche Schritte einleiten.

Frage 1: Was ist E zu raten? Hätten rechtliche Maßnahmen Aussicht auf Erfolg?

Von ihrem Gehalt für den Monat Februar 2014 hat F 60,– € einbehalten, weil E am 3.2.2014 auf eigenen Wunsch freigestellt worden sei.

Frage 2: Kann E von F die Zahlung der 60,– € verlangen?

Vorüberlegungen

I. Im ersten Fragekomplex geht es um die Wirksamkeit einer Kündigung. Die pro- **92** zessuale und materielle Prüfung einer Kündigung gehört zum arbeitsrechtlichen Standardwissen und folgt in der Regel einem festen Schema. Dieses Schema sollte auch für Erste Juristische (Staats-)Examen bekannt sein.

II. Die zweite Frage steht rechtlich in keinem Zusammenhang mit der ersten. Sie betrifft das Verhältnis von Leistung und Gegenleistung im Arbeitsverhältnis und könnte in entsprechend anderer Sachverhaltsgestaltung in jeden anderen arbeitsrechtlichen Fall eingefügt werden.

III. Optisch mag der Sachverhalt so wirken, als bildete die Frage 1 den Hauptteil und die Frage 2 lediglich eine Zusatzfrage. Auch wegen der geringen wirtschaftlichen Relevanz („nur" 60,– €) wirkt die zweite Frage nebensächlich. Davon sollte sich der Bearbeiter jedoch nicht in die Irre führen lassen. Solange dies in der Fragestellung nicht ausdrücklich anders gekennzeichnet ist, entscheidet allein die rechtliche Relevanz über die Schwerpunktsetzung.

Gliederung

Frage 1: Kündigungsschutzklage der E

A. Zulässigkeit
    I. Grundsätzliche Haftung
    II. Örtliche Zuständigkeit
    III. Klageantrag und Feststellungsinteresse
    IV. Sonstige Zulässigkeitsvoraussetzungen
    V. Ergebnis zu A.

B. Begründetheit
    I. Arbeitsvertrag
    II. Kündigung
       1. Form
       2. Präklusion
       3. Anhörung des Betriebsrats
       4. Außerordentliche Kündigung
       5. Umdeutung in ordentliche Kündigung
       6. Ordentliche Kündigung
          a) Anwendbarkeit des KSchG
          b) Rechtfertigung der Kündigung
             aa) Verhaltensbedingter Kündigungsgrund
             bb) Prognoseprinzip

          cc) Ultima-ratio-Grundsatz

          dd) Interessenabwägung

       c) Ergebnis zu 6.

C. Ergebnis

Frage 2: Lohnanspruch i. H. v. 60,– €

A. Entstehen des Vergütungsanspruchs

B. Erlöschen des Vergütungsanspruchs

    I. Erlöschen des Vergütungsanspruchs gem. § 326 I 1, 2. Halbs. BGB

       1. Erlöschen der Leistungspflicht gem. § 275 BGB

          a) Erlöschen gem. § 275 I BGB

          b) Erlöschen gem. § 275 III BGB

          c) Verhältnis von § 275 I und III BGB

       2. Schicksal der Gegenleistungspflicht nach § 326 II BGB

       3. Ergebnis zu I.

   II. Erhalt des Vergütungsanspruchs gem. § 616 BGB

       1. Erlöschen der Leistungspflicht gem. § 616 BGB

       2. Schicksal der Gegenleistungspflicht gem. § 616 BGB

   III. Verhältnis des § 616 BGB zu § 45 III SGB V

   IV. Ergebnis zu B.

C. Ergebnis

Lösung

Frage 1: Kündigungsschutzklage der E

E kann das ihr möglicherweise zustehende Recht, weiterbeschäftigt zu werden, nur durchsetzen, wenn sie sich gegen die Kündigung wehrt. Dafür ist es notwendig, dass sie innerhalb von drei Wochen nach Zugang der Kündigung eine **Kündigungsschutzklage** beim Arbeitsgericht erhebt (§§ 4, 7 KSchG).

Die Klage der E auf Feststellung, dass das Arbeitsverhältnis durch die Kündigung nicht aufgelöst ist, wäre erfolgreich, wenn sie zulässig und begründet wäre.

A. Zulässigkeit

I. Rechtswegeröffnung und sachliche Zuständigkeit

Die Parteien streiten über das Bestehen oder Nichtbestehen eines Arbeitsverhältnisses. **93** Damit ist gem. § 2 I Nr. 3 lit. b) ArbGG der Rechtsweg zu den Arbeitsgerichten eröffnet und die sachliche Zuständigkeit gegeben.

II. Örtliche Zuständigkeit

Die örtliche Zuständigkeit (Gerichtsstand) wird durch die §§ 48 Ia, 46 II ArbGG, §§ 12 ff. ZPO bestimmt. Nach § 48 Ia ArbGG ist u. a. das Gericht zuständig, in dessen Bezirk der Arbeitnehmer gewöhnlich seine Arbeit verrichtet. Damit ist das Arbeitsgericht Köln örtlich zuständig.

III. Klageantrag und Feststellungsinteresse

Gegen eine schriftliche Kündigung kann sich der Arbeitnehmer nur durch einen Kündigungsschutzantrag gem. § 4 S. 1 KSchG schützen. E muss daher beantragen, dass das Gericht feststellt, dass das Arbeitsverhältnis durch die Kündigung vom 4.6.2014 nicht aufgelöst wurde.

> **Exkurs/Vertiefung:** Gegenstand der Klage ist also nur die konkrete Kündigung. Das Gericht befindet nicht allgemein über das Bestehen des Arbeitsverhältnisses. Daher spricht man auch vom **punktuellen Streitgegenstand** der Kündigungsschutzklage. Vgl. dazu weiter unten Fall 9, Rz. 155.

Gem. § 256 I ZPO, § 46 II 1 ArbGG ist eine Kündigungsschutzklage als Feststellungsklage nur zulässig, wenn ein besonderes Feststellungsinteresse besteht. Dies ist wegen der drohenden Präklusion gem. § 7 KSchG gegeben.

> **Exkurs/Vertiefung:** Da sich die Präklusion gem. §§ 4 S. 1, 7 KSchG nach § 13 KSchG auf alle Kündigungen, nach § 23 I 2 KSchG auf alle Betriebe und nach § 4 S. 1 KSchG auf alle Unwirksamkeitsgründe erstreckt, braucht die Anwendbarkeit des KSchG an dieser Stelle nicht geprüft zu werden.
>
> Die Präklusionsfrist ist an dieser Stelle nicht zu erörtern, da es sich um eine materielle Präklusion handelt.[1]

IV. Sonstige Zulässigkeitsvoraussetzungen

Es sind keine Hinweise ersichtlich, dass sonstige Zulässigkeitsvoraussetzungen, insbesondere die instanzielle Zuständigkeit des Arbeitsgerichts (§ 8 ArbGG), die Parteifähigkeit (§ 46 II ArbGG, § 50 ZPO), die Prozessfähigkeit (§ 46 II ArbGG, §§ 51 I, 52 ZPO) und die Postulationsfähigkeit (§ 11 ArbGG) nicht gegeben wären.

V. Ergebnis zu A

Die Klage ist zulässig.

B. Begründetheit

Die Klage ist begründet, wenn zwischen E und F ein Arbeitsverhältnis besteht und dieses durch die Kündigung vom 4.6.2014 nicht beendet worden ist.

I. Arbeitsvertrag

94 Zwischen E und F ist ein Arbeitsvertrag zustande gekommen. Es besteht kein Formerfordernis.

II. Kündigung

Der Arbeitsvertrag könnte aber durch die Kündigung vom 4.6.2014 erloschen sein. Die Erklärung, E sei „ab sofort entlassen", die F durch ihren Personalleiter hat abgeben lassen, ist gem. §§ 133, 157 BGB als Kündigung auszulegen. Der Personalleiter hat in Stellvertretung (§ 164 BGB) für F gehandelt.

1. Form

F hat die für die Kündigung erforderliche Schriftform des § 623 BGB eingehalten. Die Kündigung ist E auch zugegangen.[2] Die Frage der Präklusion stellt sich hier noch nicht, § 4 S. 1 KSchG. Die Frist beginnt erst ab Zugang der Kündigung in Schriftform.

---

1 BAG (Urt. v. 24.6.2004) AP Nr. 22 zu § 620 BGB Kündigungserklärung.
2 § 130 BGB ist hier nicht einschlägig, da es sich um einen Zugang unter Anwesenden handelt.

2. Präklusion

Eine Kündigungsschutzklage wäre unbegründet, wenn E bereits mit etwaigen Unwirksamkeitsgründen präkludiert wäre. Die dreiwöchige Frist des §§ 4 S. 1, 7 KSchG begann am 5.6.2014 (§ 187 I BGB) und endet gem. § 188 II BGB am 25.6.2014. Die Frist ist noch nicht abgelaufen, so dass die Klage noch rechtzeitig erhoben werden kann.

3. Anhörung des Betriebsrats

Die Kündigung scheitert nicht an der mangelnden Anhörung des Betriebsrats gem. § 102 I 3 BetrVG, da es bei F keinen Betriebsrat gibt.

4. Außerordentliche Kündigung

Durch die Formulierung „ab sofort" im Kündigungsschreiben hat F zum Ausdruck **95** gebracht, dass sie eine außerordentliche, d. h. fristlose Kündigung erklären will. Diese ist nur wirksam, wenn die besonderen Voraussetzungen des § 626 BGB erfüllt sind. Dafür ist erforderlich, dass ein wichtiger Grund besteht, der es auch nach Interessenabwägung für F unzumutbar erscheinen lässt, das Arbeitsverhältnis mit F noch bis zum Ablauf der Kündigungsfrist fortzuführen. Maßstab für die Prüfung sind der Ultima-ratio-Grundsatz und das Prognoseprinzip. Außerdem darf die Ausschlussfrist von 2 Wochen gem. § 626 II BGB nicht verstrichen sein.

Hier hat F schon am 14.5.2014 von der Strafanzeige erfahren. Die Frist begann gem. § 187 I BGB am 15.5.2014 und sie endete gem. § 188 II BGB am 28.5.2014. F hat die Kündigung jedoch erst am 4.6.2014 erklärt. Damit ist die außerordentliche Kündigung unwirksam.

Exkurs/Vertiefung: In einem Rechtsgutachten müssten grundsätzlich auch die sonstigen Tatbestandsvoraussetzungen einer Norm geprüft werden, bevor festgestellt wird, dass eine bestimmte Rechtsfolge eingreift. Im vorliegenden Fall kann von dieser Regel jedoch abgewichen werden. Zum einen steht der Ablauf der Ausschlussfrist des § 626 II BGB fest; hier kann es kaum eine andere Rechtsauffassung geben. Zum anderen können alle relevanten Prüfungspunkte im Rahmen des § 626 I BGB im Folgenden im Rahmen der ordentlichen Kündigung angesprochen werden. Wenn diese schon bei der außerordentlichen Kündigung geprüft werden, kommt es zu unschönen Wiederholungen.

Im Rahmen des § 626 BGB ist zu prüfen:
- Vorliegen eines „an sich" wichtigen Kündigungsgrunds,
- Interessenabwägung und Unzumutbarkeit **bezogen auf den Ablauf der Kündigungsfrist**, insbesondere wegen Vertrauensbruchs z. B. wegen Straftat,
- Prognoseprinzip und Ultima-ratio-Grundsatz (z. B. Abmahnung),
- Ausschlussfrist gem. § 626 II BGB.

5. Umdeutung in ordentliche Kündigung

96 Da die ordentliche Kündigung grundsätzlich als „Minus" zur außerordentlichen Kündigung betrachtet werden kann, kommt eine **Umdeutung** gem. **§ 140 BGB** der unwirksamen außerordentlichen Kündigung in eine ordentliche Kündigung in Betracht. Für die Umdeutung ist erforderlich, dass die Geltung des anderen Rechtsgeschäfts, also der ordentlichen Kündigung, bei Kenntnis der Nichtigkeit gewollt gewesen wäre. Dafür muss sich aus der Erklärung des Arbeitgebers ergeben, dass er das Arbeitsverhältnis auf jeden Fall beenden will. Dies wird regelmäßig der Fall sein. Auch hier wird aus den Umständen deutlich, dass F jedenfalls E nicht weiterbeschäftigen will.

> **Exkurs/Vertiefung:** Es handelt sich um ein Standardproblem, das insbesondere bei Klausuren, in denen es um eine Kündigung wegen verhaltensbedingter Gründe geht, auftaucht. Daher sollte der Bearbeiter nicht allzu vertiefte Ausführungen zur Umdeutung machen.

6. Ordentliche Kündigung

Die **ordentliche Kündigung** könnte gem. § 1 I KSchG unwirksam sein, wenn sie nicht sozial gerechtfertigt wäre.

a) Anwendbarkeit des KSchG

Dafür wäre erforderlich, dass der Anwendungsbereich des KSchG eröffnet ist.

aa) Der **persönliche Anwendungsbereich** des KSchG ist eröffnet. E ist schon länger als sechs Monate im Betrieb der F beschäftigt (§ 1 I KSchG).

bb) Der **betriebliche Anwendungsbereich** des KSchG ist ebenfalls eröffnet. F beschäftigt als Großkanzlei mehr als die gem. § 23 I 3 KSchG erforderliche Anzahl von 10,25 Arbeitnehmern.

b) Rechtfertigung der Kündigung

97 Hier kommt eine soziale Rechtfertigung der Kündigung aus **verhaltensbedingten Gründen** gem. § 1 II 1, 2. Alt. KSchG in Betracht.

aa) Verhaltensbedingter Kündigungsgrund

Dann müsste zunächst ein verhaltensbedingter Kündigungsgrund vorliegen. Das ist insbesondere der Fall, wenn der Arbeitnehmer rechtswidrig und schuldhaft seine vertraglichen Pflichten erheblich verletzt hat.[3] Ein vertragswidriges Verhalten der E könnte zunächst im Lesen der vertraulichen Akte und weiter in der Anzeige ihres Vorgesetzten X liegen. Damit könnte sie schuldhaft, nämlich vorsätzlich, eine vertragliche Nebenpflicht gem. § 241 II BGB verletzt haben, die sog. Treuepflicht.

---

3 BAG (Urt. v. 3.7.2003) AP Nr. 45 zu § 1 KSchG 1969.

(1) Pflichtverletzung durch die Strafanzeige

Gem. § 241 II BGB ist der Arbeitnehmer verpflichtet, auf die Rechte, Rechtsgüter und **98** Interessen des Arbeitgebers Rücksicht zu nehmen. F hat als Großkanzlei ein großes Interesse, ihren „guten Ruf" zu erhalten. Dazu gehört insbesondere, dass in der Öffentlichkeit nicht der Eindruck entsteht, F könne keine vertrauenswürdige Rechtsberatung erteilen, weil ihre Anwälte Mandanteninformationen missbrauchen und sich dabei sogar strafbar machen. Indem E die Strafanzeige stellte, verletzte sie die Interessen der F, denn es besteht die große Wahrscheinlichkeit, dass die Presse früher oder später von den Vorwürfen erfährt und die Öffentlichkeit informieren wird. Damit könnte F ihre Treuepflicht grundsätzlich verletzt haben.

Dennoch bleibt fraglich, ob das Verhalten der E als schuldhafte und rechtswidrige Pflichtverletzung bewertet werden kann. § 241 II BGB stellt eine generalklauselartige Vorschrift dar, die mehrere unbestimmte Rechtsbegriffe enthält. Bei deren Auslegung sind die Grundrechte zu berücksichtigen (sog. mittelbare Drittwirkung der Grundrechte).

> **Exkurs/Vertiefung:** Die Grundrechte spielen auch im Individualarbeitsrecht eine große Rolle, insbesondere auch bei der Ausübung des Direktionsrecht (vgl. § 106 S. 1 GewO „nach billigem Ermessen"). In der Klausurbearbeitung sollte stets auf die nur mittelbare Drittwirkung der Grundrechte im Privatrecht hingewiesen werden.

Dabei ist auf Seiten des Arbeitgebers F sein Recht auf Unternehmerfreiheit (Art. 12 I **99** GG)[4] zu beachten. Demgegenüber kann sich E auf ihre Meinungsfreiheit gem. Art. 5 I 1 GG berufen. Darüber hinaus hat E das staatsbürgerliche Recht, Straftaten zur Anzeige zu bringen. Diese grundrechtlich geschützten Positionen müssen nach dem Prinzip der praktischen Konkordanz zum Ausgleich gebracht werden.[5] Dabei ist es nach Ansicht des BVerfG[6] grundsätzlich mit dem Rechtsstaatsprinzip unvereinbar, wenn eine Anzeige und Aussage im Ermittlungsverfahren zu zivilrechtlichen Nachteilen für den anzeigenden Arbeitnehmer führte. Nach Ansicht des BAG kommt es aber auf den konkreten Einzelfall an. So liege eine Pflichtverletzung vor, wenn der Arbeitnehmer wissentlich unwahre oder leichtfertig falsche Angaben mache.[7] Auch unter anderen Umständen sei eine Verletzung möglich,[8] insbesondere wenn von dem Arbeitnehmer verlangt werden können, sich vor dem Stellen der Strafanzeige um eine sog. **innerbetriebliche Abhilfe** zu bemühen.

Das Bemühen um innerbetriebliche Abhilfe sei nicht erforderlich, wenn sich der Arbeitnehmer, wenn er nicht unverzüglich eine Anzeige stellt, selbst einer Strafverfolgung aussetzte, oder wenn eine innerbetriebliche Abhilfe nicht zu erwarten sei. Das ist

---

4 BAG (Urt. v. 3.7.2003) AP Nr. 45 zu § 1 KSchG 1969.
5 BAG (Urt. v. 3.7.2003) AP Nr. 45 zu § 1 KSchG 1969. Vgl. auch EGMR (Urt. v. 21.7.2011) AP Nr. 235 zu § 626 BGB – Heinisch.
6 (Beschl. v. 2.7.2001) AP Nr. 170 zu § 626 BGB.
7 Vgl. LAG Rheinland-Pfalz (Urt. v. 2.4.2009, Az. 10 Sa 691/08), n. v.
8 BAG (Urt. v. 27.9.2012) AP Nr. 240 zu § 626 BGB.

z. B. anzunehmen, wenn der Arbeitgeber die Straftaten selbst begangen hat. Nach Ansicht des BAG ist hingegen eine innerbetriebliche Abhilfe erforderlich, wenn nicht der Arbeitgeber oder sein gesetzlicher Vertreter, sondern ein Mitarbeiter strafbar handle und durch die Straftaten auch der Arbeitgeber geschädigt werden kann. Das gelte auch, wenn es sich um einen Vorgesetzten des Arbeitnehmers handle.[9]

Nach diesen Grundsätzen hätte E hier zunächst auf innerbetriebliche Abhilfe drängen müssen. E konnte nicht von vornherein davon ausgehen, dass innerbetriebliche Abhilfe erfolglos sein würde. Vielmehr waren durch das Vorgehen des X die Interessen der F verletzt. Es erscheint wahrscheinlich, dass sich F bei Bestätigung des Verdachts von X getrennt hätte. Damit würde die Strafanzeige der E eine Pflichtverletzung darstellen.

100 Diese Rechtsprechung des BAG wird jedoch den Anforderungen, die das BVerfG in seinem Beschluss vom 2.7.2001 festlegt, nicht gerecht. Das BVerfG stellt fest, dass das Stellen einer Anzeige ein staatsbürgerliches Recht ist, an dessen Ausübung sich grundsätzlich keine zivilrechtlichen Nachteile knüpfen dürften. Damit wäre nicht vereinbar, dass E die Verfolgung einer ihr bekannt gewordenen Straftat nur um den Preis erreichen kann, ihr eigenes Arbeitsverhältnis zu verlieren. Demgegenüber ist das Interesse der F, die Straftat eines Partners um ihres Rufes willen „zu vertuschen", nicht schutzwürdig. Dass E als Hilfskraft mit den Straftaten des X kaum in Verbindung gebracht werden dürfte, spielt bei der Abwägung keine Rolle.[10] Daher hat E ihre arbeitsvertraglichen Pflichten nicht verletzt, indem sie die Strafanzeige gegen X stellte.

> **Exkurs/Vertiefung:** Selbstverständlich ist auch eine andere Ansicht vertretbar. Die Argumentationen des BAG und des BVerfG zum sog. „whistleblowing" von Arbeitnehmern müssen dem Bearbeiter nicht bekannt sein. Als „whistleblowing" wird es bezeichnet, wenn ein Arbeitnehmer, der von Straftaten des Arbeitgebers oder von Arbeitskollegen erfährt, offizielle oder innerbetriebliche Stellen informiert.

(2) Pflichtverletzung durch das Lesen der Akte

E hat ihre vertraglichen Nebenpflichten vorsätzlich verletzt, indem sie eine Akte las, die nach ihrer Bezeichnung als „privat – streng vertraulich" bezeichnet war. Allerdings bleibt fraglich, ob diese Pflichtverletzung eine ordentliche Kündigung rechtfertigt.

bb) Prognoseprinzip

101 Dabei ist zunächst das **Prognoseprinzip** zu beachten. Die Kündigung stellt keine Strafe für vorangegangenes Fehlverhalten dar. Vielmehr ist allein die Frage relevant, ob vom Arbeitgeber verlangt werden kann, in der Zukunft den Arbeitnehmer zu beschäftigen. Dies ist zu verneinen, wenn der Arbeitgeber mit weiteren Vertragsverletzungen rechnen muss. Dafür liegen hier jedoch keine Anhaltspunkte vor.

---

9 BAG (Urt. v. 3.7.2003) AP Nr. 45 zu § 1 KSchG 1969.
10 Ähnlich BAG (Urt. v. 7.12.2006) AP Nr. 55 zu § 1 KSchG 1969 Verhaltensbedingte Kündigung, betr. Strafanzeige wegen Untreue durch „schlichten Kraftfahrer".

cc) Ultima-ratio-Grundsatz

Weiter muss nach dem **Ultima-ratio-Grundsatz** gefragt werden, ob an Stelle der Kündigung nicht andere, mildere Mittel in Betracht kommen. Bei arbeitsvertraglichen Pflichtverletzungen ist aus diesem Grund prinzipiell vor der Kündigung eine **Abmahnung** gem. § 314 II BGB erforderlich. Im vorliegenden Fall könnte diese aber entbehrlich sein. Eine der Kündigung vorhergehende Abmahnung ist nach Ansicht des BAG entbehrlich, wenn eine Verhaltensänderung in Zukunft trotz Abmahnung nicht erwartet werden kann oder wenn es sich um eine schwere Pflichtverletzung handelt, deren Rechtswidrigkeit dem Arbeitnehmer ohne weiteres erkennbar ist.[11]

Für die Entbehrlichkeit der Abmahnung spricht, dass aus dem Hinweis auf der Akte X klar objektiv ersichtlich war, dass E die Akte nicht lesen durfte. Entscheidend gegen die Entbehrlichkeit einer Abmahnung spricht jedoch, dass die Pflichtverletzung als solche nicht als schwerwiegend angesehen werden kann. Zudem war E als Kanzleimitarbeiterin ohne abgeschlossenes Jurastudium unerfahren. Im Ergebnis ist die Entbehrlichkeit der Abmahnung daher zu verneinen.

> **Exkurs/Vertiefung:** Zur Abmahnung vgl. Fall 5, Rz. 86.

dd) Interessenabwägung

Im Rahmen der schließlich vorzunehmenden **Interessenabwägung** kann schließlich zugunsten der E berücksichtigt werden, dass außer diesem Vorfall keine Pflichtverletzungen der F gegeben sind und F auch aufgrund ihrer Unterhaltspflicht für T auf das Arbeitsverhältnis angewiesen ist.

c) Ergebnis zu 6.

Mit Blick auf die Zukunft und auf die vielfältigen Einsatzmöglichkeiten, die F für E hat, wird man der F eine Weiterbeschäftigung der E zumuten können. Damit ist die Kündigung nicht sozial gerechtfertigt und unwirksam.

C. Ergebnis

Eine Kündigungsschutzklage der E wäre erfolgreich. Damit ist E zu raten, eine solche Klage zu erheben.

Frage 2: Lohnanspruch i. H. v. 60,– €

E könnte ein Anspruch auf Lohnzahlung i. H. v. 60,– € für den 3.2.2014 gegen F zustehen.

---

11 BAG (Urt. v. 19.4.2007) AP Nr. 20 zu § 174 BGB.

A. Entstehen des Vergütungsanspruchs

Zwischen E und F besteht ein Arbeitsverhältnis. Damit ist der Anspruch auf Lohnzahlung gem. § 611 I BGB entstanden.

B. Erlöschen des Vergütungsanspruchs

Der Anspruch könnte jedoch wieder erloschen sein.

I. Erlöschen des Vergütungsanspruchs gem. § 326 I 1, 2. Halbs. BGB

102 Zunächst kommt in Betracht, dass die Pflicht zur Zahlung der Vergütung, also die Gegenleistungspflicht, die F trifft, gem. § 326 I 1 (erster und zweiter Halbsatz) BGB für den Anteil des Lohns, der für den 3.2.2014 zu zahlen wäre (60,– €), entfallen ist. Das setzt voraus, dass die Leistungspflicht der E für diesen Zeitraum gem. § 275 BGB erloschen ist und keine Regelung eingreift, die ausnahmsweise den Erhalt der Gegenleistungspflicht begründet.

> **Exkurs/Vertiefung:** § 326 I 1 BGB bringt das vertragliche Synallagma für den Fall der Unmöglichkeit der Leistung zum Ausdruck. Dieses wird für den Arbeitsvertrag auch auf die einfache Formel „Ohne Arbeit kein Lohn" gebracht.

1. Erlöschen der Leistungspflicht gem. § 275 BGB

Dann müsste die Leistungspflicht der E, d. h. die Verpflichtung der E, am 3.2.2014 für F zu arbeiten, gem. § 275 BGB erloschen sein.

a) Erlöschen gem. § 275 I BGB

Zu einem Erlöschen nach § 275 I BGB kommt es bei arbeitsvertraglichen Verpflichtungen, weil die Verpflichtung des Arbeitnehmers, die Arbeitsleistung zu erbringen, als **absolute Fixschuld** angesehen wird. Der Leistungszeitraum, d. h. 3.2.2014, 9:00 Uhr bis 12:00 Uhr, ist verstrichen, so dass Unmöglichkeit gem. § 275 I BGB eingetreten ist.[12]

> **Exkurs/Vertiefung:** Bei (1) einer **absoluten Fixschuld** führt das Verstreichen des Leistungszeitraums ohne weiteres zur Unmöglichkeit gem. § 275 I BGB. Eine Nachholung der Leistung ist von vornherein ausgeschlossen (z. B. Hochzeitsphotograph). Zu einem Verzug kann es nicht kommen. Bei (2) einer **relativen Fixschuld** „steht und fällt" die Leistung mit der termingerechten Erfüllung. Das Verstreichen des Leistungszeitraums führt nur zu einer Verzögerung gem. § 280 II BGB. Bei Verschulden tritt Verzug gem. § 286 BGB ein. Für den Wegfall

---

12 Eine Unmöglichkeit nach Abs. 1 wäre auch unter dem Gesichtspunkt der rechtlichen Unmöglichkeit unter dem Gesichtspunkt der Pflichtenkollision denkbar. Denn E traf zwar einerseits die Arbeitspflicht, andererseits trafen sie Pflichten aus §§ 1626 Abs. 1, 1631 Abs. 1 BGB bzw. strafrechtliche Garantenpflichten. Es ist jedoch davon auszugehen, dass der Gesetzgeber diese Fälle nunmehr mit § 275 Abs. 3 BGB erfassen will, vgl. Begründung des Regierungsentwurfs zum Schuldrechtsmodernisierungsgesetz, BT-Drucks. 14/6040, S. 130.

der Gegenleistungspflicht bedarf es des Rücktritts. Gem. § 323 II Nr. 2 BGB ist für diesen eine Fristsetzung nicht mehr erforderlich. Wird (3) lediglich eine **Leistungszeit** gem. § 271 BGB **bestimmt**, führt das Verstreichen des Leistungszeitraums nur zur Verzögerung und ggf. zum Verzug. Der Wegfall der Gegenleistungspflicht kann nur durch Rücktritt mit Fristsetzung gem. § 323 BGB bewirkt werden.

Die Verpflichtung des Arbeitnehmers, die Arbeitsleistung zu erbringen, wird von der herkömmlichen Ansicht[13] als absolute Fixschuld betrachtet. Das bedeutet, dass der Arbeitgeber eine Nachholung der Arbeit nicht verlangen kann, er aber grundsätzlich auch den Lohn nicht zu zahlen braucht. Umgekehrt kann auch der Arbeitnehmer nicht verlangen, die Arbeit nachholen zu dürfen, um sich die Gegenleistung zu verdienen. Solange nicht besondere Umstände im Sachverhalt (z. B. Gleitzeitregelung, Vertrauensarbeitszeit) dies nahelegen, sollte ohne weiteres vom absoluten Fixschuldcharakter ausgegangen werden.

b) Erlöschen gem. § 275 III BGB

Hier könnte allerdings auch eine Unmöglichkeit nach § 275 III BGB eingetreten sein. **103**

Nach § 275 III BGB kann der Schuldner die Leistung verweigern, wenn er persönlich zur Leistung verpflichtet ist und ihm die Leistung unter Berücksichtigung der Gläubigerinteressen nicht zugemutet werden kann. E ist gem. **§ 613 S. 1 BGB** höchstpersönlich zur Arbeitsleistung verpflichtet. Die Erbringung der Arbeitsleistung war ihr angesichts der Gefahr, die ihrer Tochter drohte, nicht zumutbar. Zwar hat auch F ein Interesse, dass die wichtige Internetrecherche in diesem Zeitraum fertig gestellt wird. Doch überwiegt das Interesse der F, die gem. §§ 1626 I, 1631 I BGB die Personensorge für T ausübt.

Allerdings begründet die Norm nur eine **Einrede**. Hier hat E die Einrede am 3.2.2014 um 8:00 Uhr erhoben und damit ihr Leistungsverweigerungsrecht ausgeübt.[14]

Damit könnte die Leistungspflicht gem. § 275 III BGB erloschen sein.

Es ist jedoch zu berücksichtigten, dass die Unzumutbarkeit der Arbeitsleistung für E zunächst nur zu einer sog. vorübergehenden Unmöglichkeit und damit allenfalls zum Verzugseintritt führt, da sie grundsätzlich die drei versäumten Arbeitsstunden nachholen könnte. Erst wenn man zusätzlich berücksichtigt, dass die Arbeitspflicht der E den Charakter einer absoluten Fixschuld hat, führt die Unzumutbarkeit, die Arbeitsleistung am 3.2.2014 zu erbringen, zur (endgültigen) Unmöglichkeit.

c) Verhältnis von § 275 I und III BGB

Zum Wegfall der Leistungspflicht kommt es hier bereits am 3.2.2014 um 8:00 Uhr, als E die Einrede gem. § 275 III BGB erhebt. Es kommt damit nicht mehr zu einer Unmöglichkeit gem. § 275 I BGB allein aufgrund des Verstreichens der Leistungszeit.

---

13 BAG (Urt. v. 24.11.1960) AP Nr. 18 zu § 615 BGB; BAG (Urt. v. 13.2.2002) AP Nr. 57 zu § 4 EntgeltFG. Zum Problem ausführlich und kritisch *Sommer*, Die Nichterfüllung der Arbeitspflicht, 1996, S. 87 ff.

14 Die herrschende Ansicht lässt auch eine nachträgliche, rückwirkende Berufung auf das Leistungsverweigerungsrecht zu, vgl. ErfK/*Preis*, § 611 BGB Rz. 685.

2. Schicksal der Gegenleistungspflicht nach § 326 II BGB

104 Das Erlöschen der Leistungspflicht führt gem. § 326 I 1 (erster und zweiter Halbsatz) BGB automatisch zum Wegfall der Verfügungspflicht. Für einen Erhalt der Gegenleistungspflicht gem. § 326 II BGB gibt es keine Anhaltspunkte.

3. Ergebnis zu I

Damit wäre der Lohnanspruch der E erloschen. Zu einem anderen Ergebnis könnte jedoch die Regelung des § 616 BGB führen.

II. Erhalt des Vergütungsanspruchs gem. § 616 BGB

105 Die Regelung des § 326 BGB könnte durch die speziellere Vorschrift des § 616 BGB verdrängt werden. Auch diese Vorschrift bewirkt einen Wegfall der Leistungspflicht.[15] Dabei geht sie als Spezialregelung des Dienstvertragsrechts den allgemeinen Regelungen, insbesondere § 275 III BGB, vor.

> **Exkurs/Vertiefung:** Das Verhältnis von § 326 BGB und § 616 BGB sollte in einer arbeitsrechtlichen Klausur nicht weiter problematisiert werden. Es ist auch sehr gut vertretbar, über § 616 BGB nur den Erhalt der Gegenleistungspflicht zu prüfen, also oben beim Prüfungspunkt I. 2., Rz. 104, anzusetzen. Die Voraussetzungen des § 616 BGB müssen dann in diesem Rahmen geprüft werden.

1. Erlöschen der Leistungspflicht gem. § 616 BGB

Dann müsste die Verpflichtung der E, am 3.2.2014 für F zu arbeiten, gem. § 616 BGB erloschen sein.

Dazu wäre erforderlich, dass E für eine verhältnismäßig nicht erhebliche Zeit durch einen in ihrer Person liegenden Grund ohne ihr Verschulden an der Arbeitsleistung verhindert war.

Durch einen **in ihrer Person liegenden Grund** wäre E **verhindert**, wenn das Hindernis aus ihrer persönlichen Sphäre herrührt und nicht eine Vielzahl von Arbeitnehmern von dem Hindernis betroffen ist (z. B. Glatteis verhindert Erreichung des Arbeitsplatzes). Persönliche Hindernisse sind insbesondere solche, die aus dem familiären Bereich des Arbeitnehmers stammen. Die Erkrankung der Tochter und die Tatsache, dass keine andere Betreuungsperson zur Verfügung steht, führen zu einem in der Person der E liegenden Grund.

E war auch ohne ihr Verschulden an der Arbeitsleistung verhindert. Verschuldensmaßstab ist hier das sog. Verschulden gegen sich selbst **(diligentia quam in suis)**. Die Krankheit war für E nicht absehbar. Es war daher nach ihren Maßstäben nicht fahrlässig, dass E nicht für eine Betreuungsmöglichkeit sorgte.

---

15 Dazu bereits überzeugend *Sommer*, Die Nichterfüllung der Arbeitspflicht, 1996, S. 159 ff. Anders MünchKomm/*Henssler*, § 616 Rz. 3; wie hier *Greiner*, Ideelle Unzumutbarkeit, 2004, S. 378 ff.

Die Verhinderung dürfte weiter nur für eine **verhältnismäßig nicht erhebliche Zeit** erfolgt sein. Dafür kommt es auf das Verhältnis der Dauer der Verhinderung zur Dauer des Arbeitsverhältnisses an. F und E haben hier ein unbefristetes Arbeitsverhältnis geschlossen. Eine Verhinderungsdauer von einem Tag stellt sich für diesen Zeitraum als gering dar.

Daher war die Leistungspflicht der E gem. § 616 S. 1 BGB erloschen.

2. Schicksal der Gegenleistungspflicht gem. § 616 BGB

Das Eingreifen der Spezialregelung des § 616 S. 1 BGB führt dazu, dass das Schicksal der Gegenleistung nicht nach § 326 II BGB, sondern nach § 616 S. 1 BGB zu beurteilen ist. Damit bleibt der Vergütungsanspruch der E erhalten.

III. Verhältnis des § 616 BGB zu § 45 III SGB V

Möglicherweise wird jedoch § 616 BGB seinerseits durch die noch speziellere Regelung des § 45 SGB V verdrängt. Diese Norm sieht einen Anspruch auf Freistellung und Krankengeld des Arbeitnehmers für den Fall vor, dass dieser sein krankes Kind betreuen muss. So könnte der Anruf der E am 3.2.2014 um 8:00 Uhr als Bitte um Freistellung gem. § 45 III SGB V zu bewerten sein. Allerdings besteht dieser Freistellungsanspruch gem. § 45 III 1 SGB V a. E. nur, wenn der Arbeitnehmer keinen Anspruch auf bezahlte Freistellung hat. E hat hier jedoch einen Anspruch gem. § 616 BGB auf Freistellung unter Erhalt ihres Lohnanspruchs. Damit ist der Freistellungsanspruch gem. § 45 III SGB V ausgeschlossen.

106

> **Exkurs/Vertiefung:** Für eine genauere Prüfung der Tatbestandsvoraussetzungen des § 45 SGB V enthält der Sachverhalt zu wenige Angaben. Dies wäre jedoch zu erwarten, wenn in der Klausur auch sozialrechtliche Kenntnisse vorausgesetzt würden. Auch ohne diese sollte § 45 SGB V jedoch bekannt sein, da § 45 III SGB V einen arbeitsrechtlichen Freistellungsanspruch begründet.
>
> Einen ähnlichen Freistellungsanspruch gewährt § 3 **PflegeZG** Arbeitnehmern, die einen nahen Angehörigen pflegen. Demgegenüber gewährt § 2 **PflegeZG** ein neben § 275 III BGB stehendes Leistungsverweigerungsrecht für Arbeitnehmer, die mit einem akut eintretenden Pflegefall konfrontiert sind. Ein Pflegefall liegt jedoch nur unter den Voraussetzungen des § 7 IV PflegeZG i. V. m. §§ 14, 15 SGB XI vor, die im Fall nicht gegeben sind. Das FamilienpflegezeitG (FPfZG) enthält keinen Freistellungsanspruch und kein Leistungsverweigerungsrecht.

IV. Ergebnis zu B

Der Vergütungsanspruch der E ist nicht gem. § 616 BGB erloschen.

C. Ergebnis

E hat gegen F einen Anspruch auf Zahlung des noch ausstehenden Lohns für den 3.2.2014 i. H. v. 60,– €.

Repetitorium

I. Prüfungsschema Kündigung – die wichtigsten Punkte

1. Jede Kündigung

107
- Wirksame Kündigungserklärung (Abgabe, Zugang)
- Schriftform (§ 623 BGB)
- Keine Kündigungsverbote (besonderer Kündigungsschutz)
- Anhörung des Betriebsrats (§ 102 BetrVG)
- Keine (materielle) Präklusion mit allen Unwirksamkeitsgründen gem. §§ 4, 7 KSchG (außer mit mangelnder Schriftform, vgl. § 4 S. 1 KSchG)

2. Außerordentliche (= fristlose) Kündigung gem. § 626 BGB

- An-sich-Grund
- Unzumutbarkeit (bezogen auf Kündigungsfrist)
- Ultima ratio
- Interessenabwägung
- Ausschlussfrist
- (ggf. Umdeutung gem. § 140 BGB in eine ordentliche Kündigung, vgl. Fall)

3. Ordentliche Kündigung

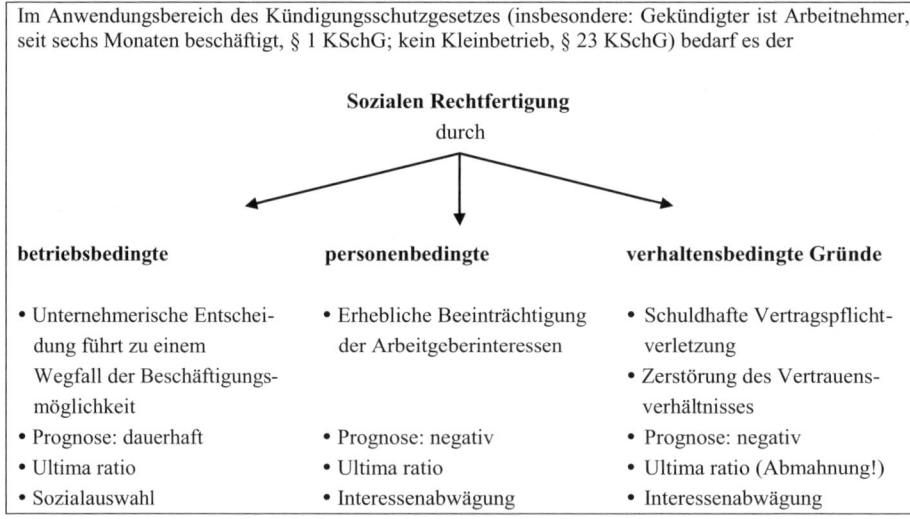

Im Anwendungsbereich des Kündigungsschutzgesetzes (insbesondere: Gekündigter ist Arbeitnehmer, seit sechs Monaten beschäftigt, § 1 KSchG; kein Kleinbetrieb, § 23 KSchG) bedarf es der

Sozialen Rechtfertigung

durch

betriebsbedingte	personenbedingte	verhaltensbedingte Gründe
• Unternehmerische Entscheidung führt zu einem Wegfall der Beschäftigungsmöglichkeit	• Erhebliche Beeinträchtigung der Arbeitgeberinteressen	• Schuldhafte Vertragspflichtverletzung • Zerstörung des Vertrauensverhältnisses
• Prognose: dauerhaft	• Prognose: negativ	• Prognose: negativ
• Ultima ratio	• Ultima ratio	• Ultima ratio (Abmahnung!)
• Sozialauswahl	• Interessenabwägung	• Interessenabwägung

II. Arbeitsvertragliches Synallagma

1. Übersicht

108

Grund für Nichtarbeit liegt in der Sphäre des Arbeitnehmers	Grund für Nichtarbeit: „Zufall"	Grund für Nichtarbeit liegt in der Sphäre des Arbeitgebers
I. Grundsatz		**I. In der Regel**
§§ 275 I, 326 I 1, 441 III BGB:	§§ 275 I, 326 I 1, 441 III BGB:	Verantwortlichkeit des Arbeitgebers gem. §§ 275 I, 326 II BGB bzw. § 615 BGB:
Ohne Arbeit kein Lohn!	*Ohne Arbeit kein Lohn!*	*Lohn ohne Arbeit!*
(Hat der Arbeitnehmer den Grund zu vertreten, besteht außerdem ein Schadensersatzanspruch wegen Pflichtverletzung.)		
Beispiel: Arbeitnehmer „macht blau"	**Beispiel:** Arbeitgeber ist Konzertveranstalter. Da am Tage des Konzerts eine Staatstrauer angeordnet wird, muss das Konzert abgesagt werden. Der Arbeitgeber muss seine Arbeitnehmer nach Hause schicken.	**Beispiel:** Arbeitnehmer ist Reiseleiter, Arbeitgeber informiert ihn unrichtig über Reisetermin.
II. Ausnahmen		**II. Sonderfälle**
Lohn ohne Arbeit!		*Lohn ohne Arbeit!*
1. § 616 BGB (vgl. Fall) – persönliches Leistungshindernis 2. §§ 3, 4 EFZG – Nichtarbeit wegen Krankheit 3. § 2 EFZG – Nichtarbeit wegen Feiertag 4. § 1, 3 BUrlG – Nichtarbeit wegen Urlaub 5. § 11 MuSchG – Nichtarbeit wegen Schwangerschaft und Geburt 6. § 44 BetrVG – Nichtarbeit wegen Teilnahme an Betriebsversammlung		1. Arbeitgeber trägt Wirtschafts- und Betriebsrisiko, § 615 S. 3 BGB **Beispiel** Betriebsrisiko: Kellnerin kann nicht arbeiten, da Gaststätte durch Gewerbeaufsichtsamt geschlossen wurde. **Beispiel** Wirtschaftsrisiko: Arbeitgeber muss Gaststätte in Sommermonaten schließen, da Kundschaft ausbleibt. **Ausnahmen:** a) Streik (grds.) b) abweichende Regelung in Arbeitsvertrag, Betriebsvereinbarung oder Tarifvertrag 2. Annahmeverzug des Arbeitgebers §§ 615, 293 ff. BGB

2. Arbeitsvertragliches Synallagma – Einzelfälle:

a) Annahmeverzug des Arbeitgebers

109 Gerät der Arbeitgeber in Annahmeverzug, kann der Arbeitnehmer nach § 615 BGB für die infolge des Verzugs nicht geleisteten Dienste die vereinbarte Vergütung verlangen. Voraussetzung des Annahmeverzugs (§§ 293 ff. BGB):

(1) Arbeitnehmer bietet seine Arbeit an gem. §§ 294 bis 296 BGB,

(2) Arbeitgeber nimmt nicht an (verbietet zu arbeiten oder weist keine Arbeit zu),

(3) Verschulden des Arbeitgebers **nicht** erforderlich,

Nach der Rspr.[16] ist im **gekündigten Arbeitsverhältnis** ein Angebot des Arbeitnehmers gem. § 296 BGB entbehrlich. Der Arbeitgeber habe eine Mitwirkungspflicht i. S. der Norm, da er dem Arbeitnehmer einen funktionsfähigen Arbeitsplatz zur Verfügung stellen müsse. Alternativ kann man in der Erhebung der Kündigungsschutzklage ein Angebot nach § 295 BGB sehen, die Kündigung selbst stellt die Ablehnungserklärung dar. Zur Anrechnung von Zwischenverdienst vgl. die Spezialregelung in § 11 KSchG.

b) Betriebs- und Wirtschaftsrisiko

Die Regel des § 326 I S. 1 BGB passt nicht, wenn der Arbeitgeber das Risiko des Arbeitsausfalls trägt, § 615 S. 3 BGB. Das ist der Fall, wenn die Arbeitsleistung aus betrieblich-technischen Gründen nicht erbracht werden kann (z. B. wegen Maschinenausfalls oder Smogalarm, sog. *Betriebsrisiko*) oder wenn sie wirtschaftlich sinnlos ist (z. B. weil keine Absatzmöglichkeit besteht, sog. *Wirtschaftsrisiko*). Dieses Betriebs- und Wirtschaftsrisiko trägt grundsätzlich der Arbeitgeber, weil es in seine Sphäre fällt.

c) Krankheitsbedingte Arbeitsunfähigkeit

– vgl. Fall 1, Repetitorium IV (Rz. 20) –

d) Erholungsurlaub

– vgl. Fall 1, Repetitorium III (Rz. 19) –

---

16 BAG (Urt. v. 11.1.2006) AP Nr. 113 zu § 615 BGB.

Fall 7

Endless Groove

Die A-GmbH betreibt die Diskothek „Endless Groove" in Hannover. Sie sucht neue **110** Diskjockeys. Am 29.10.2013 stellen sich die Bewerber vor.

Es erscheint zunächst der 60-jährige Siegfried Silber (S). Der Geschäftsführer der A-GmbH Guido Gerissen (G) ist erstaunt, dass S sich bewirbt. Die A-GmbH hatte S nämlich im Jahre 2003 schon einmal für vier Monate als Tontechniker in Teilzeit beschäftigt. 2008 hatte sie S wiederum für drei Monate als Tontechniker von der Zeitarbeitsfirma Z ausgeliehen.

Im Gespräch mit S merkt G, dass er S falsch eingeschätzt hatte. In der Szene hat sich S als „DJ Silver" einen Namen gemacht. Ein „Senior" als Diskjockey könnte sich zudem als werbewirksam herausstellen. G will S einstellen. Er legt S einen Vertrag vor, in dem es u. a. heißt: „Das Arbeitsverhältnis endet automatisch am 31.1.2014." S fragt, warum der Vertrag zu dem Zeitpunkt enden solle. G erklärt, man wolle sich etwaige Kündigungen ersparen. Wenn alles gut laufe, werde man darüber nachdenken, den Vertrag mit S zu „verlängern". S unterschreibt. Er war zuvor über ein Jahr lang ohne Arbeitsstelle und ist nun froh, trotz seines Alters einen Job gefunden zu haben.

Außerdem bewirbt sich am selben Tag der 22-jährige Dieter-Thomas Rasant (R). G will R ebenfalls einstellen. Allerdings hat er gerade kein Vertragsformular mehr zur Hand. Er sagt zu R: „Sie sind jedenfalls eingestellt. Natürlich nur bis Ende Januar 2014." Darauf meint R: „Super!".

R und S nehmen gleich am nächsten Tag die Tätigkeit auf. Am 2.11.2014 legt G dem R einen schriftlichen Vertrag vor, in dem es u. a. heißt: „Das Arbeitsverhältnis endet automatisch am 31.1.2014." Auch R unterschreibt.

Anfang Januar deutet sich an, dass G weder R noch S über den 31.1.2014 hinaus beschäftigen will. Beide wollen jedoch ihre Stellen behalten.

Fragen: Welche rechtlichen Schritte können R und S einleiten? Haben die Klagen Aussicht auf Erfolg?

Richtlinie 2000/78/EG des Rates vom 27. November 2000 zur Festlegung eines allgemeinen Rahmens für die Verwirklichung der Gleichbehandlung in Beschäftigung und Beruf[1]
[...]

Artikel 3 Geltungsbereich

(1) Im Rahmen der auf die Gemeinschaft übertragenen Zuständigkeiten gilt diese Richtlinie für alle Personen in öffentlichen und privaten Bereichen, einschließlich öffentlicher Stellen, in Bezug auf

---

1   ABl. EG Nr. L-303/16.

a) die Bedingungen — einschließlich Auswahlkriterien und Einstellungsbedingungen — für den Zugang zu unselbständiger und selbständiger Erwerbstätigkeit, unabhängig von Tätigkeitsfeld und beruflicher Position, einschließlich des beruflichen Aufstiegs;

b) den Zugang zu allen Formen und allen Ebenen der Berufsberatung, der Berufsausbildung, der beruflichen Weiterbildung und der Umschulung, einschließlich der praktischen Berufserfahrung;

c) die Beschäftigungs- und Arbeitsbedingungen, einschließlich der Entlassungsbedingungen und des Arbeitsentgelts;

d) die Mitgliedschaft und Mitwirkung in einer Arbeitnehmer oder Arbeitgeberorganisation oder einer Organisation, deren Mitglieder einer bestimmten Berufsgruppe angehören, einschließlich der Inanspruchnahme der Leistungen solcher Organisationen.

[...]

Artikel 6 Gerechtfertigte Ungleichbehandlung wegen des Alters

(1) Ungeachtet des Artikels 2 Absatz 2 können die Mitgliedstaaten vorsehen, dass Ungleichbehandlungen wegen des Alters keine Diskriminierung darstellen, sofern sie objektiv und angemessen sind und im Rahmen des nationalen Rechts durch ein legitimes Ziel, worunter insbesondere rechtmäßige Ziele aus den Bereichen Beschäftigungspolitik, Arbeitsmarkt und berufliche Bildung zu verstehen sind, gerechtfertigt sind und die Mittel zur Erreichung dieses Ziels angemessen und erforderlich sind.

Derartige Ungleichbehandlungen können insbesondere Folgendes einschließen:

a) die Festlegung besonderer Bedingungen für den Zugang zur Beschäftigung und zur beruflichen Bildung sowie besonderer Beschäftigungs- und Arbeitsbedingungen, einschließlich der Bedingungen für Entlassung und Entlohnung, um die berufliche Eingliederung von Jugendlichen, älteren Arbeitnehmern und Personen mit Fürsorgepflichten zu fördern oder ihren Schutz sicherzustellen;

b) die Festlegung von Mindestanforderungen an das Alter, die Berufserfahrung oder das Dienstalter für den Zugang zur Beschäftigung oder für bestimmte mit der Beschäftigung verbundene Vorteile;

c) die Festsetzung eines Höchstalters für die Einstellung aufgrund der spezifischen Ausbildungsanforderungen eines bestimmten Arbeitsplatzes oder aufgrund der Notwendigkeit einer angemessenen Beschäftigungszeit vor dem Eintritt in den Ruhestand.

(2) Ungeachtet des Artikels 2 Absatz 2 können die Mitgliedstaaten vorsehen, dass bei den betrieblichen Systemen der sozialen Sicherheit die Festsetzung von Altersgrenzen als Voraussetzung für die Mitgliedschaft oder den Bezug von Altersrente oder von Leistungen bei Invalidität einschließlich der Festsetzung unterschiedlicher Altersgrenzen im Rahmen dieser Systeme für bestimmte Beschäftigte oder Gruppen bzw. Kategorien von Beschäftigten und die Verwendung im Rahmen dieser Systeme von Alterskriterien für versicherungsmathematische Berechnungen keine Diskriminierung wegen des Alters darstellt, solange dies nicht zu Diskriminierungen wegen des Geschlechts führt.

Vorüberlegungen

I. Im Sachverhalt sind zwei Personen von derselben Problematik betroffen. Dies **111** darf jedoch nicht dazu verleiten, im Gutachten beide Personen „gemeinsam" zu prüfen. R und S müssen etwaige Rechtsmittel getrennt voneinander einlegen. Wiederholungen, insbesondere in der Zulässigkeitsprüfung, können durch entsprechende Verweise vermieden werden.

II. Ein Anhang zum Sachverhalt dient nicht nur dem Verständnis, sondern ist in der Regel für die vollständige Lösung erforderlich.

III. Sofern Unionsrecht zur Anwendung kommt, ist weniger maßgeblich, ob der Bearbeiter im Detail über die Rechtsprechung des EuGH informiert ist. Die Qualität der Bearbeitung hängt in erster Linie davon ab, dass der Bearbeiter die Regeln des Zusammenspiels von Unionsrecht und nationalem Recht souverän beherrscht.

Gliederung

Teil 1: Entfristungsklage des R **112**

A. Zulässigkeit
    I. Rechtswegeröffnung und sachliche Zuständigkeit
    II. Örtliche Zuständigkeit
    III. Klageantrag und Feststellungsinteresse
    IV. Partei- und Prozessfähigkeit
    V. Sonstige Zulässigkeitsvoraussetzungen
    VI. Ergebnis zu A.

B. Begründetheit
    I. Ausschluss des Klagerechts
    II. Schriftform der Befristung
        1. Nachträgliche Schriftform
            a) Bestätigung gem. § 141 BGB
            b) Analogie
        2. Nachträgliche Befristung
        3. Berufung auf Unwirksamkeit gem. § 242 BGB
            a) Verwirkung
            b) Venire contra factum proprium
        4. Ergebnis zu II.
    III. Ergebnis zu B.

C. Ergebnis

Teil 2: Entfristungsklage des S

A. Zulässigkeit

B. Begründetheit

    I. Ausschluss des Klagerechts

   II. Schriftform

  III. Zulässigkeit der Befristung

      1. Befristung mit Sachgrund § 14 I TzBfG

      2. Befristung ohne Sachgrund

         a) Befristung gem. § 14 II 1 TzBfG

         b) Befristung gem. § 14 III TzBfG

         c) Ergebnis zu 2.

      3. Ergebnis zu III.

  IV. Ergebnis zu B.

C. Ergebnis

Lösung

R und S möchten ihre Arbeitsverhältnisse behalten. Dies können sie nur erreichen, **113** wenn sie sich gegen die Beendigung ihres Arbeitsvertrages, also gegen die Befristung, wehren. Dazu könnten sie eine sog. **Entfristungsklage** vor dem Arbeitsgericht erheben. Das bedeutet, sie müssten mit dem Antrag auf Feststellung klagen, dass das Arbeitsverhältnis aufgrund der Befristung nicht beendet werden wird.

> **Exkurs/Vertiefung:** Auf die Beendigung des Arbeitsverhältnisses durch Fristablauf ist das KSchG nicht anwendbar. Dies findet seinen Grund darin, dass das Fristende durch beide Vertragsparteien bereits bei Vertragsschluss einvernehmlich vereinbart wurde („Vertrag"), während die Kündigung einseitig durch den Arbeitgeber erfolgt („einseitige Willenserklärung").
>
> Trotzdem zeigt ein Vergleich von §§ 4, 7 KSchG mit § 17 TzBfG, dass die Kündigungsschutzklage und die Entfristungsklage große Ähnlichkeit aufweisen. Die Prüfung erfolgt daher grundsätzlich gleich. Es sind jedoch stets die Besonderheiten des Befristungsrechts im Blick zu halten.

1. Teil: Entfristungsklage des R

Die Klage wäre erfolgreich, wenn sie zulässig und begründet wäre.

A. Zulässigkeit

I. Rechtswegeröffnung und sachliche Zuständigkeit

Die A-GmbH und R streiten über das Bestehen oder Nichtbestehen eines Arbeitsver- **114** hältnisses. Damit ist gem. § 2 I Nr. 3 lit. b) ArbGG der Rechtsweg zu den Arbeitsgerichten eröffnet und die sachliche Zuständigkeit gegeben.

II. Örtliche Zuständigkeit

Die örtliche Zuständigkeit (Gerichtsstand) wird durch die §§ 48 Ia, 46 II ArbGG, §§ 12 ff. ZPO bestimmt. Nach § 48 Ia ArbGG ist u. a. das Gericht zuständig, in dessen Bezirk der Arbeitnehmer gewöhnlich seine Arbeit verrichtet. Damit ist das Arbeitsgericht Hannover örtlich zuständig.

III. Klageantrag und Feststellungsinteresse

Die Unwirksamkeit der Befristung kann R nur durch eine Entfristungsklage gem. § 17 S. 1 TzBfG feststellen lassen. R muss den Antrag stellen, dass das Gericht feststellt, dass das Arbeitsverhältnis aufgrund der Befristung zum 31.1.2014 nicht beendet wurde.

Gem. § 256 I ZPO, § 46 II 1 ArbGG ist eine Entfristungsklage als Feststellungsklage nur zulässig, wenn ein besonderes Feststellungsinteresse besteht. Dies ist wegen der Fristgebundenheit der Klage gem. § 17 S. 2 TzBfG i. V. m. § 7 KSchG gegeben. Der Verlust des Klagerechts droht (anders als bei der Kündigung, vgl. § 4 S. 1 KSchG) auch bei **fehlender Schriftform** (vgl. auch § 16 S. 2 TzBfG).[2]

> **Exkurs/Vertiefung:** Die Frist ist an dieser Stelle noch nicht zu erörtern. Es handelt sich zwar um eine prozessuale Klageerhebungsfrist,[3] doch träte bei Fristablauf eine materiell-rechtliche Wirkung ein, so dass eine verfristete Klage als unbegründet abzuweisen wäre.[4]

IV. Partei- und Prozessfähigkeit

R ist gem. § 1 BGB und die A-GmbH ist gem. § 13 I GmbHG rechtsfähig. Beide sind damit parteifähig gem. § 50 I ZPO, § 46 II ArbGG. Weiter sind beide prozessfähig gem. § 46 II ArbGG, §§ 51 I, 52 ZPO. Die A-GmbH wird im Prozess gem. § 35 I 1 GmbHG durch ihren Geschäftsführer G vertreten.

V. Sonstige Zulässigkeitsvoraussetzungen

Es sind keine Hinweise ersichtlich, dass sonstige Zulässigkeitsvoraussetzungen, insbesondere die instanzielle Zuständigkeit des Arbeitsgerichts (§ 8 ArbGG) und die Postulationsfähigkeit (§ 11 ArbGG) nicht gegeben wären.

VI. Ergebnis zu A

Die Klage ist zulässig

B. Begründetheit

Die Klage wäre begründet, wenn zwischen A und R ein Arbeitsverhältnis bestünde, das durch die Befristung zum 31.1.2014 nicht beendet wurde.

Zwischen der A-GmbH und R ist am 29.10.2013 (mündlich) ein Arbeitsvertrag geschlossen worden. Fraglich ist, ob die Befristungsabrede, die zwischen den Parteien getroffen wurde und die eine Befristung zum 31.1.2014 vorsah, wirksam ist.

I. Ausschluss des Klagerechts

115 Etwaige Unwirksamkeitsgründe der Befristung könnte R nicht mehr geltend machen, wenn er die Klagefrist gem. § 17 TzBfG, § 7 KSchG versäumt hätte. Wie oben bereits erwähnt (vgl. A. III., Rz. 114) könnte R auch mit dem Einwand, die Befristung sei nicht

---

2 ErfK/*Müller-Glöge*, § 17 TzBfG Rz. 11b.
3 BAG (Urt. v. 18.1.2012) AP Nr. 92 zu § 14 TzBfG.
4 ErfK/*Müller-Glöge*, § 17 TzBfG Rz. 11a.

formwirksam schriftlich vereinbart worden, ausgeschlossen werden. Die Frist endet nach diesen Normen drei Wochen nach dem vereinbarten Ende des Arbeitsverhältnisses. Das Befristungsende ist hier noch gar nicht erreicht, so dass kein Verlust des Klagerechts eingetreten ist.

II. Schriftform der Befristung

Gem. § 14 IV TzBfG ist für die Befristung die Schriftform erforderlich. Eine nur mündliche Befristung ist gem. § 125 S. 1 BGB unwirksam.

R und die A-GmbH, vertreten durch G, haben am 29.10.2013 einen mündlichen Arbeitsvertrag mit mündlicher Befristungsabrede geschlossen. Der Arbeitsvertrag ist wirksam, die Befristungsabrede hingegen nicht, §§ 14 IV, 16 S. 1 TzBfG.

> **Exkurs/Vertiefung:** Zum Abschluss eines Arbeitsvertrags wäre es hingegen nicht gekommen, wenn die A-GmbH ihr Vertragsangebot unter die Bedingung gestellt hätte, dass das Schriftformerfordernis nach § 14 IV TzBfG eingehalten wird.[5]

Durch die nachfolgende schriftliche Vornahme des Arbeitsvertrags mit Befristungsabrede könnte die Befristung jedoch wirksam geworden sein.

1. Nachträgliche Schriftform

Fraglich ist, ob das Arbeitsverhältnis durch die nachträgliche schriftliche Abfassung des Arbeitsvertrags **rückwirkend wirksam** befristet wurde.

Die nur mündlich und damit formnichtig vereinbarte Befristung könnte nach **§ 141 BGB** rückwirkend wirksam geworden sein.

a) Bestätigung gem. § 141 BGB

Nach § 141 I BGB ist die Bestätigung eines nichtigen Rechtsgeschäfts durch denjenigen, der es vorgenommen hat, als erneute Vornahme zu beurteilen. Die Bestätigung hat allerdings keine rückwirkende Kraft. Das Rechtsgeschäft gilt erst vom Zeitpunkt der Bestätigung an.[6] Zwar sind die Parteien, die einen nichtigen Vertrag bestätigen, nach § 141 II BGB im Zweifel verpflichtet, einander zu gewähren, was sie haben würden, wenn der Vertrag von Anfang an gültig gewesen wäre. Diese Vorschrift sieht aber nur eine schuldrechtliche Rückwirkung im Verhältnis der Vertragspartner zueinander vor.

Damit ist die Regelung des § 141 II BGB nach Ansicht des BAG auf die nach Vertragsbeginn erfolgte schriftliche Niederlegung einer mündlich und damit formnichtig getroffenen Befristungsabrede nicht anwendbar. Die gesetzlichen Voraussetzungen lägen nicht vor. **Der mündlich geschlossene Arbeitsvertrag sei – abgesehen von der**

116

---

5 Vgl. BAG (Urt. v. 14.4.2008) AP Nr. 46 zu § 14 TzBfG.
6 BGH (Urt. v. 1.10.1999) NJW 1999, 3704 (3705).

Befristung – von Anfang an wirksam und bilde die rechtliche Grundlage für die daraus resultierenden Rechte und Pflichten der Parteien.[7]

b)   Analogie

Möglicherweise kommt jedoch eine analoge Anwendung der Vorschrift in Betracht. Eine **planwidrige Gesetzeslücke** könnte vorliegen, weil der Gesetzgeber nicht geregelt hat, welche Rechtsfolgen im Falle der Nachholung der Schriftform eingreifen. Dies könnte jedoch ebenfalls bedeuten, dass sich an die Nachholung keine Rechtsfolgen knüpfen sollen. Auch ist eine **vergleichbare Interessenlage** nicht gegeben. § 141 BGB dient dem Erhalt des eigentlichen Parteiwillens. Demgegenüber bezweckt das Schriftformerfordernis in § 14 IV TzBfG die Gewährleistung größtmöglicher Rechtssicherheit, die durch die **Warnfunktion** der Schriftform erreicht werden soll. Der Arbeitnehmer solle schon bei Vertragsbeginn durch das Lesen der Vereinbarungen erkennen, dass er keinen Dauerarbeitsplatz erhalte, um ggf. den Vertragsschluss zugunsten anderer Angebote ablehnen zu können. Weiter hat die Schriftform **Beweisfunktion**. Sie soll einen Streit der Parteien über das Vorliegen und den Inhalt einer Befristung zu vermeiden helfen. Diese Zwecke könnten nicht erreicht werden, wenn einer zunächst nur mündlich vereinbarten Befristung durch Nachholung noch Wirksamkeit verliehen werden würde.

2.   Nachträgliche Befristung

117   Das Arbeitsverhältnis könnte jedoch **nachträglich befristet** worden sein.

Grundsätzlich können unbefristete Arbeitsverträge nachträglich befristet werden. Voraussetzung dafür ist aber, dass die Parteien entsprechende Willenserklärungen abgegeben haben. Daran fehlt es hier: Die A-GmbH und R wollten nicht einen unbefristeten Vertrag nachfolgend befristen, sie wollten lediglich eine mündlich vereinbarte Befristung zu einem späteren Zeitpunkt in einem schriftlichen Arbeitsvertrag nachholen. Sie trafen also keine neue Befristungsvereinbarung, sondern hielten nur schriftlich fest, was sie zuvor mündlich vereinbart hatten.

Zudem wäre eine solche nachträgliche Befristung im vorliegenden Fall unwirksam. Sie genügte zwar dem Schriftformerfordernis. Die Befristung eines zuvor unbefristeten Arbeitsverhältnisses kann aber gem. § 14 I 1 TzBfG nur vorgenommen werden, wenn ein sachlicher Grund gem. § 14 I 2 TzBfG bestünde. Ein solcher Grund liegt jedoch nicht vor.

> **Exkurs/Vertiefung:** Als Sachgrund käme hier z. B. die Erprobung gem. § 14 I 2 Nr. 5 TzBfG in Betracht. Der Sachgrund muss grundsätzlich nicht mit in die Befristungsabrede aufgenommen werden. Hier ist im Sachverhalt jedoch nicht angedeutet, dass die Befristung diesem Zweck dient.

---

7   BAG (Urt. v. 1.12.2004) AP Nr. 15 zu § 14 TzBfG.

3. Berufung auf Unwirksamkeit gem. § 242 BGB

Schließlich könnte es R nach Treu und Glauben (§ 242 BGB) versagt sein, sich auf die Unwirksamkeit der Befristung zu berufen. In Betracht kommt die Verwirkung seiner Rechte oder die Berufung der A-GmbH auf ein widersprüchliches Verhalten (venire contra factum proprium) des R.

a) Verwirkung

Eine Verwirkung kommt in Betracht, wenn der Rechtsinhaber mit der Geltendmachung **118** seines Rechts längere Zeit gewartet hat **(Zeitmoment)**, der Schuldner deswegen annehmen durfte, nicht mehr in Anspruch genommen zu werden, und dem Schuldner die Erfüllung des Rechts nach Abwägung der Umstände des Einzelfalls nicht mehr zuzumuten ist **(Umstandsmoment)**. Hier hat R noch vor Ablauf der Frist des § 17 S. 1 TzBfG seine Rechte geltend gemacht. Schon aus diesem Grund konnte die A-GmbH nicht darauf vertrauen, R werde die Unwirksamkeit der Befristung nicht mehr geltend machen. R hat daher seine Rechte nicht verwirkt.

b) Venire contra factum proprium

R könnte aber vorgeworfen werden, er verhalte sich widersprüchlich, so dass es ihm nach den Regeln des venire contra factum proprium versagt wäre, sich auf den Mangel der Schriftform zu berufen. Schließlich war R am 29.10.2013 mit der Befristung ausdrücklich einverstanden und hat dies wenige Tage später auch schriftlich erneut erklärt. Allein darin liegt jedoch noch kein widersprüchliches Verhalten. Gem. § 17 TzBfG kann sich der Arbeitnehmer auch auf die mangelnde Schriftform berufen. Wäre dies immer dann gem. § 242 BGB ausgeschlossen, wenn der Arbeitnehmer zuvor sein mündliches Einverständnis erklärt hätte, liefe das Formerfordernis praktisch leer. Damit liegt auch kein Verstoß gegen das Verbot widersprüchlichen Verhaltens gem. § 242 BGB vor.

4. Ergebnis zu II

Die Befristung ist gem. §§ 14 IV, 16 TzBfG unwirksam.

III. Ergebnis zu B

Das Arbeitsverhältnis endete damit nicht durch Befristung. Die Klage ist damit begründet.

C. Ergebnis

Eine von R erhobene Klage wäre erfolgreich.

2. Teil: Entfristungsklage des S

Die Klage wäre erfolgreich, wenn sie zulässig und begründet wäre.

A. Zulässigkeit

Hinsichtlich der Voraussetzungen der Zulässigkeit ist auf 1. Teil, A. zu verweisen.

B. Begründetheit

Die Klage wäre begründet, wenn zwischen der A-GmbH und S ein Arbeitsverhältnis bestünde, das durch die Befristung zum 31.1.2014 nicht beendet wurde.

Zwischen der A-GmbH und S ist am 29.10.2013 ein schriftlicher Arbeitsvertrag geschlossen worden, der eine Befristung zum 31.1.2014 enthielt. Fraglich ist, ob diese Befristungsabrede wirksam ist.

I. Ausschluss des Klagerechts

Eine Verlust des Klagerechts gem. § 17 TzBfG, § 7 KSchG ist nicht eingetreten (vgl. oben 1. Teil, B. I., Rz. 115).

II. Schriftform

Die Befristung wurde, wie gem. § 14 IV TzBfG erforderlich, schriftlich vorgenommen.

III. Zulässigkeit der Befristung

119 Für den Arbeitnehmer wird es in der Regel einen Nachteil darstellen, wenn er statt eines unbefristeten nur einen befristeten Arbeitsvertrag erhält. Daher sieht das TzBfG vor, dass eine Befristung nur nach der Maßgabe des § 14 TzBfG zulässig ist.

1. Befristung mit Sachgrund § 14 I TzBfG

Die Befristung könnte zulässig sein, wenn sie einen sachlichen Grund gem. § 14 I 2 TzBfG hätte. Ein solcher Grund liegt jedoch nicht vor (vgl. 1. Teil, B. II. 2., Rz. 117).

2. Befristung ohne Sachgrund

Eine Befristung ohne Sachgrund ist nur nach den Voraussetzungen des § 14 II, IIa und III TzBfG zulässig. Die Voraussetzungen des § 14 IIa TzBfG liegen nicht vor. Es kommt aber eine Zulässigkeit nach § 14 II oder III TzBfG in Betracht.

a) Befristung gem. § 14 II 1 TzBfG

Nach § 14 II TzBfG ist ein Sachgrund nicht erforderlich, wenn eine Befristung nur für max. zwei Jahre vorgenommen wird. Das ist hier der Fall.

Allerdings könnte II 1 TzBfG nach Satz 2 der Norm nicht anwendbar sein, weil zwischen S und der A-GmbH bereits ein befristetes oder unbefristetes Arbeitsverhältnis bestanden hatte.

aa) Tätigkeit als Leiharbeitnehmer

2008 war S durch die Zeitarbeitsfirma Z bei der A-GmbH für drei Monate als Tontechniker beschäftigt worden. Fraglich ist, ob dadurch ein befristetes Arbeitsverhältnis mit der A-GmbH zustande kam, so dass eine weitere sachgrundlose Befristung ausgeschlossen wäre. Bei Leiharbeit ist rechtlicher Arbeitgeber das Leiharbeitsunternehmen, also der Verleiher, auch wenn der Entleiher, hier die A-GmbH, partiell Arbeitgeberfunktion ausgeübt hat. Da § 14 II 2 TzBfG jedoch ausdrücklich von „demselben Arbeitgeber" spricht, ist auf den rechtlichen Arbeitgeber abzustellen. Abs. 2 S. 2 ist also für die Tätigkeit als Leiharbeitnehmer nicht einschlägig. Die sachgrundlose Befristung wird durch diese Tätigkeit nicht ausgeschlossen. **120**

> **Exkurs/Vertiefung:** Möglich ist auch die Überlassung eines Arbeitnehmers an seinen vormaligen Arbeitgeber, bei dem der Arbeitnehmer zuvor zwei Jahre sachgrundlos befristet beschäftigt war, auch wenn der Arbeitnehmer dann faktisch dieselbe Tätigkeit ausübt. Diese Gestaltung führt nicht zur Unwirksamkeit der mit dem Verleiher vereinbarten sachgrundlosen Befristung. Solche Gestaltungen können aber gem. § 242 BGB wegen Rechtsmissbrauchs unwirksam sein, wenn der Arbeitnehmer im Ergebnis länger als 4 Jahre befristet auf derselben Stelle arbeitet[8] (z. B. weil im Anschluss eine andere Zeitarbeitsfirma eingeschaltet wird).
>
> Um „denselben Arbeitgeber" handelt es sich auch bei dem Rechtsnachfolger des Arbeitgebers. Daher ist z. B. eine sachgrundlose Befristung mit dem Betriebserwerber gem. § 613a BGB nicht mehr möglich, wenn der Arbeitnehmer schon beim Veräußerer beschäftigt war.

Die sachgrundlose Befristung des S wird also durch die Tätigkeit als Leiharbeitnehmer nicht ausgeschlossen.

Auf die Frage, ob die Vorschrift überhaupt anzuwenden ist, weil S in dieser Zeit eine ganz andere Tätigkeit (Tontechniker) für die A-GmbH ausübte, kommt es daher an dieser Stelle nicht mehr an.

> **Exkurs/Vertiefung:** Im Gutachten kann diese Frage nur deshalb offen gelassen werden, weil sie inhaltlich nun unter bb) zu prüfen ist.

bb) Tätigkeit als teilzeitbeschäftigter Techniker im Jahre 2003

Die sachgrundlose Befristung könnte gem. § 14 II 2 TzBfG aber deshalb ausgeschlossen sein, weil S 2003, also vor 10 Jahren, für vier Monate als Tontechniker in Teilzeit bei der A-GmbH beschäftigt war. **121**

---

8 BAG (Urt. v. 18.6.2006) AP Nr. 4 zu § 14 TzBfG Verlängerung.

Nach dem Wortlaut der Norm kommt es jedoch nicht darauf an, wie lange das frühere Arbeitsverhältnis zurücklag und welche Tätigkeit damals ausgeübt wurde. Auch zwischen Voll- oder Teilzeitarbeitsverhältnissen wird nicht differenziert.

Auf die letztere Unterscheidung kommt es auch nicht an: Machte man die sachgrundlose Befristung von Teilzeitbeschäftigten von weniger Voraussetzungen abhängig als eine solche Befristung von Vollzeitbeschäftigten, so würden die Teilzeitbeschäftigten benachteiligt. Eine solche Benachteiligung untersagt jedoch § 4 I 1 TzBfG.

Umstritten ist jedoch, ob eine Vorbeschäftigung, die lange Zeit zurückliegt und/oder in welcher der Arbeitnehmer einer ganz anderen Tätigkeit nachgegangen ist, eine sachgrundlose Befristung nach § 14 II 1 TzBfG hindert. Da der Wortlaut der Norm eine entsprechende Einschränkung auf Arbeitsverhältnisse im zeitlichen[9] und inhaltlichen Zusammenhang nicht enthält, bedarf es für eine solche Einschränkung des Tatbestands einer **teleologischen Reduktion** des § 14 II 2 TzBfG. Voraussetzung dafür wäre, dass die Norm **planwidrig** einen **zu weiten Anwendungsbereich** hätte, sowie die Notwendigkeit des Nichteingreifens der Rechtsfolge aufgrund der unterschiedlichen **Interessenlage**. Beides ist indes abzulehnen. Die Erschwerung der Befristung wegen eines vorherigen Arbeitsverhältnisses wird durch § 14 II 2 TzBfG nicht etwa deshalb angeordnet, weil der Arbeitnehmer, d. h. dessen Arbeitsfähigkeit und -bereitschaft dem Arbeitgeber schon „bekannt" sind, da der Arbeitnehmer bereits vor nicht allzu langer Zeit und in derselben Beschäftigung für ihn gearbeitet hat. Wenn es dem Arbeitgeber darauf ankommt, sich von den Fähigkeiten des Arbeitnehmers zu überzeugen, kann er ihn ohnehin wegen des Sachgrunds der „Erprobung" gem. § 14 I 2 Nr. 5 TzBfG befristet beschäftigen. Weiter spricht gegen die teleologische Reduktion, dass das Gesetz keinen Anhaltspunkt dafür bietet, wie zwischen sachlich und zeitlich zusammenhängenden Tätigkeiten unterschieden werden sollte. Offenbar kam es dem Gesetzgeber darauf an, gerade solche Abgrenzungsschwierigkeiten zu vermeiden. Die Vorbeschäftigung des S ist daher zu berücksichtigen.

Demgegenüber hat das BAG 2011 entschieden, dass der sachgrundlosen Befristung nur eine Vorbeschäftigung in den letzten 3 Jahren entgegensteht.[10] Dies ergebe sich aus einer am Sinn und Zweck ausgerichteten, verfassungsorientierten Auslegung der Norm. Dieser Zweck bestehe darin zu verhindern, dass die in § 14 II 1 TzBfG vorgesehene Möglichkeit der sachgrundlosen Befristung zu „Befristungsketten" missbraucht werde. Zur Verwirklichung dieses Zwecks bedürfe es keines lebenslangen Anschlussverbots. Ein solches wäre nach dem Normzweck überschießend. Dies mag zwar zutreffen, doch rechtfertigt eine solche rechtspolitische Kritik methodisch keine Rechtsfortbildung ohne das Bestehen einer planwidrigen Regelungslücke bzw. gegen den Willen des historischen Gesetzgebers.[11]

---

9 A.A. ErfK/*Müller-Glöge*, § 14 Rz 98 f., der auf das Wort „zuvor" abstellt, m.w.Nachw. zum Meinungsstand.

10 BAG (Urt. v. 6.4.2011) AP Nr. 82 zu § 14 TzBfG.

11 *Krause*, JA 2012, 468. Vgl. auch LAG Baden-Württemberg (Urt. v. 21.2.2014 – 7 Sa 64/13), n.v., Revision beim BAG anhängig.

Exkurs/Vertiefung: Grundsätzlich empfiehlt es sich, in einer Klausur der Ansicht des BAG zu folgen. Dies ist aber – wie hier – nicht zwingend, wenn ein Abweichen keine Auswirkung auf den weiteren Klausuraufbau hat.

cc) Ergebnis zu a)

Die sachgrundlose Befristung ist daher nicht nach § 14 II 2 TzBfG zulässig.

b) Befristung gem. § 14 III TzBfG

Eine sachgrundlose Befristung könnte aber gem. § 14 III TzBfG zulässig sein. Nach **122** § 14 III 1, 1. Alt. TzBfG ist eine Befristung ohne Sachgrund für bis zu fünf Jahre zulässig, wenn der Arbeitnehmer bei Beginn des befristeten Vertrages das 52. Lebensjahr vollendet hat und unmittelbar vor Beginn des Arbeitsverhältnisses mindestens vier Monate beschäftigungslos im Sinne des § 138 I Nr. 1 SGB III war.

Zu Beginn des Arbeitsverhältnisses am 29.10.2013 war S bereits 60 Jahre alt. Zuvor hatte er ein Jahr lang keine Arbeitsstelle. Er stand damit mehr als vier Monate nicht in einem Beschäftigungsverhältnis gem. § 138 I Nr. 1 SGB III. Die Voraussetzungen des § 14 III 1, 1. Alt. TzBfG sind erfüllt.

Möglicherweise verstößt diese Norm jedoch gegen Unionsrecht und ist daher nicht anwendbar. Die Norm gestattet es, die Arbeitsverträge von Bewerbern zu befristen, welche älter als 52 Jahre sind, während solche Befristungen bei jüngeren Arbeitnehmern nicht zulässig sind. Damit werden ältere Arbeitnehmer benachteiligt.

Exkurs/Vertiefung: Ein Verstoß des § 14 III TzBfG gegen § 7 AGG kommt nicht in Betracht. Beide Rechtsquellen stehen auf derselben Rangstufe (vgl. Fall 3, Repetitorium I., Rz. 59) des einfachen Gesetzesrechts. Ihr Rangverhältnis entscheidet sich nach dem lex-specialis-Grundsatz bzw. dem lex-posterior-Grundsatz.

Einen – eher fernliegender – Verstoß des § 14 III TzBfG gegen Art. 3 I GG könnte nur durch eine Richtervorlage zum Bundesverfassungsgericht gem. Art. 100 GG geprüft werden. Im Rahmen einer arbeitsrechtlichen Klausur wird danach nur selten gefragt sein.

aa) Verstoß gegen EU-Richtlinie 2000/78

§ 14 III TzBfG könnte gegen die Richtlinie 2000/78 des Rates vom 27. November 2000 **123** zur Festlegung eines allgemeinen Rahmens für die Verwirklichung der Gleichbehandlung in Beschäftigung und Beruf verstoßen.

Exkurs/Vertiefung: Sofern die Richtlinie in der Klausur nicht vorliegt, sollte der Bearbeiter, der ihren Namen nicht erinnert, in das jeweilige deutsche Umsetzungsgesetz schauen. Dort werden die Richtlinien in einer Fußnote angegeben.

Ob ein solcher Verstoß vorliegt, kann indes dahinstehen. Eine europäische Richtlinie begründet kein unmittelbar geltendes nationales Recht zwischen Privaten, d. h. sie hat keine **horizontale Direktwirkung**. Das bedeutet, dass sich S nicht gegenüber der A-GmbH darauf berufen kann, dass durch § 14 III TzBfG die Richtlinie nicht oder nicht zutreffend umgesetzt wäre.

> **Exkurs/Vertiefung:** Richtlinien sind im jeweiligen Mitgliedstaat grundsätzlich **nicht unmittelbar anwendbar**. Sie enthalten vielmehr einen Befehl an den nationalen Gesetzgeber, die Richtlinie innerhalb einer bestimmten Frist in nationales Recht umzusetzen. Von diesem Grundsatz fehlender unmittelbarer Anwendbarkeit macht der EuGH jedoch eine Ausnahme, wenn der Mitgliedstaat es versäumt hat, die Richtlinie fristgerecht umzusetzen. In diesem Fall kann sich der Mitgliedstaat selbst auf die fehlende Umsetzung nicht mehr berufen. Der Private kann daher **gegenüber dem Mitgliedstaat** Rechte aus der Richtlinie geltend machen (sog. vertikale Direktwirkung). Die vertikale Direktwirkung setzt voraus, dass die Richtlinie nicht fristgerecht oder unzulänglich umgesetzt wurde und die Vorschrift, auf welche sich der Arbeitnehmer beruft, hinreichend genau und bestimmt ist.

bb) Verstoß gegen das Verbot der Altersdiskriminierung als allgemeiner Grundsatz des Unionsrechts

124 § 14 III TzBfG könnte jedoch gegen das Verbot der Altersdiskriminierung als einem allgemeinen Grundsatz des Unionsrechts verstoßen. Aufgrund des **Vorrangs des Unionsrechts** wäre § 14 III TzBfG in diesem Fall nicht anzuwenden. Die Konsequenz wäre, dass eine sachgrundlose Befristung aufgrund dieser Norm nicht möglich wäre. Gem. § 16 S. 1, 1. Halbs. TzBfG hätte S damit einen unbefristeten Vertrag.

Der EuGH hat in der Entscheidung „Mangold" festgestellt, dass das „Verbot der Diskriminierung wegen des Alters", als „allgemeiner Grundsatz des Gemeinschaftsrechts" anzusehen und daher Bestandteil des Primärrechts sei.[12] Das Verbot ergebe sich gem. Art. 6 II (jetzt: III) EU-Vertrag aus den „verschiedenen völkerrechtlichen Verträgen und der gemeinsamen Verfassungstradition der Mitgliedstaaten." Es kann heute weiter aus Art. 6 I EUV i. V. m. Art. 51 I, 21 I der Charta der Grundrechte der Europäischen Union[13] hergeleitet werden. Als primärrechtlicher Grundsatz gilt es nicht nur im Verhältnis von Privaten zu Trägern hoheitlicher Gewalt, sondern ganz allgemein, also gerade auch im Verhältnis von privatem Arbeitgeber zu Arbeitnehmer.

Das rangniedrigere nationale Recht muss sich an diesem Grundsatz als Teil des Unionsrechts messen lassen, d. h. alle einfachen Gesetze, Verordnungen, Tarifverträge, Betriebsvereinbarungen und Arbeitsverträge. Verstößt eine nationale Gesetzesnorm gegen das Verbot, ist sie „nicht anzuwenden". Der nationale Richter muss sie inzident verwerfen.

---

12 EuGH (Urt. v. 22.11.2005) Slg. 2005 I, 9981 (Rz. 75) – Mangold; EuGH (Urt. v. 19.1.2010) Slg. 2010 I, 365 (Rz. 21 f.) – Kücükdeveci.
13 ABl. EG 2000 C-364/1.

Allerdings hat der EuGH diese Rechtsprechung nachfolgend wieder eingeschränkt. Das Verbot der Altersdiskriminierung habe nur unmittelbare horizontale Direktwirkung, wenn eine Anknüpfung zum Unionsrecht bestehe[14] bzw. wenn der Anwendungsbereich des Unionsrechts eröffnet sei.[15] Dies ist der Fall, wenn die im Streit stehende nationale Norm in den Anwendungsbereich einer Richtlinie falle und die möglicherweise diskriminierende Maßnahme nach Ablauf der Umsetzungsfrist erfolgte. Vorliegend regelt § 14 III TzBfG eine Bedingung gem. Art. 3 I c) der Richtlinie 2000/78. Die Maßnahme, d. h. der Abschluss des Arbeitsvertrags, erfolgte auch nach Ablauf der Umsetzungsfrist der Richtlinie (2.12.2006).[16]

Allerdings gilt das Verbot der Altersdiskriminierung nicht uneingeschränkt. Vielmehr **125** wird es durch Art. 6 I der Richtlinie 2000/78 konkretisiert.[17] Danach kann das Verbot der Altersdiskriminierung eingeschränkt werden, um Ziele aus dem Bereich der Beschäftigungspolitik zu erreichen, wie z. B. die berufliche Eingliederung älterer Beschäftigter. Der EuGH stellt fest, dass die Mitgliedstaaten über einen weiten Ermessensspielraum bei der Wahl der Maßnahmen zur Erreichung ihrer Ziele im Bereich der Arbeits- und Sozialpolitik haben.

Nach dieser Vorschrift müssen die Mittel zur Erreichung dieser Ziele jedoch angemessen und erforderlich sein. Das bedeutet, dass die Einschränkungen vom Verbot der Altersdiskriminierung dem Verhältnismäßigkeitsgrundsatz unterliegen. Die Wahrung des Grundsatzes der Verhältnismäßigkeit bedeutet nach Ansicht des EuGH, dass bei Ausnahmen von einem Individualrecht die Erfordernisse des Gleichbehandlungsgrundsatzes so weit wie möglich mit denen des angestrebten Zieles in Einklang gebracht werden müssen.[18]

§ 14 III TzBfG gestattet den Abschluss eines sachgrundlos befristeten Arbeitsvertrages mit einem älteren Bewerber nur, wenn dieser mindestens vier Monate lang nicht in einem regulären Beschäftigungsverhältnis stand. Damit wird der Anwendungsbereich der Norm regelmäßig auf die Fälle reduziert, in denen tatsächlich das beschäftigungspolitische Ziel der Eingliederung älterer Arbeitnehmer erreicht werden soll. Es liegt damit kein Verstoß gegen den Verhältnismäßigkeitsgrundsatz vor.[19]

---

14 EuGH (Urt. v. 23.9.2008) Slg. I 2008, 7245 – Bartsch.
15 EuGH (Urt. v. 19.1.2010) Slg. 2010 I, 365 (Rz. 23 ff.) – Kücükdeveci; *Preis/Temming*, NZA 2010, 185 (186 f.).
16 Vgl. Art. 18 II der Richtlinie 2000/78. Die Bundesrepublik Deutschland hat von diesem Vorbehalt Gebrauch gemacht. Der Bearbeiter der Klausur kann unproblematisch vom Ablauf der Umsetzungsfrist ausgehen.
17 Die Norm entspricht inhaltlich § 10 AGG.
18 EuGH (Urt. v. 22.11.2005) Slg. 2005 I, 9981 (Rz. 65) – Mangold.
19 BAG (Urt. v. 28.5.2014) DB 2014, 2475. Kritisch *Preis/Temming*, NZA 2010, 185 (196 f.).

Exkurs/Vertiefung: § 14 III TzBfG a. F.[20] sah keine entsprechende Einschränkung vor. Die Norm verstieß daher gegen Unionsrecht und war nicht anzuwenden. In der Praxis war es jedoch zum Abschluss entsprechender Verträge gekommen. Die betroffenen Arbeitnehmer kamen damit in den Genuss unbefristeter Arbeitsverträge. Die Arbeitgeber beriefen sich auf Vertrauensschutz, da vor der Entscheidung des EuGH in der Sache „Mangold" nicht bekannt war, dass es einen allgemeinen Grundsatz des Unionsrechts diesen Inhalts gab. Der EuGH geht in seiner Entscheidung auf den Vertrauensschutz nicht ein. Da jedoch das Verbot der Altersdiskriminierung Primärrecht ist und auch schon war, bevor der EuGH diesen Grundsatz „erkannt" hat, ist der Grundsatz anzuwenden. Auch das BAG hat sich auf diesen Standpunkt gestellt: Die Entscheidung über die Reichweite des unionsrechtlichen Vertrauensschutzes sei wegen des Grundsatzes der einheitlichen Anwendung von Unionsrecht dem Europäischen Gerichtshof vorbehalten.[21]

cc) Ergebnis zu b)

§ 14 III TzBfG ist damit anzuwenden.

c) Ergebnis zu 2.

Die Befristung konnte sachgrundlos gem. § 14 III 1, 1. Alt. TzBfG erfolgen.

3. Ergebnis zu III.

Die Befristung war daher zulässig.

IV. Ergebnis zu B.

Das Arbeitsverhältnis endete mit der Befristung. Die Klage wäre nicht begründet.

C. Ergebnis

Eine von S erhobene Klage wäre nicht erfolgreich.

---

20 § 14 Abs. 3 TzBfG i.d.F. vom 1.1.2004 bis 30.4.2007 lautete:
  „(3) Die Befristung eines Arbeitsvertrages bedarf keines sachlichen Grundes, wenn der Arbeitnehmer bei Beginn des befristeten Arbeitsverhältnisses das 58. Lebensjahr vollendet hat. Die Befristung ist nicht zulässig, wenn zu einem vorhergehenden unbefristeten Arbeitsvertrag mit demselben Arbeitgeber ein enger sachlicher Zusammenhang besteht. Ein solcher enger sachlicher Zusammenhang ist insbesondere anzunehmen, wenn zwischen den Arbeitsverträgen ein Zeitraum von weniger als sechs Monaten liegt. Bis zum 31. Dezember 2006 ist Satz 1 mit der Maßgabe anzuwenden, dass an die Stelle des 58. Lebensjahres das 52. Lebensjahr tritt."
21 BAG (Urt. v. 26.4.2006) AP Nr. 23 zu § 14 TzBfG.

Repetitorium

I. Befristete Arbeitsverhältnisse

1. Allgemeines

- Die Befristung von Arbeitsverhältnissen ist gem. § 620 I, III BGB grundsätzlich **126** zulässig.

- Die Regelung über Kündigungsschutz finden keine Anwendung.

- Relevant ist insbesondere gem. §§ 14 IV, 16 TzBfG das Schriftformerfordernis.

- Die ordentliche Kündigung ist gem. § 15 III TzBfG grundsätzlich ausgeschlossen, vgl. aber § 16 TzBfG.

- Die Regelungen des TzBfG sind teilweise tarifdispositiv.

- Bei der Entscheidung über die „Verlängerung" des Arbeitnehmers nach Ablauf des befristeten Arbeitsverhältnisses unterliegt der Arbeitgeber nicht dem arbeitsrechtlichen Gleichbehandlungsgrundsatz.[22]

---

22 BAG (Urt. v. 13.8.2008) NZA 2009, 27.

2. Übersicht

a) Sachgrundlose Befristung, § 14 II, III TzBfG

127

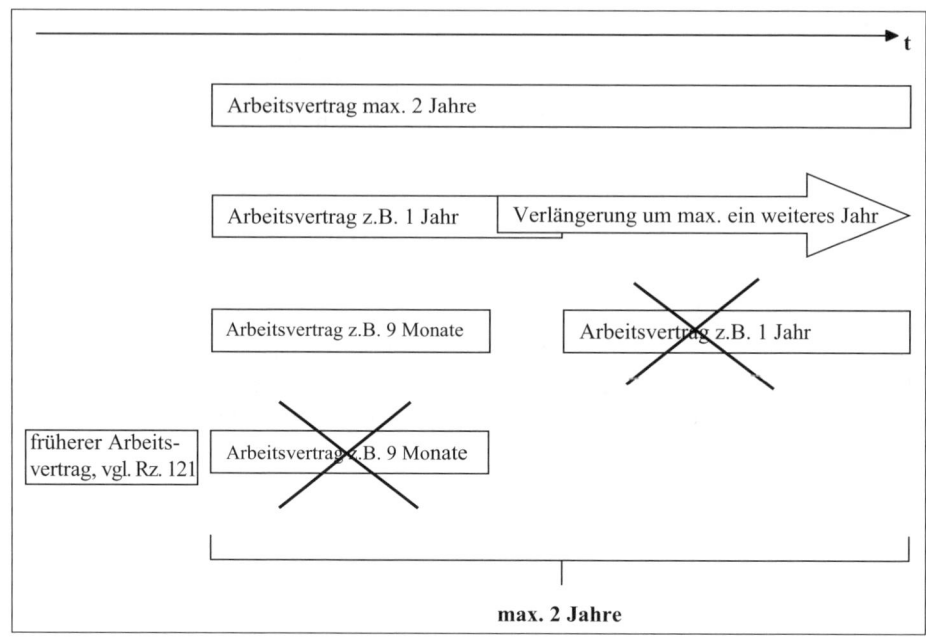

b) Befristung mit Sachgrund, § 14 I TzBfG

128

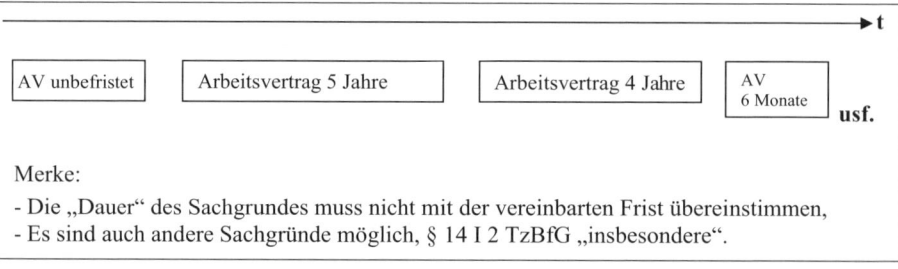

Merke:

- Die „Dauer" des Sachgrundes muss nicht mit der vereinbarten Frist übereinstimmen,
- Es sind auch andere Sachgründe möglich, § 14 I 2 TzBfG „insbesondere".

II. Unionsrecht und nationales Recht

1. Übersicht: Geltung/Anwendbarkeit des EU-Rechts

a) Primärrecht (EU-Vertrag/EG-Vertrag)

129

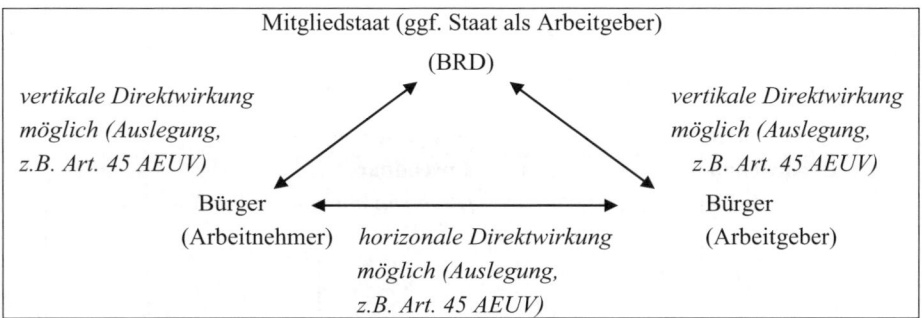

b) Sekundärrecht – Verordnungen

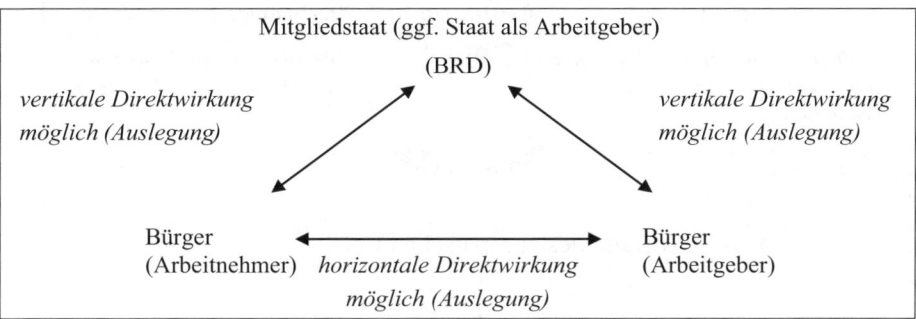

c) Sekundärrecht – Richtlinien

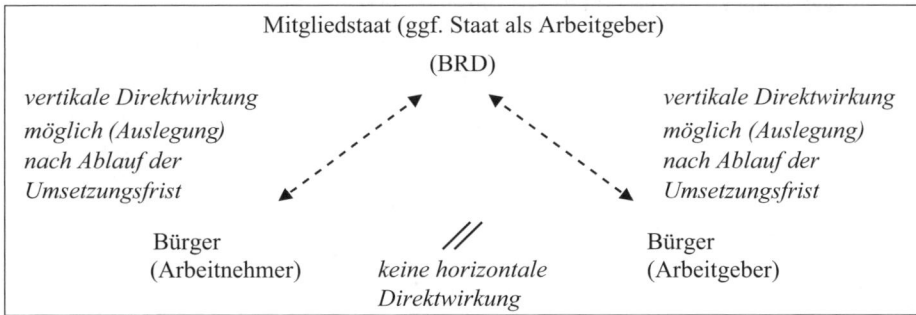

2. Übersicht: Verhältnis von nationalem und europäischem Recht in der Fallprüfung

130

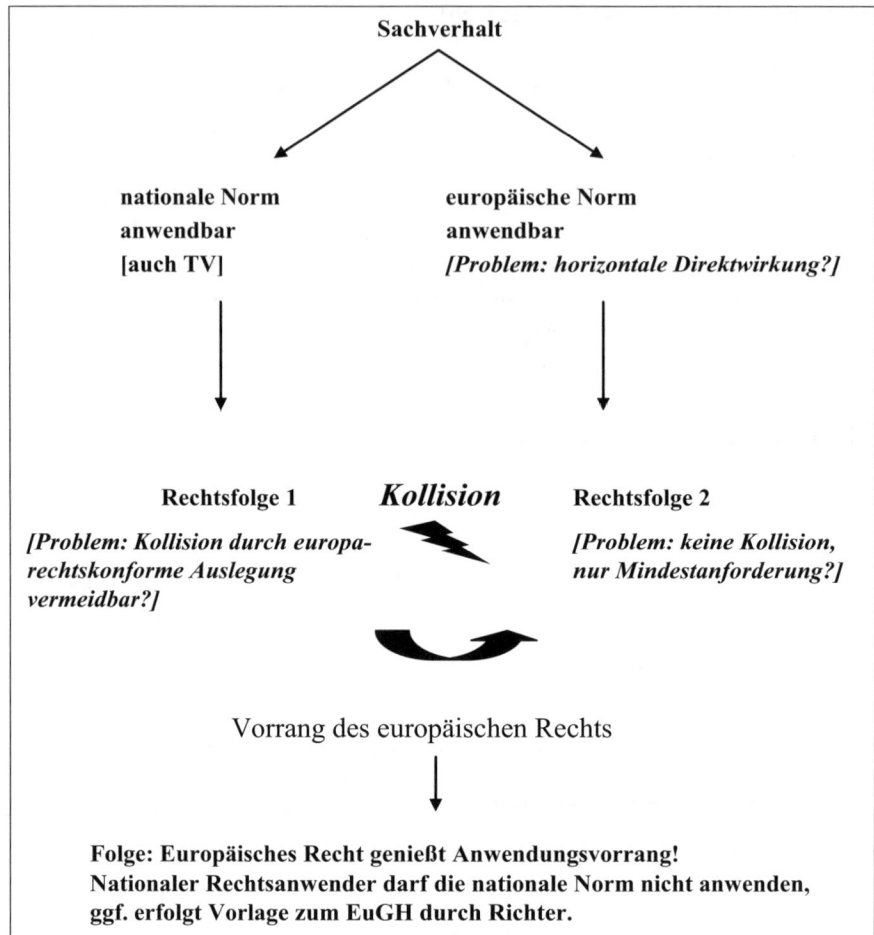

Fall 8

Qual der Wahl

A ist Schreinermeister und betreibt eine Möbelschreinerei in Lübeck. Seit einiger Zeit **131** laufen die Geschäfte nicht mehr gut, was A auf die allgemein schwache Wirtschaftslage wie auch auf die neuerdings aufgetretene Konkurrenz durch eine weitere Schreinerei in Lübeck zurückführt. Außerdem ist die technische Ausstattung der Schreinerei veraltet.

Nachdem A zunächst versucht hatte, dem Auftragsrückgang durch einen Abbau des Überstundenniveaus zu begegnen, realisiert er im November 2013, dass ein Personalabbau unumgänglich geworden ist. Hatte er bis zum Jahre 2011 regelmäßig Aufträge im Umfang von ca. 1800 Arbeitsstunden im Monat, ist die Auftragslage inzwischen derart zurückgegangen, dass er nur noch 1400 Arbeitsstunden abrechnen kann. Auch will A eine computergesteuerte Präzisionssäge anschaffen. Hiervon verspricht er sich eine Reduzierung des Arbeitsaufwandes, die nach seiner Berechnung zur Einsparung von weiteren 100 Arbeitsstunden monatlich führen wird.

A beschäftigt neben der Sekretärin S sieben Gesellen (G1-7) und eine Gesellin (G8), den ungelernten, aber erfahrenen Arbeiter U sowie zwei Auszubildende. Seine Arbeitnehmer haben im September 2013 G1 zum Betriebsrat gewählt. Erfolgloser Mitbewerber bei der Betriebsratswahl war G4.

Mitte November 2013 teilt A dem Betriebsrat G1 mit, dass er beabsichtige, drei der mit Schreinerarbeiten beschäftigten Mitarbeiter betriebsbedingt zu kündigen. Er teilt ihm den genauen Stand der stetig sinkenden Auftragslage, seine Absicht zum Kauf der Präzisionssäge sowie die zu erwartenden Auswirkungen auf den Personalbedarf mit. Sodann erörtern beide, welche Arbeitnehmer in Hinblick auf die anstehenden Kündigungen am wenigsten schutzbedürftig sind. Die A bekannten Sozialdaten sind die folgenden, wobei er weiß, dass lediglich die Ehefrau von G7 berufstätig ist:

- G1 ist 46 Jahre alt, 26 Jahre im Betrieb, verheiratet und hat drei Kinder.
- G2 ist 32 Jahre alt und 12 Jahre im Betrieb.
- G3 ist 38 Jahre alt, 16 Jahre im Betrieb und hat zwei Kinder. Aufgrund eines Betriebsunfalls im Betrieb des A hat er sich ein Rückenleiden zugezogen. Der festgestellte Grad seiner Behinderung beträgt 25 %.
- G4 ist 53 Jahre alt und 26 Jahre im Betrieb.
- G5 ist 34 Jahre alt, 5 Jahre im Betrieb, verheiratet und hat ein Kind.
- G6 ist 39 Jahre alt, 15 Jahre im Betrieb, verheiratet und hat ein Kind.
- G7 ist 39 Jahre alt, 17 Jahre im Betrieb, verheiratet mit einer Zahnärztin und hat ein Kind.
- G8 ist 33 Jahre alt, 14 Jahre im Betrieb und verheiratet. Sie ist in der 9. Woche schwanger.
- U ist 55 Jahre alt, 34 Jahre im Betrieb, verheiratet und hat zwei Kinder.

Am 27.11.2013 übersendet A G2 und G6 jeweils ein unterschriebenes Kündigungs-schreiben, in dem er ihnen mit Bedauern die betriebsbedingte Kündigung zum 31.12.2013 ausspricht. Beide beschweren sich beim Betriebsrat, der ihnen sowie dem A jedoch schriftlich mitteilt, dass er die Kündigungen für gerechtfertigt hält. Auf entsprechendes Verlangen von G2 und G6 teilt A diesen die Gründe für seine Aus-wahlentscheidung mit. Hierbei erläutert er, dass er G5 nicht in die Sozialauswahl mit einbezogen habe, weil dieser als einziger Betriebsangehöriger eine 5000,– € teure Qualifikationsmaßnahme für die Bedienung computergesteuerter Holzbearbeitungs-maschinen abgeschlossen habe.

Sowohl G2 als auch G6 reichen gegen die Kündigungen Kündigungsschutzklage beim zuständigen Arbeitsgericht Lübeck ein.

Frage 1: Sind die Klagen erfolgreich?

Abwandlung:

Das Kündigungsschreiben für G6 wurde von der Deutschen Post am 28.11.2013 in seinen Briefkasten geworfen. Vom 25.11.2013 bis zum 22.12.2013 war G6 jedoch in Süditalien im Urlaub. Als G6 am 22.12.2013 aus dem Urlaub heimkehrt und seinen Briefkasten lehrt, findet er das Kündigungsschreiben vor.

Frage 2: Kann G6 noch erfolgreich Rechtsmittel gegen die Kündigung einlegen?

Vorüberlegungen

I. Es handelt sich um einen klassischen Fall einer betriebsbedingten Kündigung, in **132** dem u. a. eine Sozialauswahl zu prüfen ist. Bei einer solchen Klausur ist weniger Ideenreichtum gefragt; vielmehr hängt die Qualität der Bearbeitung vom sauberen Abarbeiten bekannter Probleme ab. Gerade bessere Bearbeiter sollten sich durch derartige Klausuren nicht unterfordert fühlen, sondern sich klar machen, dass das Erreichen einer gute Note bei einer „einfachen" Klausur schon daran scheitern kann, dass mangels ausreichender Anspannung Prüfungspunkte übersehen werden oder „lieblos" argumentiert wird. Geprüft wird in diesen Klausuren, ob der Bearbeiter sauber, diszipliniert und umsichtig arbeiten kann.

II. Auch in dieser Klausur sind zwei Rechtssuchende betroffen. Während allerdings in Fall 7 die Arbeitnehmer zum größeren Teil von unterschiedlichen rechtlichen Problemen betroffen waren, verläuft die Prüfung bei Frage 1 hier für beide Gekündigte identisch, auch wenn G2 und G6 jeweils eine eigene Klage erheben. Sofern der Bearbeiter dies zu Beginn der Prüfung ausreichend deutlich macht, bietet es sich daher an, die Klagen gemeinsam zu prüfen.

III. Bestimmte rechtliche Fragen sind bereits im Sachverhalt gelöst (vgl. „ … reichen … Kündigungsschutzklage beim zuständigen Arbeitsgericht ein"). In diesem Fall sollte in der Lösung nur kurz das Ergebnis wiederholt werden (ohne „laut Sachverhalt").

Gliederung

Frage 1: Kündigungsschutzklagen von G2 und G6 133
A. Zulässigkeit der Kündigungsschutzklagen
  I. Zuständigkeit
  II. Klageantrag und Feststellungsinteresse
  III. Sonstige Zulässigkeitsvoraussetzungen
  IV. Ergebnis zu A.
B. Begründetheit der Kündigungsschutzklagen
  I. Form
  II. Mögliche Präklusion
  III. Anhörung des Betriebsrats
    1. Anhörung vor Kündigung
    2. Informationspflicht
    3. Ergebnis zu III.
  IV. Besonderer Kündigungsschutz
  V. Wirksamkeit der Kündigungen nach § 1 KSchG
    1. Anwendbarkeit des KSchG
      a) Persönlicher Anwendungsbereich
      b) Betrieblicher Anwendungsbereich

    2. Soziale Rechtfertigung der Kündigungen
      a) Betriebsbedingte Kündigungen
      b) Sozialauswahl
        aa) Vergleichbare Arbeitnehmer des Betriebs
        bb) Durchführung der Sozialauswahl
        cc) Ergebnis zu b)
    3. Ergebnis zu V.
  VI. Kündigungsfrist
  VII. Ergebnis zu B.

C. Ergebnis zu Frage 1

Frage 2: Rechtsmittel gegen die Kündigung von G6 (Abwandlung)

A. Zulässigkeit der Kündigungsschutzklage
  I. Zuständigkeit
  II. Klageantrag und Feststellungsinteresse
  III. Sonstige Zulässigkeitsvoraussetzungen
  IV. Ergebnis zu A.

B. Begründetheit
  I. Form
  II. Präklusion
    1. Ablauf der Präklusionsfrist
    2. Antrag gem. § 5 KSchG
      a) Zulässigkeit des Antrags
      b) Begründetheit des Antrags
      c) Ergebnis zu 2.
    3. Ergebnis zu II.
  III. Ergebnis zu B.

C. Ergebnis

Lösung

Frage 1: Kündigungsschutzklagen von G2 und G6

G2 und G6 erheben getrennt voneinander eine Kündigungsschutzklage. Da sich bei der Prüfung zwischen beiden Klagen jedoch keine Unterschiede ergeben, werden sie hier gemeinsam geprüft.

Die Kündigungsschutzklage des G2 und die Kündigungsschutzklage des G6 sind erfolgreich, wenn sie zulässig und begründet sind.

A. Zulässigkeit der Kündigungsschutzklagen

I. Zuständigkeit

Die sachliche Zuständigkeit des Arbeitsgerichts, d. h. der Rechtsweg zu den Arbeitsgerichten (§ 2 I Nr. 3 lit. b) ArbGG), die örtliche (§§ 48 Ia, 46 II ArbGG, §§ 12 ff. ZPO) und die instanzielle Zuständigkeit (§ 8 ArbGG) des Arbeitsgerichts Lübeck sind gegeben.

II. Klageantrag und Feststellungsinteresse

Gegen eine schriftliche Kündigung kann sich der Arbeitnehmer nur durch einen Kündigungsschutzantrag gem. § 4 S. 1 KSchG schützen. G2 und G6 müssen daher jeweils beantragen, dass das Gericht feststellt, dass ihr Arbeitsverhältnis durch die Kündigung vom 27.11.2013 nicht aufgelöst wurde. **134**

> **Exkurs/Vertiefung:** Zum punktuellen Streitgegenstand der Kündigungsschutzklage, vgl. Fall 9, Rz. 155.

Gem. § 256 I ZPO, § 46 II 1 ArbGG ist eine Kündigungsschutzklage als Feststellungsklage nur zulässig, wenn ein besonderes Feststellungsinteresse besteht. Dies ist wegen der drohenden Präklusion gem. § 7 KSchG gegeben.

> **Exkurs/Vertiefung:** Da sich die Präklusion gem. §§ 4 S. 1, 7 KSchG nach § 13 KSchG auf alle Kündigungen, nach § 23 I 2 KSchG auf alle Betriebe und nach § 4 S. 1 KSchG auf alle Unwirksamkeitsgründe erstreckt, braucht die Anwendbarkeit des KSchG an dieser Stelle nicht geprüft zu werden.
>
> Die Präklusionsfrist ist an dieser Stelle nicht zu erörtern, da es sich um eine materielle Präklusion handelt.[1]

---

1 BAG (Urt. v. 24.6.2004) AP Nr. 22 zu § 620 BGB Kündigungserklärung.

III. Sonstige Zulässigkeitsvoraussetzungen

Es sind keine Hinweise ersichtlich, dass sonstige Zulässigkeitsvoraussetzungen, insbesondere die Parteifähigkeit (§ 46 II ArbGG, § 50 ZPO), die Prozessfähigkeit (§ 46 II ArbGG, §§ 51 I, 52 ZPO) oder die Postulationsfähigkeit (§ 11 ArbGG) nicht gegeben wären.

IV. Ergebnis zu A.

Die Klagen sind zulässig.

B. Begründetheit der Kündigungsschutzklagen

Die Kündigungsschutzklagen von G2 und G6 sind begründet, wenn die Arbeitsverhältnisse durch die Kündigungen vom 27.11.2013 nicht beendet worden sind.

G2 und G6 haben beide einen Arbeitsvertrag mit A geschlossen. Diese Arbeitsverträge könnten durch die Kündigungen vom 27.11.2013 beendet worden sein. Dies setzt voraus, dass die Kündigungen wirksam waren.

I. Form

135 A hat die für die Kündigung erforderliche Schriftform, § 623 BGB, eingehalten. Die Kündigungen sind G2 und G6 auch zugegangen (§ 130 BGB). Die Frage der Präklusion stellt sich hier noch nicht, § 4 S. 1 KSchG. Die Frist beginnt erst ab Zugang der Kündigung in Schriftform.

II. Mögliche Präklusion

Die Kündigungen könnten aber aus anderen Gründen unwirksam sein. G2 und G6 sind mit diesen Gründen nicht gem. §§ 4, 7 KSchG präkludiert. Sie haben rechtzeitig innerhalb der dreiwöchigen Frist Klage erhoben.

> **Exkurs/Vertiefung:** Der Sachverhalt enthält hierzu keine Angaben. Dies sollte in der Lösung nicht erwähnt werden. Auch braucht der Bearbeiter nicht etwa offen lassen, ob die Frist eingehalten wurde. Solange der Klausurersteller nicht bestimmte Probleme im Sachverhalt „anlegt", sollen diese Probleme nicht diskutiert werden. D. h. der Sachverhalt ist so zu verstehen, dass das rechtliche Problem nicht eingetreten ist.

III. Anhörung des Betriebsrats

Die Kündigungen wären nur wirksam, wenn A den Betriebsrat G1 ordnungsgemäß gem. § 102 I BetrVG angehört hätte.

1. Anhörung vor Kündigung

Die Anhörung hat vor Ausspruch der Kündigung zu erfolgen (§ 102 I 1 BetrVG); eine **136** Anhörung „auf Vorrat" ist nicht zulässig. Andererseits muss der Arbeitgeber seine Willensbildung noch nicht abgeschlossen haben, denn auf diese soll der Betriebsrat gerade Einfluss nehmen können. Hier erfolgt die Anhörung Mitte November, also zu einem Zeitpunkt, zu dem A sich bereits bewusst war, dass er Personal abbauen muss, aber zu dem die Kündigungen noch nicht erklärt waren.

> **Exkurs/Vertiefung:** Maßgeblicher Zeitpunkt ist der der *Abgabe* der Kündigungserklärung durch den Arbeitgeber. Auch eine nach Abgabe, aber vor Zugang durchgeführte Anhörung wäre zu spät erfolgt.

Es handelt sich vorliegend nicht um eine unzulässige Anhörung auf „Vorrat". A hat zwar entgegen seiner Mitteilung an den Betriebsrat, er wolle drei Arbeitnehmer kündigen, nach der Anhörung nur zwei Arbeitnehmern die Kündigung erklärt. Eine solche Abänderung seiner Entscheidung bei oder nach Durchführung des Anhörungsverfahrens, die zur Reduzierung der Anzahl der zu kündigenden Arbeitnehmer führt, ändert nichts an der Wirksamkeit der Anhörung. Es ist gerade Sinn des Anhörungsverfahrens, dass der Betriebsrat die Möglichkeit erhält, den Arbeitgeber ganz oder teilweise zur Aufgabe seiner Kündigungsabsicht zu bewegen.

2. Informationspflicht

A hatte dem Betriebsrat gem. § 102 I 2 BetrVG die Gründe für die Kündigungen anzugeben. **137** Dabei gilt der Grundsatz der sog. „subjektiven Determination",[2] demzufolge der Betriebsrat immer dann ordnungsgemäß angehört worden ist, wenn der Arbeitgeber ihm die aus seiner Sicht tragenden Umstände unterbreitet hat. Der Arbeitgeber hat die von ihm für maßgeblich erachteten Kündigungsgründe bei der Anhörung so zu umschreiben, dass der Betriebsrat ohne zusätzliche eigene Nachforschungen die Stichhaltigkeit der Kündigungsgründe prüfen und sich über seine Stellungnahme schlüssig werden kann.

> **Exkurs/Vertiefung:** Der Arbeitgeber kann solche Kündigungsgründe, die ihm im Zeitpunkt der Unterrichtung des Betriebsrats bereits bekannt waren, die er aber dem Betriebsrat nicht mitgeteilt hatte, im Kündigungsschutzprozess nicht „nachschieben". Um ein **„Nachschieben von Kündigungsgründen"** handelt es sich aber nicht, wenn der Arbeitgeber die dem Betriebsrat mitgeteilten Kündigungsgründe im Prozess nur weiter erläutert und konkretisiert, ohne dass dies den Kündigungssachverhalt wesentlich verändert.[3] Weiter kann der Arbeitgeber in den Kündigungsschutzprozess noch Aspekte einführen, die ihm vor Ausspruch der Kündigung noch **nicht bekannt** waren. Er muss dann aber zu diesen Aspekten den Betriebsrat erneut anhören.[4]

---

2 St. Rspr., vgl. nur BAG (Urt. v. 23.10.2008) AP Nr. 18 zu § 1 KSchG 1969 Namensliste; BAG (Urt. v. 18.9.1997) EzA § 1 KSchG – Betriebsbedingte Kündigung Nr. 53.

3 BAG (Urt. v. 18.9.1997) EzA § 1 KSchG – Betriebsbedingte Kündigung Nr. 53.

4 BAG (Urt. v. 4.6.1997) AP Nr. 5 zu § 626 BGB Nachschieben von Kündigungsgründen.

Hier hat A dem Betriebsrat sämtliche Umstände mitgeteilt, die für die Kündigung von G2 und G6 relevant waren. A hat G1 über die konkrete Entwicklung der sinkenden Auftragslage, den beabsichtigten Kauf der Präzisionssäge sowie die zu erwartenden Auswirkungen auf den Personalbedarf informiert. Ferner hat er mit G1 die ihm bekannten Sozialdaten aller möglicherweise vergleichbaren Arbeitnehmer erörtert. Damit hat er seiner Mitteilungspflicht genügt.

3. Ergebnis zu III.

Die Kündigung ist nicht gem. § 102 I 3 BetrVG unwirksam.

IV. Besonderer Kündigungsschutz

Besondere Kündigungsschutzverbote für G2 und G6 bestehen nicht.

V. Wirksamkeit der Kündigungen nach § 1 KSchG

Die Kündigungen von G2 und G6 könnten jedoch gem. § 1 KSchG unwirksam sein.

1. Anwendbarkeit des KSchG

Dafür wäre erforderlich, dass der Anwendungsbereich des KSchG eröffnet ist.

a) Persönlicher Anwendungsbereich

138 Die persönliche Anwendbarkeit des KSchG ist gegeben. G2 und G6 sind Arbeitnehmer und als solche schon länger als sechs Monate im Betrieb des A (§ 1 I KSchG), nämlich G2 12 Jahre und G6 15 Jahre.

b) Betrieblicher Anwendungsbereich

Fraglich ist, ob der betriebliche Anwendungsbereich des KSchG ebenfalls eröffnet ist. Dafür ist erforderlich, dass die gem. § 23 I 3 KSchG erforderliche Anzahl von 10,25 Arbeitnehmern im Betrieb beschäftigt ist. Das ist im Betrieb des A nicht der Fall, da die beiden Auszubildenden bei der Zählung nach dieser Vorschrift nicht zu berücksichtigen sind. G2 und G6 gehören allerdings zu den vor dem 31.12.2003 beschäftigten Arbeitnehmern, denen nach der alten Fassung des Gesetzes Kündigungsschutz zustand. Dafür war nämlich lediglich erforderlich, dass mindestens 5,25 Arbeitnehmer vor dem 31.12.2003 im Betrieb beschäftigt waren. Allerdings ist gem. § 23 I 3, 2. Halbs. KSchG zu beachten, dass G2 und G6 nur dann noch Kündigungsschutz haben, wenn von den Arbeitnehmern, deren Arbeitsvertrag vor dem 23.12.2003 geschlossen wurde, noch mindestens 5,25 im Betrieb beschäftigt sind. Dies trifft ebenfalls zu: Mit Ausnahme von G5 (und der Auszubildenden) haben alle weiteren Arbeitnehmer des A einen Arbeitsvertrag, der vor diesem Zeitpunkt geschlossen wurde. Diese Arbeitnehmer werden in Vollzeit beschäftigt.

Der Anwendungsbereich des KSchG ist demnach eröffnet.

2. Soziale Rechtfertigung der Kündigungen

Die Kündigungen von G2 und G6 wären somit nur wirksam, wenn sie gem. § 1 KSchG sozial gerechtfertigt wären.

a) Betriebsbedingte Kündigungen

Die Kündigungen könnten sozial gerechtfertigt sein, wenn ein dringendes betriebliches **139** Erfordernis vorläge, das einer Weiterbeschäftigung der Arbeitnehmer in diesem Betrieb entgegenstünde.

Ein betriebliches Erfordernis läge vor, wenn aufgrund der Umsetzung einer **unternehmerischen Entscheidung** der Arbeitsplatz von G2 und G6 oder ein vergleichbarer Arbeitsplatz weggefallen wäre. Die Unternehmerentscheidung kann auf **außer-** (z. B. Auftragsrückgang, Absatzschwierigkeiten, Rohstoffmangel) und **innerbetriebliche Umstände** (Stilllegung, Rationalisierung, technische Änderung) gestützt werden. Die Gründe hierfür müssen **dringend** sein. Nach dem **Ultima-ratio-Prinzip** dürften keine anderen, milderen Maßnahmen technischer, organisatorischer oder wirtschaftlicher Natur als die Kündigung möglich sein. Auch muss die Entscheidung einer **Weiterbeschäftigung** des Arbeitnehmers im Betrieb entgegenstehen, d. h. es muss auch an einer anderweitigen Beschäftigungsmöglichkeit fehlen. Hier muss der Arbeitgeber **auch eine zumutbare Umschulung** in Kauf nehmen (vgl. § 1 II 3 KSchG).

Die Beschäftigungsmöglichkeiten für Arbeitnehmer sind infolge des Auftragsrückgangs **140** von 1800 auf 1400 Arbeitsstunden im Monat gesunken. Weiter hat A die unternehmerische Entscheidung getroffen, eine Präzisionssäge anzuschaffen, wodurch weitere 100 Arbeitsstunden im Monat entfallen. Damit ist der Arbeitsanfall um ca. 28 % gesunken. Damit steht es A grundsätzlich frei, 28 % der mit diesen Arbeiten beschäftigten Arbeitnehmer zu kündigen. Der Rückgang der Beschäftigungsmöglichkeit stellt auch einen dringenden Grund für den Arbeitsplatzabbau dar. Mildere Mittel (z. B. Versetzung) sind im Betrieb des A nicht möglich. Eine Prognose, nach der es bald wieder zu einem Anstieg der Beschäftigungsmöglichkeiten kommen wird (z. B. durch neue Aufträge), kann nicht getroffen werden. A hat daher die Möglichkeit, 2 von 9 der mit Schreinerarbeiten beschäftigten Arbeitnehmer zu kündigen.

Exkurs/Vertiefung: Durch das Abstellen auf die dringenden betrieblichen Erfordernisse bringt das KSchG zum Ausdruck, dass die betriebswirtschaftliche Notwendigkeit für die Kündigung maßgeblich ist. Nicht entscheidend ist, ob die **unternehmerische Entscheidung**, die zu der Kündigung geführt hat, als dringende anzusehen ist. Denn wegen der verfassungsrechtlich gewährten unternehmerischen Freiheit (Art. 2 I und 12, 14 GG[5]), kann es nicht Aufgabe des Arbeitsrichters sein, die Entscheidungen, die der Arbeitgeber zur Unternehmensführung trifft, einer Nachprüfung zu unterziehen. Dies gilt sowohl hinsichtlich marktbezogener Entscheidungen, also z. B. der Hereinnahme oder Streichung eines bestimmten Produktes, als auch bezüglich unternehmensinterner Entscheidungen, wie etwa Organisationsänderungen, Änderungen der Produktions- oder Arbeitsmethoden oder Rationalisierungsmaßnahmen.

---

5 BAG (Urt. v. 17.6.1999) AP Nr. 102 zu § 1 KSchG 1969.

Zu diesem Bereich der freien Unternehmerentscheidung gehören insbesondere auch Entscheidungen über die Kapazität der Arbeitskräfte. Wenn der Arbeitgeber in Zukunft mit weniger Personal arbeiten will, um dadurch eine **Leistungsverdichtung** zu erreichen, oder einen dem Umfang nach konkretisierten Arbeitskräftebedarf z. B. nur mit Vollzeit- oder nur mit Teilzeitkräften abdecken will, gehört dies zum Bereich der freien Unternehmerentscheidung.[6] Es unterliegt ebenfalls der freien Unternehmerentscheidung, wenn der Arbeitgeber bestimmte Aufgaben nicht mehr Arbeitnehmern, sondern freien Mitarbeitern (also Selbstständigen) oder Subunternehmern (sog. **Outsourcing**) übertragen will.

Diese eingeschränkte Überprüfbarkeit der Unternehmerentscheidung führt allerdings nicht dazu, dass die Entscheidung des Arbeitgebers überhaupt nicht nachgeprüft werden kann. Das Gericht prüft, ob eine solche Entscheidung tatsächlich vorliegt und ob sie sich tatsächlich dahingehend auswirkt, dass der Arbeitsplatz wegfällt. Die Unternehmerentscheidung selbst wird dagegen nicht auf ihre Sinnhaftigkeit oder Zweckmäßigkeit überprüft, sondern nur darauf, ob sie als offensichtlich unsachlich, unvernünftig oder willkürlich angesehen werden muss.[7]

Unzulässig wäre danach die Kündigung eines Arbeitnehmers mit dem Ziel, ihn durch einen anderen Arbeitnehmer zu ersetzen (sog. **Austauschkündigung**).

b) Sozialauswahl

Die Kündigungen wären aber nur sozial gerechtfertigt, wenn A die zu kündigenden Arbeitnehmer nach den in § 1 III KSchG genannten Anforderungen ausgewählt hätte.

aa) Vergleichbare Arbeitnehmer des Betriebs

141 Dazu sind zunächst die vergleichbaren Arbeitnehmer des Betriebs (sog. **Betriebsbezogenheit** der Sozialauswahl) festzustellen. Bezugsrahmen ist dabei der Betrieb. Vergleichbar sind Arbeitnehmer, bei denen der eine die Tätigkeit des anderen ohne Weiteres übernehmen könnte, wenn ihn der Arbeitgeber entsprechend anweist (§ 106 GewO). Weiter kommt es darauf an, ob der Arbeitnehmer aufgrund seiner Ausbildung und seiner Qualifikation die Arbeit des anderen Arbeitnehmers übernehmen kann. Der Vergleich beschränkt sich auf die jeweilige Hierarchieebene (sog. **horizontale Vergleichbarkeit**).

Im Fall sind alle Arbeitnehmer mit Ausnahme der S und der Auszubildenden vergleichbar. Auch U kann als erfahrener Arbeitnehmer die entsprechenden Schreinerarbeiten verrichten.

Nicht in die Sozialauswahl einzubeziehen sind aber alle Arbeitnehmer, die einen **besonderen Kündigungsschutz** genießen. Das könnten hier G8, G1, G4 und G6 sein.

G8 genießt Kündigungsschutz gem. § 9 I MuSchG. Die Möglichkeit, eine behördliche Erlaubnis gem. § 9 III MuSchG einzuholen, bleibt bei der Sozialauswahl außer Betracht.[8]

---

6 BAG (Urt. v. 17.6.1999) AP Nr. 102 zu § 1 KSchG 1969 Betriebsbedingte Kündigung.
7 BAG (Urt. v. 13.2.2008) AP Nr. 174 zu § 1 KSchG 1969 Betriebsbedingte Kündigung.
8 ErfK/*Oetker*, § 1 KSchG Rz. 310.

Als Betriebsratsmitglieder bzw. Bewerber um ein Betriebsratsamt scheiden weiter G1 und G4 gem. § 15 I 1 und III 2 KSchG aus. Die Betriebsratswahl fand im September 2013 statt, so dass die Frist des § 15 III 2 KSchG noch nicht abgelaufen ist.

Fraglich ist, ob auch G6 besonderen Kündigungsschutz genießt, weil er behindert ist. Nach § 85 SGB IX besteht nur ein Kündigungsverbot für Schwerbehinderte. Eine Schwerbehinderung liegt nicht vor. Für diese müsste der Grad der Behinderung gem. § 2 II SGB IX mindestens 50% betragen. G6 ist auch nicht gem. §§ 68 f. SGB IX einem Schwerbehinderten gleichgestellt (§ 2 III SGB IX).

In die Sozialauswahl fallen daher: G2, G3, G5, G6, G7 und U.

bb) Durchführung der Sozialauswahl

A müsste nun eine ordnungsgemäße Sozialauswahl gem. § 1 III 1 KSchG vorgenom- **142**
men haben.

Bezüglich G5 könnte die Regelung des § 1 III 2 KSchG greifen, da seine Weiterbe-schäftigung wegen seiner Kenntnisse und Fähigkeiten im berechtigten betrieblichen Interesse liegen könnte. A hat an der Weiterbeschäftigung des G5 wegen dessen Ausbil-dung an computergesteuerten Holzbearbeitungsmaschinen, also wegen seiner Kennt-nisse und Fähigkeiten, ein erhebliches Interesse, da er eine computergesteuerte Präzisi-onssäge anschaffen will. G5 ist damit nicht in die soziale Auswahl einzubeziehen.

Damit sind nach § 1 III 1 KSchG nur noch G2, G3, G6, G7 und U zu vergleichen. Die Auswahl findet anhand der vier Kriterien, die § 1 III 1 KSchG nennt, also der Dauer der Betriebszugehörigkeit, dem Lebensalter, den Unterhaltspflichten und einer etwaigen Schwerbehinderung statt. Dabei kommt keinem dieser Kriterien ein Vorrang zu. Grund-sätzlich gilt, dass dem Arbeitgeber ein Beurteilungsspielraum zusteht.[9] Außerdem kann sich ein Arbeitnehmer nicht auf einen Auswahlfehler berufen, wenn sich dieser auf das Auswahlergebnis nicht auswirkte.[10]

Da keiner der in die Auswahl einzubeziehenden Arbeitnehmer schwerbehindert ist, spielt dieses Kriterium im vorliegenden Fall keine Rolle.

Bezüglich des Kriteriums des Alters könnte ein Verstoß gegen das Verbot der Altersdis- **143**
kriminierung als einem allgemeinen Grundsatz des Unionsrechts vorliegen. Das BAG geht jedoch mit der herrschenden Meinung davon aus, dass kein Verstoß bestehe, sofern das Alter im Hinblick auf die Vermittlungschancen am Arbeitsmarkt und etwaige Ver-sorgungsleistungen berücksichtigt wird.[11] Dabei beruft sich das BAG maßgeblich auf § 10 S. 1 und 2 AGG. Im Ergebnis kann dem zugestimmt werden. Das unionsrechtliche Verbot der Altersdiskriminierung geht nicht weiter als die das Verbot ausformende

---

9 BAG (Urt. v. 5.11.2009) NZA 2010, 457.
10 BAG (Urt. v. 9.11.2006) AP Nr. 87 zu § 1 KSchG 1969 Soziale Auswahl.
11 BAG (Urt. v. 6.11.2008) AP Nr. 182 zu § 1 KSchG 1969 Betriebsbedingte Kündigung; BAG (Urt. v. 20.6.2013) AP Nr. 3 zu § 626 BGB Unkündbarkeit; ErfK/*Oetker*, § 1 KSchG Rz. 332.

Richtlinie 2000/78.[12] Diese sieht in Art. 6 I 1, 2 lit. a) eine Regelung vor, die Grundlage für den § 10 AGG war.

> **Exkurs/Vertiefung:** Vgl. dazu vertiefend Fall 7, Rz. 125. Grundsätzlich wird im Rahmen dieser Klausur keine Zeit für eine vertiefte Auseinandersetzung mit dieser Problematik bleiben. Auch hat der Klausurersteller an keiner Stelle zu erkennen gegeben, dass er an dieser Stelle einen Schwerpunkt erwartet. Daher sollte diese Frage hier kurz abgehandelt werden, obwohl sie grundsätzlich diskussionswürdig ist.

U ist aufgrund seines Alters und der Betriebszugehörigkeit am stärksten schutzbedürftig. Es bleiben G2, G3, G6 und G7. Dabei ist unter Berücksichtigung aller Kriterien offensichtlich G2 am sozial stärksten, also am wenigsten schutzbedürftig. Es bleibt die Frage, wer von G3, G6 und G7 am stärksten schutzbedürftig ist. Da die Sozialdaten dieser Arbeitnehmer näher beieinander liegen, ist hier insbesondere der dem Arbeitgeber zustehende Ermessensspielraum zu beachten.

144 A hält offenbar G3 für besonders schutzbedürftig. Dieser ist zwar nicht schwerbehindert, hat sich aber aufgrund eines Betriebsunfalls ein Rückenleiden zugezogen, was zu einem Grad seiner Behinderung von 25 % führte. Grundsätzlich schließt die Beschränkung auf die vier Grunddaten die Beachtung unbilliger Härten im Einzelfall nicht aus. Zusätzlich erfassbare Tatsachen müssen jedoch in einem unmittelbaren spezifischen Zusammenhang mit den Grunddaten stehen oder sich aus betrieblichen Gegebenheiten herleiten lassen, die evident einsichtig sind. Das betrifft beispielsweise Berufskrankheiten und einen vom Arbeitnehmer nicht verschuldeten Arbeitsunfall, die zugunsten der betreffenden Arbeitnehmer berücksichtigt werden können. Außerdem hat G3 zwei Kinder. Dass er nicht verheiratet ist, ist im Verhältnis zu G6 und G7 irrelevant, da diese nur ein Kind haben. Sein geringeres Alter wird jedenfalls im Verhältnis zu G7 durch die längere Betriebszugehörigkeit ausgeglichen.

G6 und G7 haben weitgehend ähnliche Sozialdaten. Für G7 spricht die längere Betriebszugehörigkeit. Gegen ihn könnte aber sprechen, dass er für seine Ehefrau nicht unterhaltsverpflichtet ist, weil diese selbst verdient. Ob der Verdienst des Ehepartners (sog. Doppelverdienst) im Rahmen der Sozialauswahl zu berücksichtigen ist, ist umstritten.[13] Nach zutreffender Ansicht kommt es auf die tatsächliche Unterhaltslast des Arbeitnehmers jedoch nicht an, da dessen Ehepartner die Arbeit verlieren kann und zudem der Arbeitnehmer nicht gezwungen werden kann, die Einkommensverhältnisse seines Ehegatten aufzudecken. Dies kann jedoch dahinstehen. Im Rahmen seines Beurteilungsspielraums steht es A frei, den Doppelverdienst von G7 und seiner Ehefrau nicht anzurechnen.

G7 ist daher schutzwürdiger als G6.

---

12 Richtlinie 2000/78 v. 27.11.2000 zur Festelegung eines allgemeinen Rahmens für die Verwirklichung der Gleichbehandlung in Beschäftigung und Beruf, ABl. EG 2000 L-303/16.
13 ErfK/*Oetker*, § 1 KSchG Rz. 333a.

cc) Ergebnis zu b)

Die Sozialauswahl des A war also korrekt.

3. Ergebnis zu V.

Die ordentlichen Kündigungen von G2 und G6 sind sozial gerechtfertigt und damit nach § 1 KSchG wirksam.

VI. Kündigungsfrist

Dass A die Kündigungsfristen für G6 und G2 nicht eingehalten hat (§ 622 BGB), ändert an der Wirksamkeit der Kündigung nichts. Eine Kündigung gilt im Zweifel als zum nächst zulässigen Termin erklärt.[14]

Bei der Berechnung der Kündigungsfrist ist nach der Entscheidung des EuGH vom 19.1.2010 (Kücükdeveci)[15] § 622 II S. 2 BGB nicht anzuwenden, da diese Norm gegen das Verbot der Altersdiskriminierung als einem allgemeinen Grundsatz des Unionsrechts verstößt. Damit hat G2 eine Kündigungsfrist von fünf Monaten und G6 eine von sechs Monaten. G2 kann damit zum 28.4.2014 und G6 zum 31.5.2014 gekündigt werden.

VII. Ergebnis zu B.

Die Arbeitsverhältnisse wurden wirksam beendet. Damit sind die Klagen unbegründet.

C. Ergebnis

Die Klagen sind nicht erfolgreich.

Frage 2: Rechtsmittel gegen die Kündigung von G6 (Abwandlung)

G6 könnte gegen die Kündigung vom 27.11.2013 Kündigungsschutzklage erheben. Diese wäre erfolgreich, wenn sie zulässig und begründet wäre.

A. Zulässigkeit der Kündigungsschutzklage

I. Zuständigkeit

Das Arbeitsgericht Lübeck ist zuständig (vgl. oben 1. Teil, A. I., Rz. 133).

---

14 BAG (Urt. v. 18.4.1985) AP Nr. 20 zu § 622 BGB.
15 EuGH (Urt. v. 19.1.2010) Slg. 2010 I, 365 (Rz. 21) – Kücükdeveci.

II. Klageantrag und Feststellungsinteresse

145 Gegen eine schriftliche Kündigung kann sich G6 nur durch einen Kündigungsschutzantrag gem. § 4 S. 1 KSchG schützen. Gem. § 256 I ZPO, § 46 II 1 ArbGG ist eine Kündigungsschutzklage als Feststellungsklage nur zulässig, wenn ein besonderes Feststellungsinteresse besteht. Daran könnte es fehlen, wenn sich G6 aufgrund einer durch gem. § 7 KSchG eingetretenen Präklusion gar nicht mehr auf etwaige Unwirksamkeitsgründe berufen könnte. Dies würde voraussetzen, dass die Präklusionsfrist abgelaufen ist. Nach herrschender Ansicht hindert aber der Ablauf der Präklusionsfrist die Zulässigkeit der Klage nicht, da es sich um eine materielle Präklusion handelt.[16]

> **Exkurs/Vertiefung:** Dies hat zur Folge, dass über die Wirksamkeit der Kündigung in der Begründetheit entschieden werden kann, so dass diese Entscheidung in Rechtskraft erwächst.

III. Sonstige Zulässigkeitsvoraussetzungen

Die sonstigen Zulässigkeitsvoraussetzungen liegen vor (vgl. oben 1. Teil, A. III., Rz. 134).

IV. Ergebnis zu A

Die Klage ist zulässig.

B. Begründetheit

Die Klage ist begründet, wenn zwischen G6 und A ein Arbeitsverhältnis besteht und dieses durch die Kündigung vom 27.11.2013 nicht beendet worden ist. Zwischen G6 und A ist ein Arbeitsvertrag zustande gekommen. Die Beendigung des Arbeitsvertrages durch die Kündigung setzt voraus, dass diese wirksam war.

I. Form

Die Formvorschriften wurden eingehalten (vgl. oben 1. Teil, B. I., Rz. 135).

II. Präklusion

1. Ablauf der Präklusionsfrist

146 G6 könnte jedoch mit etwaigen Unwirksamkeitsgründen präkludiert sein. Die dreiwöchige Frist des §§ 4 S. 1, 7 KSchG beginnt mit dem Zugang der schriftlichen Kündigung. Zugang gem. § 130 I 1 BGB erfolgt, wenn die Willenserklärung „in den Bereich des Empfängers

---

16 BAG (Urt. v. 24.6.2004) AP Nr 22 zu § 620 BGB Kündigungserklärung; a.A. *Boemke*, RdA 1995, 211 (216) m.w.Nachw.

gelangt ist".[17] Dies ist regelmäßig bei Einwurf in den Hausbriefkasten anzunehmen. Der Zugang erfolgt zu dem Zeitpunkt, zu dem der Empfänger im Anschluss an die üblichen Zustellzeiten vom Inhalt der Willenserklärung Kenntnis nehmen kann.[18] Damit wäre das Kündigungsschreiben am 28.11.2013 zugegangen. Das bedeutet, dass die Präklusionsfrist am 29.11.2013 beginnt (§ 187 I BGB) und am 20.12.2013 endet (§ 188 II BGB).

Damit wäre die Präklusionsfrist an dem Tag, an dem G6 aus dem Urlaub heimkehrte, bereits abgelaufen. Auf eine etwaige Unwirksamkeit der Kündigung könnte sich G6 nicht mehr berufen.

Dies erscheint unbillig, weil G6 nicht vorgeworfen werden kann, dass er Urlaub gemacht hat, und insbesondere weil A bekannt war, dass G6 in Urlaub war. A muss den Urlaub gem. § 7 BUrlG gewähren. Damit wusste A, dass G6 möglicherweise von dem Inhalt des Kündigungsschreibens nicht rechtzeitig Kenntnis nehmen würde.

Die Regelungen des BGB über den Zugang von Willenserklärungen weisen jedoch das Risiko der Kenntnisnahme dem Empfänger zu, sobald die Willenserklärung in seinen Machtbereich gelangt ist. Auf die konkrete Kenntnisnahmemöglichkeit im Einzelfall soll es gerade nicht ankommen. Nach Ansicht des BAG genügt es daher, wenn für den Empfänger die Möglichkeit der Kenntnisnahme unter den gewöhnlichen Verhältnissen gegeben ist. Es kommt nicht darauf an, wann der Arbeitnehmer die Erklärung tatsächlich zur Kenntnis nimmt oder ob er daran durch Krankheit, zeitweilige Abwesenheit oder andere besondere Umstände zunächst gehindert ist.[19] Dies dient der Sicherheit des Rechtsverkehrs. Eine etwaige Unbilligkeit des Ergebnisses im Einzelfall kann daher am Zugang der Willenserklärung nichts ändern. Vorliegend besteht aber auch kein Anlass für eine Korrektur über § 242 BGB (rechtsmissbräuchliches Verhalten des A). In den Fällen, in denen der Arbeitnehmer unverschuldet von der Kündigung keine Kenntnis nehmen konnte, greift § 5 KSchG.

Die Präklusionsfrist ist daher abgelaufen.

2. Antrag gem. § 5 KSchG

G6 müsste daher neben der Kündigungsschutzklage einen Antrag auf nachträgliche **147** Zulassung seiner verspäteten Klage gem. § 5 KSchG stellen. Über den Antrag entscheidet das Arbeitsgericht zusammen mit der Klage durch Urteil (vgl. § 5 IV KSchG).

> **Exkurs/Vertiefung:** Der Rechtsbehelf ähnelt dem der Wiedereinsetzung in den vorherigen Stand gem. § 233 ZPO.

Das Arbeitsgericht würde dem Antrag stattgeben, wenn er zulässig und begründet wäre.

---

17 *Mugdan*, Die gesamten Materialien zum BGB, Bd. II, 1899, Prot., S. 540.
18 BAG (Urt. v. 25.4.1996) AP Nr. 35 zu § 4 KSchG 1969.
19 BAG (Urt. v. 24.6.2004) AP Nr. 22 zu § 620 BGB Kündigungserklärung.

a) Zulässigkeit des Antrags

148 Der Antrag ist grundsätzlich gem. § 5 II 1 KSchG mit der Klage zu verbinden. Nach Satz 2 der Norm muss G6 die Tatsachen angeben, die ihn an der rechtzeitigen Klageerhebung hinderten, und er muss mitteilen, mit welchen Mitteln er diese Tatsachen glaubhaft machen will.

Ferner muss G6 die Antragsfrist des § 5 III 1 KSchG einhalten. Diese Frist beginnt mit der Behebung des Hindernisses, d. h. hier mit der Rückkehr des G6 aus dem Urlaub am 22.12.2013. Die Frist läuft ab dem 23.12.2013 (§ 187 I BGB) und endet am 6.1.2014 (§ 188 II BGB[20]).

b) Begründetheit des Antrags

Der Antrag wäre begründet, wenn G6 trotz aller Anwendung ihm nach Lage der Umstände zuzumutenden Sorgfalt an der rechtzeitigen Klageerhebung verhindert gewesen ist. Grundsätzlich muss nach Ansicht des BAG der Inhaber eines Hausbriefkastens dafür Sorge tragen und Vorsorge treffen, dass er von für ihn bestimmten Sendungen Kenntnis nehmen kann.[21] Vom Arbeitnehmer kann jedoch nicht erwartet werden, dass er sich seine Post in den Urlaub nachsenden lässt oder dass er Dritte mit der Durchsicht seiner Post beauftragt.[22] Einem Arbeitnehmer kann dies in der Regel nicht abverlangt werden, denn diese Vorgehensweisen wären mit Kosten, Verlustrisiken bzw. mit dem Einblick Dritter in die Privatsphäre des Arbeitnehmers verbunden.

Der Antrag des G6 wäre daher begründet.

c) Ergebnis zu 2.

G6 könnte erfolgreich einen Anspruch auf Zulassung seiner verspäteten Klage stellen.

3. Ergebnis zu II.

G6 wäre dann nicht präkludiert und könnte sich weiterhin auf die Unwirksamkeit der Kündigung berufen.

III. Ergebnis zu B.

Die Kündigung des G6 war jedoch wirksam (vgl. oben Rz. 135 ff.). Das Arbeitsverhältnis wurde wirksam beendet. Damit ist die Klage unbegründet.

C. Ergebnis

Die Klage des G6 wäre im Ergebnis dennoch nicht erfolgreich.

---

20 § 193 BGB greift nicht, da der 6.1. in Schleswig-Holstein kein Feiertag ist.
21 BAG (Urt. v. 28.5.2009) NZA 2009, 1229 (1231).
22 Vgl. nur ErfK/*Kiel*, § 5 KSchG Rz. 16 m.w.Nachw.

Repetitorium

I. Anwendungsbereich des KSchG

1. Persönlicher Anwendungsbereich

Arbeitnehmer ist länger als **6 Monate** beschäftigt, § 1 KSchG (gesetzliche „Probezeit", **149** auch „Wartezeit" genannt).

2. Betrieblicher Anwendungsbereich

a) Ausnahmeregelungen nach §§ 23 II, 24 KSchG

b) Kein Kleinbetrieb: **150**

Seit dem 1.1.2004 gilt das Kündigungsschutzgesetz mit zwei Schwellenwerten: In Betrieben mit zehn oder weniger Arbeitnehmern gilt das Gesetz nicht für neu eingestellte Arbeitnehmer, d. h. für Arbeitnehmer, deren Arbeitsverhältnis nach dem 31.12.2003 begonnen hat. Arbeitnehmer, die am 31.12.2003 in einem Betrieb mit mehr als fünf Arbeitnehmern beschäftigt waren, haben weiterhin Kündigungsschutz. Unter Zugrundelegung des bisherigen Schwellenwertes behalten diese Arbeitnehmer ihren Kündigungsschutz so lange, wie im Betrieb mehr als fünf Arbeitnehmer tätig sind, die am 31. Dezember 2003 dort schon beschäftigt waren.

Übersicht: Kleinbetriebsklausel, § 23 I KSchG

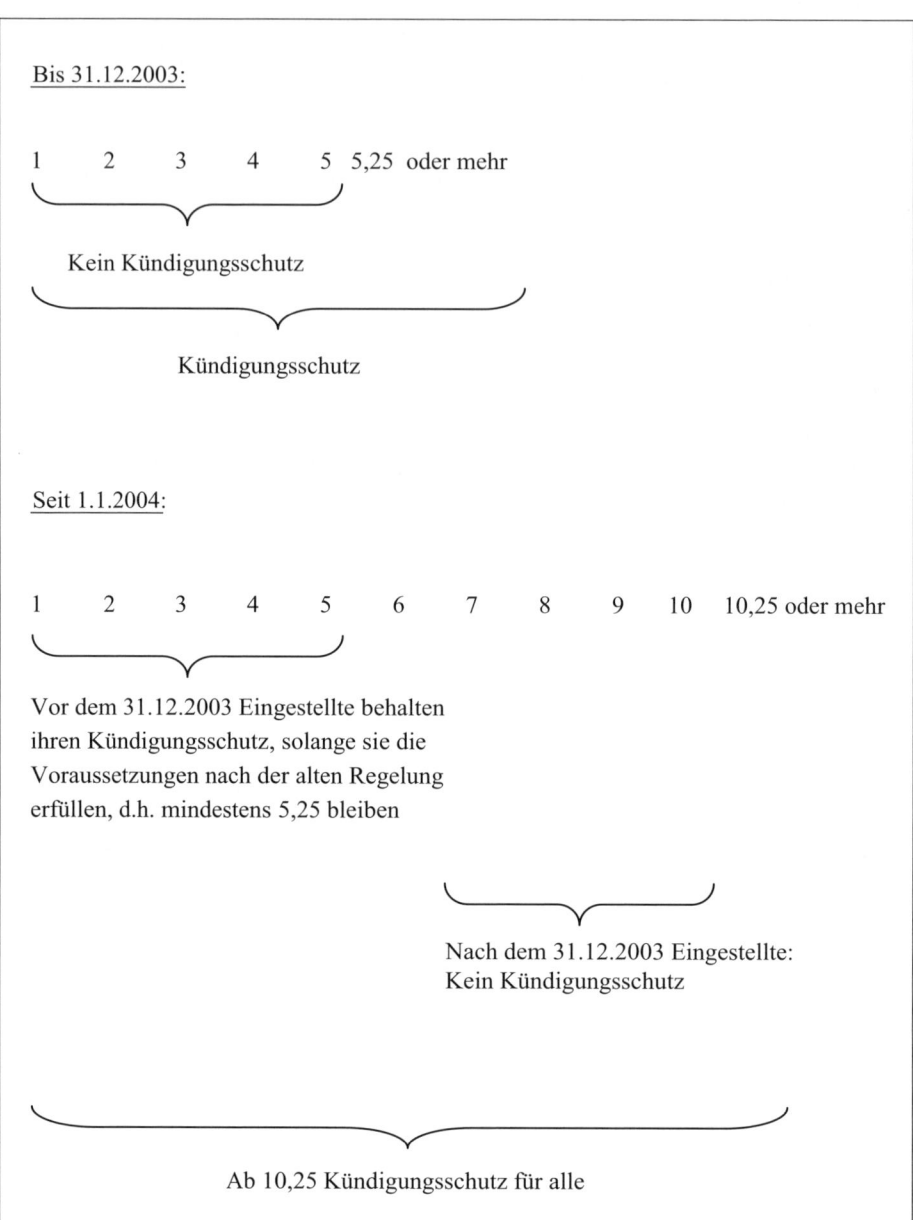

II. Übersicht: Anhörungsverfahren gem. §§ 102, 103 BetrVG

151

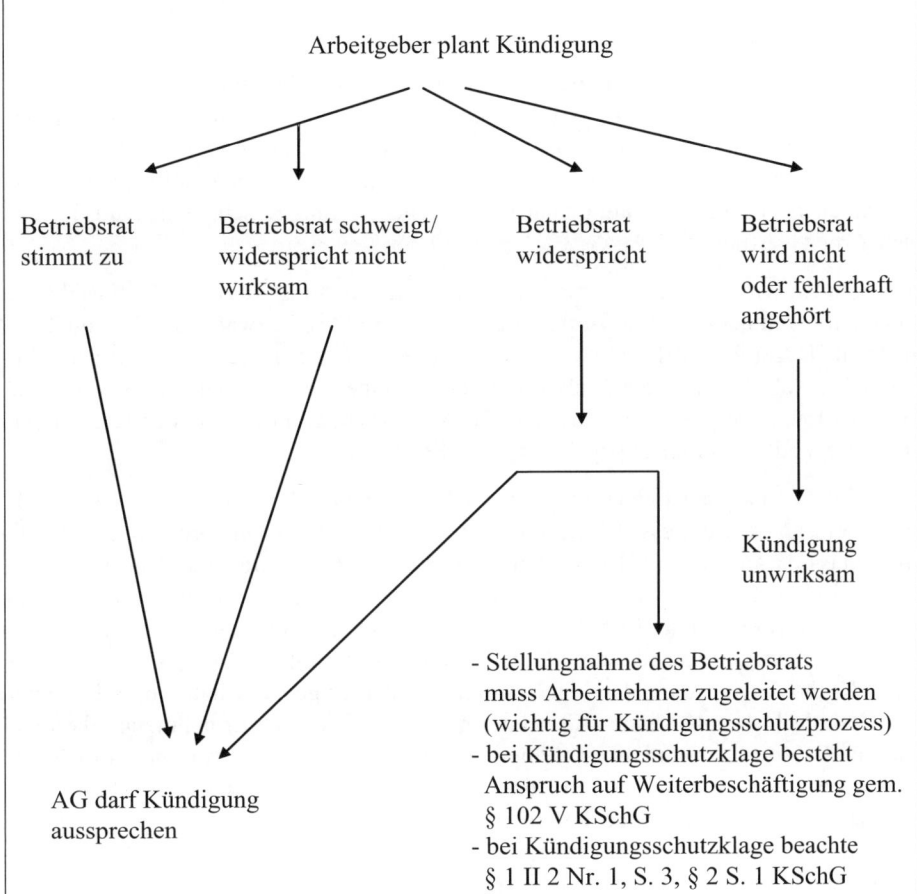

Vive la différence!

152 Alois Armbrüster (A) betreibt den Friseursalon „Alois Hairstyling" in der Passauer Stadtgalerie. Er beschäftigt 15 Arbeitnehmerinnen. Als er im Januar 2011 eine neue Arbeitskraft sucht, bewirbt sich bei ihm Kim Maria Huber (K). Nach dem äußeren Erscheinungsbild (Kleid, Make-up) hält A den 21-jährigen K eindeutig für eine Frau. Tatsächlich ist K jedoch männlichen Geschlechts. A und K schließen zum 1.2.2011 einen Arbeitsvertrag.

Im Folgenden wird K von A, seinen Kolleginnen und den fast ausschließlich weiblichen Kunden als Frau behandelt. K ist damit und mit seiner Arbeit zwar zufrieden, quält sich jedoch ab Dezember 2012 mit der Frage, ob er sich einer Geschlechtsumwandlung unterziehen soll. Diese Sorgen entwickeln sich zu einer neurotischen Depression. Während der Monate August und September 2013 (8 Wochen) unterzieht sich K einer stationären Behandlung in einer psychiatrischen Einrichtung.

Um „seine Damen" bei Laune zu halten, will A seinen Arbeitskräften im Januar 2014 ein gemeinsames Wellness-Wochenende im Passauer Hof spendieren. K nimmt dies zum Anlass, A am 10.12.2013 darüber aufzuklären, dass er ein Mann sei. Infolge der psychiatrischen Behandlung habe er neuen Lebensmut gefasst. Eine Geschlechtsumwandlung lehne er nun ab. Er habe sich vielmehr endgültig entschieden, auch nach seinem Erscheinungsbild wieder als Mann aufzutreten. A fühlt sich von K „verraten". Er erklärt K, dass er ihn niemals eingestellt hätte, wenn er gewusst hätte, dass K männlichen Geschlechts ist. K könne „für immer nach Hause gehen". Er nehme an, dass viele Kundinnen sich ohnehin nicht von einem Mann bedienen lassen wollten. Am nächsten Tag setzt er ein auf den 11.12.2013 datiertes Schreiben auf, in dem er erklärt, dass er das Vertragsverhältnis als „null und nichtig" betrachte, er wolle sich auf jeden Fall von K trennen. Falls es nicht anders gehe, wolle er K noch bis zum 15.1.2014 Lohn zahlen. Das Schreiben geht K am 13.12.2013 zu.

Frage: K möchte seinen Arbeitsplatz unbedingt behalten. Er, K, nehme fest an, dass A nach jedem möglichen Grund suchen werde, sich von ihm zu trennen. Er fragt Sie am 30.12.2013 um Rat, welche Maßnahmen er zum Erhalt seines Arbeitsplatzes ergreifen kann und ob diese Aussicht auf Erfolg hätten. Formulieren Sie auch einen entsprechenden Klageantrag!

Richtlinie 2006/54/EG des Europäischen Parlaments und des Rates vom 5. Juli 2006 zur Verwirklichung des Grundsatzes der Chancengleichheit und Gleichbehandlung von Männern und Frauen in Arbeits- und Beschäftigungsfragen (Neufassung)[1]

[...]

KAPITEL 3: Gleichbehandlung hinsichtlich des Zugangs zur Beschäftigung zur Berufsbildung und zum beruflichen Aufstieg sowie in Bezug auf die Arbeitsbedingungen

Artikel 14 Diskriminierungsverbot

(1) Im öffentlichen und privaten Sektor einschließlich öffentlicher Stellen darf es in Bezug auf folgende Punkte keinerlei unmittelbare oder mittelbare Diskriminierung aufgrund des Geschlechts geben:

a) die Bedingungen – einschließlich Auswahlkriterien und Einstellungsbedingungen – für den Zugang zur Beschäftigung oder zu abhängiger oder selbständiger Erwerbstätigkeit, unabhängig von Tätigkeitsfeld und beruflicher Position einschließlich des beruflichen Aufstiegs;

...

(2) Die Mitgliedstaaten können im Hinblick auf den Zugang zur Beschäftigung einschließlich der zu diesem Zweck erfolgenden Berufsbildung vorsehen, dass eine Ungleichbehandlung wegen eines geschlechtsbezogenen Merkmals keine Diskriminierung darstellt, wenn das betreffende Merkmal aufgrund der Art einer bestimmten beruflichen Tätigkeit oder der Bedingungen ihrer Ausübung eine wesentliche und entscheidende berufliche Anforderung darstellt, sofern es sich um einen rechtmäßigen Zweck und eine angemessene Anforderung handelt.

---

1   ABl. EG Nr. L-204/23.

Vorüberlegungen

153 **I.** Die Klausur ist als Anwaltsklausur ausgestaltet. Zu beachten ist, dass K bislang noch keine rechtlichen Schritte eingeleitet hat. Insbesondere ist unklar, auf welche Weise A versucht hat bzw. noch versuchen könnte, das Arbeitsverhältnis mit K zu beenden. Da K sich gegen jeden Versuch des A in dieser Richtung wehren möchte, sind alle denkbaren Vorgehensweisen des A zu berücksichtigen.

II. Wie in Fall 7 ist auch hier zu bedenken, dass der Anhang nicht nur dem Verständnis dienen soll, sondern in der Regel für eine vollständige Lösung erforderlich ist.

III. Der Bearbeiter wird weiter aufgefordert, einen Klageantrag zu formulieren. Diese Aufforderung ist nicht als eigene Aufgabe ausgestaltet, so dass es möglich (und eleganter) ist, die Formulierung des Klageantrags mit in die Zulässigkeitsprüfung aufzunehmen.

Gliederung

A. Zulässigkeit
I. Rechtswegeröffnung und sachliche Zuständigkeit
II. Örtliche Zuständigkeit
III. Klageantrag
IV. Feststellungsinteresse
V. Sonstige Zulässigkeitsvoraussetzungen
VI. Ergebnis zu A.

B. Begründetheit
I. Arbeitsvertrag
II. Anfechtung
1. Anfechtung wegen Eigenschaftsirrtums
2. Anfechtung wegen arglistiger Täuschung
3. Ergebnis zu II.
III. Kündigung
1. Kündigungserklärung und Form
2. Präklusion
3. Außerordentliche Kündigung
4. Ordentliche Kündigung
a) Kündigungsfrist
b) Soziale Rechtfertigung der Kündigung
aa) Anwendbarkeit des KSchG
bb) Rechtfertigung der Kündigung
cc) Ergebnis zu 4.
c) Ergebnis zu III.
IV. Ergebnis zu B.

C. Ergebnis

Lösung²

Die Äußerungen und das Schreiben des A können als **Kündigung** und als **Anfechtung** **154** des Arbeitsvertrages angesehen werden. Für einen Erhalt seiner Rechte bezüglich der Kündigung ist es wichtig, dass K innerhalb der dreiwöchigen Frist der §§ 4, 7 KSchG Klage erhebt. Dabei sollte K einen Antrag dahingehend stellen, dass das Gericht feststellt, dass das Arbeitsverhältnis zwischen K und A nicht durch die Kündigung beendet und auch nicht durch eine Anfechtung aufgelöst wurde.

Eine entsprechende Klage des K wäre erfolgreich, wenn sie zulässig und begründet wäre.

A. Zulässigkeit

I. Rechtswegeröffnung und sachliche Zuständigkeit

Die Parteien streiten über das Bestehen oder Nichtbestehen eines Arbeitsverhältnisses. Damit ist gem. § 2 I Nr. 3 lit. b) ArbGG der Rechtsweg zu den Arbeitsgerichten eröffnet und die sachliche Zuständigkeit gegeben.

II. Örtliche Zuständigkeit

Die örtliche Zuständigkeit (Gerichtsstand) wird durch die §§ 48 Ia, 46 II ArbGG, §§ 12 ff. ZPO bestimmt. Nach § 48 Ia ArbGG ist u. a. das Gericht zuständig, in dessen Bezirk der Arbeitnehmer gewöhnlich seine Arbeit verrichtet. Damit ist das Arbeitsgericht Passau örtlich zuständig.

III. Klageantrag

A könnte zur Beendigung des Arbeitsverhältnisses eine Kündigung und bzw. oder eine **155** Anfechtung erklärt haben. Im Übrigen befürchtet K, dass A alles tun wird, um sich von ihm zu trennen. A sollte sich daher mit dem Klageantrag gegen die Anfechtung und gegen die Kündigung und ggf. auch gegen weitere Kündigungen zur Wehr setzen.

Gegen eine schriftliche Kündigung kann sich der Arbeitnehmer nur durch einen Kündigungsschutzantrag gem. § 4 S. 1 KSchG schützen. K muss daher beantragen, dass das Gericht feststellt, dass das Arbeitsverhältnis durch die Kündigung vom 11.12.2013 nicht aufgelöst wurde.

> **Exkurs/Vertiefung:** Auch in der Erklärung des A vom 10.12.2013 könnte eine Kündigungserklärung liegen. Diese Erklärung wurde jedoch nur mündlich abgegeben und wäre damit als Kündigung unwirksam gem. § 623 BGB i.V.m. § 125 S. 1 BGB. Eine Präklusion droht nicht. Die Präklusionsfrist beginnt erst ab Zugang der Kündigung in Schriftform, § 4 S. 1 KSchG.

---

2 Fall nach BAG (Urt. v. 21.2.1991) AP Nr. 35 zu § 123 BGB.

> Das bedeutet, dass K sich jederzeit auch noch im Prozess auf die Unwirksamkeit berufen könnte. Daher wäre es sehr unwahrscheinlich, dass sich A in einem Prozess auf den Standpunkt stellt, diese Erklärung sei als Kündigung auszulegen.

Gegenstand der Klage ist aber nur die konkrete Kündigung vom 11.12.2013. Das Gericht befindet nicht allgemein über das Bestehen des Arbeitsverhältnisses. Daher spricht man auch vom punktuellen Streitgegenstand der Kündigungsschutzklage. Das bedeutet, dass K einen weiteren Antrag stellen muss, wenn das Gericht feststellen soll, dass das Arbeitsverhältnis nicht durch eine Anfechtung beendet wurde. Dafür ist erforderlich, dass K eine allgemeine Feststellungsklage gemäß § 46 II ArbGG i. V. m. §§ 495, 256 ZPO erhebt mit dem Antrag, das Gericht möge feststellen, dass sein Arbeitsverhältnis nicht beendet wurde. Weiter hat K die Möglichkeit, den Kündigungsschutzantrag so zu erweitern, dass das Gericht auch über mögliche spätere Kündigungen des A noch entscheidet. Dafür kann K den Antrag der Kündigungsschutzklage um den Zusatz „und über den Termin der letzten mündlichen Verhandlung hinaus fortbesteht" erweitern (sog. kombinierter Kündigungsschutz- und Fortbestehensantrag, „Schleppnetzantrag").[3] Durch den Fortbestehensantrag wird auch die Prüfung der Anfechtung durch das Gericht erreicht. Daher sollte der Klageantrag des K lauten: „Es wird festgestellt, dass das Arbeitsverhältnis zwischen K und A nicht durch die Kündigung vom 11.12.2013 aufgelöst worden ist und über den Termin der letzten mündlichen Verhandlung hinaus fortbesteht."

> **Exkurs/Vertiefung:** K würde also eine punktuelle Kündigungsschutzklage und gleichzeitig eine allgemeine Feststellungsklage geltend machen. Diese Klagen sind vor demselben Gericht zu erheben und richten sich gegen denselben Beklagten, so dass eine **Anspruchshäufung gem. § 46 II ArbGG, § 260 ZPO** vorliegt.[4]

IV.   Feststellungsinteresse

156   Gem. § 256 I ZPO, § 46 II 1 ArbGG ist auch eine Kündigungsschutzklage als Feststellungsklage nur zulässig, wenn ein besonderes Feststellungsinteresse besteht. Dies ist bezüglich der Kündigung wegen der drohenden Präklusion gem. § 7 KSchG gegeben.

> **Exkurs/Vertiefung:** Da sich die Präklusion gem. §§ 4 S. 1, 7 KSchG nach § 13 KSchG auf alle Kündigungen, nach § 23 I 2 KSchG auf alle Betriebe und nach § 4 S. 1 KSchG auf alle Unwirksamkeitsgründe erstreckt, braucht die Anwendbarkeit des KSchG an dieser Stelle nicht geprüft zu werden.
>
> Die Präklusionsfrist ist an dieser Stelle ebenfalls nicht zu erörtern, da es sich um eine materielle Präklusion handelt.[5]

---

3   BAG (Urt. v. 12.5.2005) AP Nr. 53 zu § 4 KSchG 1969.
4   BAG (Urt. v. 12.5.2005) AP Nr. 53 zu § 4 KSchG 1969.
5   BAG (Urt. v. 24.6.2004) AP Nr. 22 zu § 620 BGB Kündigungserklärung.

Für den Fortbestehensantrag, der ein allgemeiner Feststellungsantrag ist, muss gem. § 256 I ZPO, § 46 II 1 ArbGG ebenfalls ein Feststellungsinteresse gegeben sein. Ein solches liegt vor, soweit der Arbeitnehmer vortragen kann, dass neben der Kündigung vom 11.12.2013 weitere Beendigungstatbestände in Betracht kommen. Dies ist bereits dadurch gegeben, dass A möglicherweise auch eine Anfechtung erklärt haben könnte.

V. Sonstige Zulässigkeitsvoraussetzungen

Es sind keine Hinweise dafür ersichtlich, dass sonstige Zulässigkeitsvoraussetzungen, insbesondere die instanzielle Zuständigkeit des Arbeitsgerichts (§ 8 ArbGG), die Parteifähigkeit (§ 46 II ArbGG, § 50 ZPO), die Prozessfähigkeit (§ 46 II ArbGG, §§ 51 I, 52 ZPO) und die Postulationsfähigkeit (§ 11 ArbGG) nicht gegeben wären.

VI. Ergebnis zu A.

Die Klage ist zulässig.

B. Begründetheit

Die Klage wäre begründet, wenn zwischen A und K ein Arbeitsverhältnis besteht und dieses nicht durch Kündigung und nicht durch Anfechtung beendet worden ist.

I. Arbeitsvertrag

Zwischen A und K ist ein Arbeitsvertrag zustande gekommen.

II. Anfechtung

Der Arbeitsvertrag könnte jedoch durch Anfechtung nach § 142 I BGB mit ex-nunc-Wirkung erloschen sein.

1. Anfechtung wegen Eigenschaftsirrtums

a) Der Arbeitsvertrag könnte durch Anfechtung wegen Eigenschaftsirrtums gem. § 119 **157** II BGB erloschen sein. Dann müsste A eine Anfechtungserklärung nach § 143 I BGB abgegeben haben. Die mündliche Äußerung des A vom 10.12.2013, dass er K niemals eingestellt hätte, wenn ihm bekannt gewesen wäre, dass K ein Mann sei, und dass K „für immer nach Hause gehen" könne, kann als Anfechtungserklärung ausgelegt werden (§§ 133, 157 BGB). Die Erklärung ist formfrei. Sie wurde gegenüber K als Vertragspartner und damit gegenüber dem richtigen Anfechtungsgegner erteilt (§ 143 II BGB). Die Anfechtung erfolgte auch unverzüglich und damit fristgerecht gem. § 121 I 1 BGB.

> **Exkurs/Vertiefung:** Wichtig ist, dass der Bearbeiter erkennt, dass die Anfechtung mündlich erfolgen kann, und A eine entsprechende Erklärung bereits am 10.12.2013 abgegeben hat. Aus dieser zeitlichen Abfolge ergibt sich auch der Prüfungsaufbau.

158 **b)** Fraglich ist jedoch, ob auch ein Anfechtungsgrund gem. § 119 II BGB, d. h. ein Irrtum über eine im Verkehr wesentliche Eigenschaft des K, vorlag. Ausreichend ist ein Irrtum über eine Person, wobei diese Person auch die des Vertragspartners, hier also K, sein kann. Eigenschaft ist dabei jeder Umstand, der einer Sache bzw. einer Person unmittelbar und auf Dauer anhaftet und für ihre Wertschätzung erheblich ist. Das Geschlecht eines Menschen ist grundsätzlich eine Eigenschaft im Sinne der Norm.

Problematisch erscheint allerdings, ob es sich um eine **im Verkehr wesentliche** Eigenschaft handelt. Dabei ist zur Bestimmung der Verkehrswesentlichkeit von dem konkreten Rechtsgeschäft zwischen den Vertragsparteien auszugehen, also von der Einstellung des K in einem Friseurbetrieb. Zum maßgeblichen Zeitpunkt des Vertragsschlusses mag es für A wichtig gewesen sein, eine Frau einzustellen. Dafür könnte sprechen, dass er neben K nur Frauen beschäftigt. K war damit möglicherweise einverstanden, da er A als Frau gegenüber getreten ist. Ob die von K hingenommenen subjektiven Wünsche oder Vorstellungen des A die Verkehrswesentlichkeit bestimmen können, ist indes fraglich. Dies hängt davon ab, ob dieser Begriff eher subjektiv, also anhand der Parteivereinbarung, oder eher objektiv auszulegen ist. Die Auslegung einer gesetzlichen Norm kann anhand des Wortlauts, der Gesetzgebungsgeschichte, der Systematik oder des Gesetzeszwecks erfolgen.

159 Diese Auslegungsfaktoren könnten jedoch für den Begriff „im Verkehr … wesentlich" in § 119 II BGB im Kontext des Abschlusses von Arbeitsverträgen zurücktreten müssen. Dies wäre der Fall, wenn der Begriff aus anderen Gründen so ausgelegt werden müsste, dass das Geschlecht in der Regel bei der Einstellung keine verkehrswesentliche Eigenschaft sein darf. Dabei sind §§ 1, 2 I Nr. 1, 3 I AGG sowie Art. 14 I a) Richtlinie 2006/54 zur Verwirklichung des Grundsatzes der Chancengleichheit und Gleichbehandlung in Arbeits- und Beschäftigungsfragen von Männern und Frauen und weiter der allgemeine primärrechtliche Grundsatz der Gleichbehandlung von Männern und Frauen bezüglich aller Arbeitsbedingungen sowie schließlich Art. 3 III 1 GG zu berücksichtigen.

> **Exkurs/Vertiefung:** Anhand des Anhangs zur Klausur sollte der Bearbeiter erkennen, dass unionsrechtliche Bestimmungen eine Rolle spielen. Es besteht jedoch keine Veranlassung, § 119 II BGB für unionswidrig zu erklären, soweit das nationale Recht eine unionsrechtskonforme Auslegung zulässt.
>
> Gerade bei der Geschlechterdiskriminierung kann sich eine solche Auslegung auch als sog. verfassungskonforme Auslegung ergeben.
>
> Möglich ist auch, wie das BAG in der Entscheidung vom 21.2.1991[6], mit dem Schutzzweck des Transsexuellengesetzes (TSG) zu argumentieren. Allerdings ist nach dem Sachverhalt offen, ob K die Voraussetzungen des § 1 I Nr. 1 TSG erfüllt.
>
> Im Übrigen hat der Bearbeiter bei der Auslegung einen weiten Darstellungsspielraum, solange er sich im Rahmen der zulässigen Methodik hält. Im Rahmen eines Gutachtens ist es wichtig, alle denkbaren Auslegungsansätze aufzuzeigen.

---

6 BAG AP Nr. 35 zu § 123 BGB.

Wenn nach **§§ 1, 2 I Nr. 1, 3 I AGG** das Geschlecht bei der Einstellung in aller Regel (§ 8 I AGG) nicht als relevantes Kriterium berücksichtigt werden darf, wäre es widersprüchlich, wenn sich der Arbeitgeber im Rahmen des § 119 II BGB auf dieses Merkmal stützen könnte, um den Arbeitsvertrag anzufechten. Der Grundsatz der Einheitlichkeit der Rechtsordnung spricht dafür, dieses Merkmal dahingehend auszulegen, dass die in § 1 AGG genannten Merkmale nur dann als im Verkehr wesentlich angesehen werden können, wenn ausnahmsweise die Voraussetzungen des § 8 I AGG vorliegen.

Weiter muss § 119 II BGB **unionsrechtskonform ausgelegt** werden. Gem. Art. 288 III **160** und Art. 4 III 3 EUV ist Deutschland als Mitgliedstaat der EU zur Umsetzung von EU-Richtlinien verpflichtet. Die Auslegung nationalen Rechts muss sich daher an dem Sinn und Zweck orientieren, den die Union mit der jeweiligen Richtlinie verfolgt. Da **Art. 14 I a) der Richtlinie 2006/54** die Berücksichtigung des Geschlechts bei der Einstellung im Grundsatz (vgl. Art. 14 II der Richtlinie 2006/54) verbietet, zwingt die notwendige richtlinienkonforme Auslegung zu einer entsprechenden teleologischen Reduktion des § 119 II BGB. Diese führt zu dem bereits oben beschriebenen Auslegungsergebnis, nach dem das Geschlecht bei Abschluss des Arbeitsvertrages grundsätzlich keine im Verkehr wesentliche Eigenschaft darstellt.

Das gleiche Ergebnis folgt auch aus dem primärrechtlichen Grundsatz der Gleichbe- **161** handlung von Männern und Frauen bezüglich aller Arbeitsbedingungen als einem **allgemeinen Grundsatz des Unionsrechts**.

Exkurs/Vertiefung: Vgl. Repetitorium zu Fall 2 (Rz. 39).

Dieser Grundsatz reicht jedoch nicht weiter als der Anwendungsbereich des Unionsrechts.[7] Das bedeutet, dass die im Streit stehende nationale Norm in den Anwendungsbereich einer Richtlinie fallen und die möglicherweise diskriminierende Maßnahme nach Ablauf der Umsetzungsfrist der Richtlinie erfolgt sein muss. Vorliegend regelt § 119 II BGB eine Bedingung gem. Art. 14 I a) der Richtlinie 2006/54. Die Maßnahme, d. h. die Anfechtung des Arbeitsvertrags, erfolgte auch nach Ablauf der Umsetzungsfrist der Richtlinie (15.8.2008).[8]

Nach § 8 AGG sowie nach Art. 14 II der Richtlinie 2006/54 könnte das Geschlecht aber als verkehrswesentlich nach § 119 II BGB angesehen werden, wenn das weibliche Geschlecht eine wesentliche und entscheidende berufliche Anforderung für die auszuübende Tätigkeit darstellte und die Benachteiligung männlicher Bewerber zudem verhältnismäßig wäre. Indes können Männer wie Frauen die Tätigkeit des Friseurs ausüben. Angesichts der Tatsache, dass viele, gerade auch bekannte Friseure männlichen Geschlechts sind, ist auch nicht davon auszugehen, dass die Kunden erwarten, dass eine weibliche Kraft sie bedient. Ob die Kundenerwartungen im Allge-

---

7 EuGH (Urt. v. 19.1.2010 – Rs. C-555/07) NJW 2010, 427 (Rz. 23 ff.) – Kücükdeveci.
8 Vgl. Art. 33 der Richtlinie 2006/54. Der Bearbeiter der Klausur kann unproblematisch vom Ablauf der Umsetzungsfrist ausgehen.

meinen oder im konkreten Geschäft des A Berücksichtigung finden können, braucht daher nicht entschieden zu werden.

Ob § 119 II BGB auch in dieser Weise verfassungskonform gem. Art. 3 III 1 GG ausgelegt werden müsste, ist zweifelhaft. Grundsätzlich sind die Grundrechte nur Abwehrrechte gegen den Staat. Eine mittelbare Wirkung der Grundrechte ist allerdings möglich. Selbst wenn eine verfassungskonforme Auslegung hier angezeigt wäre, würde sie jedoch nicht zu einem anderen Auslegungsergebnis führen.

c) Da A mithin nicht über eine im Verkehr wesentliche Eigenschaft irrte, scheidet eine Anfechtung gem. § 119 II BGB aus.

2. Anfechtung wegen arglistiger Täuschung

162   Der Arbeitsvertrag könnte aber aufgrund einer Anfechtung wegen arglistiger Täuschung gem. § 123 I BGB nichtig sein. Eine gegenüber K als richtigem Anfechtungsgegner abgegebene Anfechtungserklärung liegt vor (vgl. § 143 I, II BGB). Die Erklärung erfolgte auch fristgerecht (§ 124 BGB). Weiter wäre auf der objektiven Tatbestandsebene erforderlich, dass K durch die Vorspiegelung falscher Tatsachen bei A einen Irrtum erregte und ihn dadurch zur Abgabe einer Willenserklärung veranlasste. Indem K nach seinem äußeren Erscheinungsbild als Frau gegenüber A im Bewerbungsgespräch auftrat, rief er bei A durch aktives Tun die Fehlvorstellung hervor, er, K, sei eine Frau. Dadurch wurde A zum Abschluss des Arbeitsvertrages veranlasst. K handelte vorsätzlich und damit arglistig i. S. des § 123 I BGB.

Fraglich ist allerdings, ob die Täuschung des K **widerrechtlich** war. Das Merkmal der Widerrechtlichkeit ist zwar in § 123 I BGB nur bezüglich der Drohung angeführt. Dies liegt jedoch daran, dass der Gesetzgeber davon ausging, dass eine arglistige Täuschung ohnehin stets rechtswidrig sei.[9] Es hat sich jedoch gezeigt, dass dies nicht zutrifft. Die Norm ist damit zu weit gefasst; sie muss nach Ansicht der Rechtsprechung für Fälle, in denen eine rechtmäßige Täuschung vorliegt, teleologisch reduziert werden.[10] Die Widerrechtlichkeit sei daher z. B. abzulehnen, wenn der Arbeitnehmer im Bewerbungsgespräch auf eine **Frage des Arbeitgebers** unrichtig antworte, sofern der Arbeitgeber an der Beantwortung dieser Frage kein **berechtigtes, billigenswertes und schutzwürdiges Interesse** habe.[11] Ein solches Interesse bestehe nur, wenn die Tatsachen, nach denen der Arbeitgeber frage, geeignet seien, die Erfüllung der arbeitsvertraglichen Pflichten unmöglich zu machen oder wenn diesen Tatsachen sonst für den Arbeitsplatz ausschlaggebende Bedeutung zukomme.[12] In Bezug auf sonstige Tatsachen hat der Arbeitnehmer also ein **„Recht auf Lüge"**.[13]

---

9   Motive bei *Mugdan*, Die gesamten Materialien zum BGB, Bd. I, 1899, Kom. Ber., S. 965.
10   BAG (Urt. v. 21.2.1991) AP Nr. 35 zu § 123 BGB.
11   BAG (Urt. v. 6.2.2003) AP Nr. 21 zu § 611a BGB.
12   BAG (Urt. v. 21.2.1991) AP Nr. 35 zu § 123 BGB.
13   MünchKomm/*Armbrüster*, 6. Aufl., 2012, § 123 Rz. 41 ff. Einschränkend *U. Huber*, Karlsruher Forum 2000 (2001), S. 5 (12 ff.).

A hat K allerdings nicht die Frage gestellt, ob er weiblichen Geschlechts sei. Vielmehr hat K dies ohne Nachfrage durch sein Erscheinungsbild (Make-up, Kleidung) konkludent erklärt. Dies ändert jedoch am Maßstab der Widerrechtlichkeit nichts. A müsste an der Offenbarung der Tatsache, dass K ein (transsexueller) Mann sei, ein berechtigtes Interesse gehabt haben. Hier zeigt jedoch die Tatsache, dass der Arbeitsvertrag knapp drei Jahre lang durchgeführt wurde, ohne dass diese Eigenschaften eine Rolle gespielt hätten, dass K in der Lage war, seine arbeitsvertraglichen Pflichten zu erfüllen.

Selbst wenn man für die Anfechtung wegen arglistiger Täuschung keine Widerrechtlichkeit voraussetzte oder annähme, A hätte ein berechtigtes Interesse an der Offenbarung der Tatsachen, würde nach den unter II. 2. a) beschriebenen Grundsätzen kein anderes Ergebnis in Betracht kommen. Die unionsrechtskonforme Auslegung zwingt dazu, die Widerrechtlichkeit der arglistigen Täuschung zu verneinen, wenn sich die Täuschung auf ein Merkmal bezieht, nach welchem keine ungünstigere Behandlung erfolgen darf. Eine Täuschung würde also nur zur Anfechtung berechtigen, wenn ausnahmsweise das Merkmal eine wesentliche und entscheidende berufliche Anforderung darstellte und der Verhältnismäßigkeitsgrundsatz gewahrt wäre (vgl. Art 14 II der Richtlinie 2006/54, § 8 I AGG). Das ist jedoch nicht der Fall.

Eine Anfechtung nach § 123 I BGB scheidet damit ebenfalls aus.

3. Ergebnis zu II.

Der Arbeitsvertrag ist nicht durch Anfechtung erloschen.

III. Kündigung

Der Arbeitsvertrag könnte jedoch durch Kündigung beendet worden sein.

1. Kündigungserklärung und Form

Es müsste eine Kündigungserklärung vorliegen. Ob die Erklärung des A vom **163** 10.12.2013 als Kündigungserklärung auszulegen ist, kann dahinstehen, da diese Erklärung nur mündlich abgegeben wurde und daher als Kündigungserklärung gem. §§ 623, 125 S. 1 BGB unwirksam wäre. Am 11.12.203 hat A jedoch ein Schreiben aufgesetzt, nach dem er das Vertragsverhältnis als „null und nichtig" ansehe und er sich auf jeden Fall von K trennen wolle. Darin kann eine formwirksame Kündigungserklärung gesehen werden. Die Kündigung ist K auch am 13.12.2013 zugegangen.

Exkurs/Vertiefung: Fraglich könnte allerdings sein, ob A aus denselben Gründen eine Anfechtung wie eine Kündigung erklären kann. Grundsätzlich kann der Arbeitgeber nach Ansicht des BAG durch ein und denselben Sachverhalt sowohl zur Anfechtung als auch zur außerordentlichen und zur ordentlichen Kündigung berechtigt sein. Dem Arbeitgeber stünde ein Wahlrecht zu.[14] Möglicherweise könnten hier die Erklärungen des A als Anfechtung sowie

---

14 BAG (Urt. v. 16.12.2004) AP Nr. 64 zu § 123 BGB; BAG (Urt. v. 21.2.1991) AP Nr. 35 zu § 123 BGB.

„hilfsweise" – für den Fall, dass die Anfechtung nicht erfolgreich ist – als Kündigung zu verstehen sein. Ob eine solche Kombination von Anfechtung und Kündigung möglich ist, kann vorliegend jedoch dahinstehen. Da K bislang keine Klage erhoben hat, ist noch unklar, ob A sich in einem späteren Prozess darauf beruft, eine Anfechtung, eine Kündigung oder eine Kombination von beidem ausgesprochen zu haben. Zur Prüfung der Erfolgsaussichten einer Klage des K müssen alle Alternativen berücksichtigt werden.

2. Präklusion

Eine Kündigungsschutzklage wäre nicht mehr erfolgversprechend, wenn K bereits mit etwaigen Unwirksamkeitsgründen präkludiert wäre. Die dreiwöchige Frist der §§ 4, 7 KSchG begann am 14.12.2013 (§ 187 I BGB) und endet gem. § 188 II BGB am 3.1.2014. Sie ist damit am 30.12.2013 noch nicht abgelaufen, so dass die Klage noch rechtzeitig erhoben werden kann.

3. Außerordentliche Kündigung

A erklärt mit dem Schreiben vom 11.12.2013, er wolle sich auf jeden Fall von K trennen und, falls es anders nicht gehe, sei er bereit, K bis zum 15.1.2014 Lohn zahlen. Die Erklärung des A ist dahin auszulegen (§§ 133, 157 BGB), dass er in erster Linie eine außerordentliche Kündigung anstrebt.

Eine solche Kündigung ist nur unter den Voraussetzungen des § 626 BGB zulässig. Danach müsste ein wichtiger Grund vorliegen, der es für A unzumutbar macht, das Arbeitsverhältnis noch bis zum Auflauf der Kündigungsfrist fortzusetzen. Solche Gründe sind hier nicht ersichtlich.

Exkurs/Vertiefung: Dies kann an dieser Stelle kürzer gehalten werden, da etwaige Kündigungsgründe noch unter 4. (Rz. 164) problematisiert werden. Wenn diese Gründe schon für eine ordentliche Kündigung nicht ausreichen, können sie erst recht keine außerordentliche Kündigung rechtfertigen. Die möglichen Kündigungsgründe können aber auch hier problematisiert werden. Es sollten dann jedoch keine unnötigen Wiederholungen erfolgen.

4. Ordentliche Kündigung

164 A erklärt in seinem Schreiben vom 11.12.2013, dass er, falls es nicht anders gehe, bereit sei, K bis zum 15.1.2014 Lohn zu zahlen. Damit hat er deutlich gemacht, dass er im Falle der Unwirksamkeit der außerordentlichen Kündigung eine ordentliche Kündigung aussprechen will. Dieses Auslegungsergebnis folgt bereits aus dem Wortlaut der Erklärung. Eine Umdeutung gem. § 140 BGB ist nicht erforderlich.

Exkurs/Vertiefung: Zwar ist eine Kündigung als gestaltende Willenserklärung bedingungsfeindlich. Hier liegt jedoch eine zulässige Rechtsbedingung (Unwirksamkeit der außerordentlichen Kündigung) vor.

a) Kündigungsfrist

Fraglich ist, ob A die Kündigung mit zutreffender Kündigungsfrist erklärt hat. Das Arbeitsverhältnis zwischen A und K besteht seit dem 1.2.2011 und somit zum Zeitpunkt der Kündigung mehr als zwei Jahre. Damit beträgt die Kündigungsfrist nach § 622 II 1 Nr. 1 BGB einen Monat zum Ende des Kalendermonats. Eine ordentliche Kündigung des K ist damit frühestens zum 31.1.2014 möglich. Ein anderes Ergebnis folgt auch nicht aus § 622 II 2 BGB. Zwar erfolgte die Beschäftigung vor Vollendung des 25. Lebensjahres. Die Norm verstößt jedoch gegen den unionsrechtlichen Grundsatz des Verbots der Altersdiskriminierung. Sie enthält eine nicht gerechtfertigte unmittelbare Diskriminierung wegen des Alters. Der EuGH hat daher mit Urteil vom 19.1.2010[15] entschieden, dass eine Norm wie § 622 II 2 BGB vom nationalen Richter nicht angewendet werden darf. Mit der Kündigung zum 15.1.2014 hat A somit die erforderliche Kündigungsfrist nicht eingehalten. Daraus folgt aber nicht, dass die Kündigung unwirksam wäre. Nach der Rechtsprechung des BAG[16] wird die Kündigung als wirksam angesehen. Statt der zu kurz bemessenen Kündigungsfrist beginnt die richtige Kündigungsfrist zu laufen.

b) Soziale Rechtfertigung der Kündigung

Die **ordentliche Kündigung** könnte gem. § 1 I KSchG unwirksam sein, wenn sie nicht sozial gerechtfertigt wäre.

aa) Anwendbarkeit des KSchG

Dies setzt die Anwendbarkeit des KSchG voraus. Bei dem Betrieb des A handelt es sich nicht um einen Kleinbetrieb gem. § 23 KSchG, denn A beschäftigt 16 Arbeitnehmer. K ist ferner, wie nach § 1 KSchG erforderlich, seit mehr als sechs Monaten in dem Friseursalon beschäftigt. Das KSchG ist damit in betrieblicher wie personeller Hinsicht anwendbar.

bb) Rechtfertigung der Kündigung

Hier kommt eine soziale Rechtfertigung aus verhaltensbedingten Gründen oder aus personenbedingten Gründen gem. § 1 II 1, 1. bzw. 2. Alt. KSchG in Betracht.

Die verhaltensbedingten Gründe könnten darin zu sehen sein, dass K bei der Einstellung nicht offenbarte, dass er ein als Frau auftretender Mann war und entsprechend bei A arbeitete.

Die personenbedingten Gründe könnten sich daraus ergeben, dass K in Zukunft als – auch dem Erscheinungsbild nach als solcher auftretender – Mann für die Bedienung in einem Friseursalon mit überwiegend weiblicher Kundschaft nicht geeignet sein könnte. Weiter könnte sich ein solcher Grund aus der ca. zweimonatigen Krankheit des K ergeben.

15 EuGH (Urt. v. 19.1.2010 – Rs. C-555/07) Slg. 2010 I, NJW 2010, 427 (Rz. 21) – Kücükdeveci.
16 BAG (Urt. v. 18.4.1985) AP Nr. 20 zu § 622 BGB.

> **Exkurs/Vertiefung:** Nach Ansicht des BAG muss ein Lebenssachverhalt (hier: das Auftreten des K als Frau), der mehreren Gründen der sozialen Rechtfertigung unterfallen könnte (sog. **Mischtatbestand**), zwingend einem Grund zugeordnet werden (hier also verhaltensbedingte **oder** personenbedingte Kündigung). Bei unterschiedlichen Lebenssachverhalten (Auftreten des K als Frau/Krankheit des K, sog. **Doppeltatbestand**) kann sich der Arbeitgeber auf mehrere Kündigungsgründe (hier z. B. verhaltensbedingte **und** personenbedingte Kündigung) stützen.[17] Auf dieses Problem muss jedoch hier nicht eingegangen werden, da noch offen ist, auf welche, die Kündigung möglicherweise rechtfertigenden Umstände sich A im Falle einer Klage des K beriefe.

166 **(1)** Ein **verhaltensbedingter Kündigungsgrund** setzt ein schuldhaftes Fehlverhalten voraus. Ein solches lag nicht vor. K war berechtigt, zum Zeitpunkt des Vertragsschlusses und im Laufe des Arbeitsverhältnisses als Frau aufzutreten (vgl. II. 1. und 2., Rz. 157 bis 162).

Ein anderes Ergebnis lässt sich auch nicht der sog. Bereichsausnahme des § 2 IV AGG entnehmen. Aus dieser Norm ergibt sich nicht etwa, dass Diskriminierungen im Rahmen von Kündigungen nicht berücksichtigt werden dürften. Vielmehr soll nach Ansicht des BAG der vom Unionsrecht geforderte Diskriminierungsschutz im Kündigungsrecht nach Maßgabe des Kündigungsschutzgesetzes verwirklicht werden.[18]

> **Exkurs/Vertiefung:** Ob der vom Unionsrecht geforderte Schutz vor Diskriminierungen tatsächlich durch das Kündigungsschutzrecht verwirklicht werden kann, bleibt indes fraglich. Könnte A z. B. K personenbedingt wegen Krankheit kündigen (dazu sogleich), wäre die Kündigung wirksam. Dass A den K auch – diskriminierend – kündigt, weil er ihn als Mann nicht beschäftigen will, hindert die Kündigung wegen Krankheit nicht. Gem. § 2 IV AGG ist es K aber auch verwehrt, für die diskriminierende Kündigung Schadensersatz oder Entschädigung gem. § 15 I und II AGG zu verlangen. Damit bliebe die Benachteiligung für A folgenfrei. Dies genügt nicht den Anforderungen, die das Unionsrecht stellt. Ob eine unionsrechtskonforme Auslegung möglich ist, bleibt zweifelhaft.[19]

167 **(2)** Eine **personenbedingte Kündigung** setzt nach der Rechtsprechung zunächst voraus, dass der Arbeitnehmer die erforderliche **Eignung oder Fähigkeit** nicht (mehr) besitzt, um zukünftig die geschuldete Arbeitsleistung – ganz oder teilweise – zu erbringen **(negative Prognose)**. Die Erfüllung der arbeitsvertraglichen Pflichten muss durch einen in der Sphäre des Arbeitnehmers liegenden Umstand nicht nur vorübergehend zumindest teilweise unmöglich sein.

Dies ist in Bezug auf die Tatsache, dass K die Kunden des A in Zukunft auch seinem Erscheinungsbild nach als Mann bedienen will, abzulehnen.

---

17 Für Letzteres BAG (Urt. v. 18.9.2008) NZA 2009, 425; a.A. ErfK/*Oetker*, § 1 KSchG Rz. 95 m.w.Nachw.
18 BAG (Urt. v. 6.11.2008) AP Nr. 182 zu § 1 KSchG 1969 Betriebsbedingte Kündigung.
19 Vgl. zu dieser Diskussion ErfK/*Schlachter*, § 2 AGG Rz. 16 f. m.w.Nachw.

Eine personenbedingte Kündigung könnte jedoch wegen der ca. zweimonatigen Krankheit des K gerechtfertigt sein. Die krankheitsbedingte Kündigung setzt voraus, dass eine negative Prognose bezüglich der Krankheit vorliegt, so dass die zukünftige ordnungsgemäße Arbeitsleistung des Arbeitnehmers nicht erwartet werden kann. Durch die Nichtleistung infolge der Krankheit muss eine **erhebliche Beeinträchtigung der Arbeitgeberinteressen** zu erwarten sein. Zudem muss die Kündigung auch nach einer umfassenden Interessenabwägung noch gerechtfertigt erscheinen, insbesondere darf eine mildere Maßnahme nicht zur Verfügung stehen.

Eine erhebliche Beeinträchtigung der Arbeitgeberinteressen kann in Betracht kommen, wenn der Arbeitnehmer länger als sechs Wochen erkrankt war (Langzeiterkrankung). K hat hier im August und September 2013 zwei Monate aufgrund von Krankheit nicht gearbeitet. Maßgeblich ist jedoch die Prognose. Es kommt darauf an, ob der Arbeitgeber auch in Zukunft mit Beeinträchtigungen rechnen muss. Dafür gibt es jedoch keine Anhaltspunkte. Vielmehr hat K die Behandlung abgeschlossen und in Bezug auf sein Geschlecht und seine Lebensführung eine endgültige Entscheidung getroffen. Mangels negativer Prognose scheidet damit auch eine personenbedingte Kündigung wegen Krankheit aus.

Damit scheidet auch eine ordentliche Kündigung durch A aus.

cc) Ergebnis zu 4.

Die ordentliche Kündigung war nicht sozial gerechtfertigt und ist damit unwirksam.

c) Ergebnis zu III.

Die außerordentliche und die ordentliche Kündigung durch A sind unwirksam.

IV. Ergebnis zu B.

Das Arbeitsverhältnis ist weder durch Anfechtung noch durch Kündigung erloschen. Die Klage des K wäre begründet.

C. Ergebnis

Eine Klage des K wäre erfolgreich. Abschließend wäre K also zu einer solchen Klage zu raten.

Repetitorium

I. Aufklärungsrechte und -pflichten in der Bewerbungssituation/ Anfechtung des Arbeitsvertrags

168 **1.** Es besteht gem. §§ 311 II, 241 II BGB eine Pflicht des Stellenbewerbers, den Arbeitgeber von sich aus über Umstände **aufzuklären**, die für die Ausübung der gewünschten Tätigkeit unabdingbar sind.[20]

2. Im Übrigen kann der Arbeitgeber ein Fragerecht haben. Es besteht jedoch eine sog. **Begrenzung des Fragerechts** (insbes. nach Schwangerschaft, Behinderung, Vorstrafen). Grundsätzlich darf der Arbeitgeber nur Fragen stellen, an deren Beantwortung er ein berechtigtes, schützenswertes Interesse hat. Das Interesse ist insbesondere dann nicht schützenswert, wenn der Frage ein Diskriminierungsverbot entgegen steht. Der Bewerber hat ggf. ein „Recht auf Lüge". So dürfen z. B. Vorstrafen verschwiegen werden, wenn sie gem. § 51 BZRG getilgt sind oder nicht in einem Bezug zur angestrebten Tätigkeit stehen. Eine Schwangerschaft darf verschwiegen werden, auch wenn die Arbeitnehmerin während der gesamten Dauer des befristeten Arbeitsverhältnisses die Tätigkeit nicht ausführen kann.[21] Die Anfechtung des Arbeitsvertrags durch den Arbeitgeber gem. §§ 119 II, 123, 142 BGB ist in diesem Fall ausgeschlossen.

Falls ein zulässiges Interesse des Arbeitgebers an der Frage bestand und der Arbeitnehmer log, hat der Arbeitgeber die Möglichkeit der Anfechtung. Die Anfechtung wirkt allerdings nach den **Grundsätzen des fehlerhaften Arbeitsverhältnisses** entgegen § 142 I BGB nur **ex nunc,** wenn das Arbeitsverhältnis bereits in Vollzug gesetzt war.

Außerdem kommt eine verhaltensbedingte Kündigung wegen Anstellungsbetrugs oder eine personenbedingte Kündigung bei fehlender Qualifikation in Betracht. Weiter können Schadensersatzansprüche gem. §§ 280 I, 311 II BGB bzw. gem. §§ 823 ff. BGB bestehen.

II. Unionsrechtskonforme Auslegung

169 Die Mitgliedstaaten der Europäischen Union sind zur Umsetzung des Unionsrechts verpflichtet. Das ergibt sich für das im Arbeitsrecht besonders relevante Richtlinienrecht aus Art. 288 III und Art. 4 III 3 EUV. Dies hat Folgen für die Auslegung des nationalen Rechts, durch welches die Richtlinie umgesetzt wird. Die Auslegung nationalen Rechts hat sich an dem Sinn und Zweck zu orientieren, den die Union mit der Richtlinie verfolgt.[22] In einem ersten Schritt ist deshalb die Richtlinie selbst auszulegen. In einem zweiten Schritt ist zu prüfen, ob das nationale

---

20 Vgl. BAG (Urt. v. 18.9.1987) AP Nr. 32 zu § 123 BGB.
21 EuGH (Urt. v. 4.10.2001) Slg. 2001 I, 6993 – Tele Danmark.
22 EuGH (Urt. v. 10.4.1984) Slg. 1984, 1891 – von Colson und Kamann.

Gesetz den Anforderungen, die die Richtlinie stellt, genügt. Dabei ist im Rahmen der üblichen deutschen Auslegungsmethodik (siehe nachfolgende Übersicht) möglichst ein Einklang mit den Anforderungen der Richtlinie herzustellen. Erlaubt die Wortlautgrenze keinen Einklang, ist zu prüfen, ob im Wege der Analogie oder der teleologischen Reduktion ein Einklang zu erreichen ist. Voraussetzung dafür ist insbesondere die Planwidrigkeit der gesetzlichen Regelung, die sich insb. daraus ergeben kann, dass der Gesetzgeber eine richtlinienkonforme Regelung hatte schaffen wollen. Der EuGH fordert, dass das nationale Gericht „unter Berücksichtigung des nationalen Rechts alles tu[t], was in seiner Zuständigkeit liegt, um die volle Wirksamkeit der Richtlinie ... zu gewährleisten.[23]" Dies gilt auch für nationales Recht, welches älter ist als die Richtlinie selbst.[24]

Es ist allerdings zu berücksichtigen, dass sich das Umsetzungsgebot an den Mitgliedstaat richtet. Dieser entscheidet darüber, welche staatlichen Organe mit der Umsetzung der Richtlinie beauftragt sind. In Deutschland ist das Prinzip der Gewaltenteilung (Art. 20 III GG) zu beachten; die Umsetzung der Richtlinie an sich ist also dem deutschen Gesetzgeber vorbehalten. Sie kann nicht gegen oder ohne den Willen des Gesetzgebers durch die Gerichte erfolgen. Die richtlinienkonforme Auslegung kann daher nicht dazu führen, dass der Richter das nationale Recht contra legem mit dem Ziel interpretiert, den Anforderungen der Richtlinie Genüge zu tun.[25]

Da nur der Mitgliedstaat verpflichtet ist, das Unionsrecht umzusetzen, sind Verträge oder einseitige Willenserklärungen nicht unionsrechtskonform auszulegen. Ob und inwieweit dies auch für Tarifverträge oder Betriebsvereinbarungen gilt, ist zweifelhaft.[26]

---

23 EuGH (Urt. v. 5.10.2004) Slg. 2004 I, 8835 (Rz. 110 ff.) – Pfeiffer; EuGH (Urt. v. 24.2.2012) NJW 2012, 509 (Rz. 24) – Dominguez.
24 EuGH (Urt. v. 4.7.2006) Slg. 2006 I, 6057 (Rz. 108) – Adeneler.
25 EuGH (Urt. v. 24.2.2012) NJW 2012, 509 (Rz. 25) – Dominguez; BAG (Urt. v. 24.3.2009) AP Nr. 39 zu § 7 BUrlG.
26 Vgl. ErfK/*Wißmann*, AEUV Vorb. Rz. 32 ff.

170 Vgl. auch die nachfolgende Übersicht zur Auslegung:

	Gesetz	Vertrag/Willens-erklärung	Betriebs-vereinbarung, Tarifvertrag
Perspektive der Auslegung	Historischer Wille des Gesetzgebers – objektiver Wille des Gesetzgebers (str.)	§§ 133, 157 BGB objektiver Empfänger-horizont (Ausnahme: z. B. Testa-ment, §§ 133, 2048 BGB)	Str.
Maßgeblicher Zeitpunkt für Auslegung	Schaffung des Gesetzes oder Entscheidung (str.)	Vertragsschluss (Entstehung des Rechts-geschäfts), Ausnahmen str.	Str.
Methode	• grammatikalisch • historisch • systematisch • teleologisch (Gewichtung, str.)	Gesetzliche Auslegungs-regeln, z. B. § 2078 BGB	Str.
	Über Wortlaut hinaus (Rechtsfortbildung *prae-ter legem*): • Analogie (planwidrige Regelungs-lücke [anfänglich oder nachträglich, bewusst oder unbewusst] und ver-gleichbare Interessenlage) • teleologische Reduktion ------------- Unzulässig: Rechtsfortbildung *contra legem*	Über den Wortlaut hinaus: • ergänzende Vertrags-auslegung (planwidrige Regelungs-lücke [anfänglich und nachträglich, bewusst und unbewusst], Parteien regeln Lücke nicht nachträglich, hypothetischer Partei-wille)	
Zu berück-sichtigender Kontext	• verfassungskonforme Auslegung • unionsrechtskonforme Auslegung		Str.

Fall 10
Saubermänner

Die H-KG (H) betreibt in Wildeshausen das Hotel „Naturpark". Sie beschäftigt 21 **171** Arbeitnehmer und ist Mitglied des Deutschen Hotel- und Gaststättenverbandes (DEHOGA) Niedersachsen, der mit der Gewerkschaft Nahrung-Genuss-Gaststätten (NGG) einen Entgelttarifvertrag für das Hotel- und Gaststättengewerbe (TV 1) geschlossen hat.

Seit drei Jahren gehört F als sog. Roomboy der Belegschaft der H an. Nach dem TV 1 hat F einen Lohnanspruch von 1450,– € im Monat. Zu seinem Aufgabenbereich gehört die Reinigung der Hotelzimmer sowie der Gänge. F ist Mitglied der NGG.

H befindet sich seit längerer Zeit in wirtschaftlichen Schwierigkeiten. Die Gesellschaft erwägt daher, sämtliche Reinigungsarbeiten im Hotel in Zukunft durch die R-GmbH (R) durchführen zu lassen.

Am 10.6.2014 teilt der Geschäftsführer G der H dem Betriebsratsvorsitzenden B diese Pläne mit und erklärt ihm, die Geschäftsleitung beabsichtigte, den 12 mit Reinigungsarbeiten beschäftigten Arbeitnehmern zu kündigen. G übergibt B die erforderlichen Unterlagen und bittet B, die Angelegenheit möglichst zügig zu behandeln. B sagt das zu. Er beruft daher zum 12.6.2014 eine Betriebsratssitzung ein und sendet an die Betriebsratsmitglieder X und Y entsprechende Einladungsschreiben. Dabei vergisst er, dass X bis zum 12.6.2014 urlaubsbedingt verhindert ist. Am 12.6.2014 erscheint auch Y nicht zur Betriebsratssitzung; über die Gründe informiert er B nicht. B ärgert sich über das Nichterscheinen von X und Y, das er mangelnder Einsatzfreude zuschreibt. Er sieht daraufhin die Unterlagen alleine durch, begibt sich zu G und teilt mit, dass der Betriebsrat den Kündigungen zustimme.

H erklärt mit Schreiben vom 23.6.2014 den 12 Arbeitnehmern die Kündigung. Auch F erhält einen Brief, in dem ihm zum 31.8.2014 gekündigt wird. H gibt dabei an, Grund für die Kündigung sei der Wegfall seines Arbeitsplatzes, da ab dem 1.9.2014 sämtliche Reinigungsarbeiten im Hotel nicht mehr durch H, sondern durch R durchgeführt würden. H führt zutreffend aus, dass sie für F keine Beschäftigungsmöglichkeit mehr hat. F erhebt gegen diese Kündigung fristgerecht Kündigungsschutzklage.

R will ab dem 1.9.2014 die Tätigkeit im Hotel aufnehmen. Sie will dabei 10 der von H gekündigten Arbeitnehmer weiterbeschäftigen, nicht aber F. R ist an den vom Bundesinnungsverband des Gebäudereiniger-Handwerks (BIV) und der Industriegewerkschaft Bauen-Agrar-Umwelt (IG BAU) geschlossenen Mindestlohntarifvertrag für die gewerblichen Beschäftigten in der Gebäudereinigung (TV 2) gebunden. Arbeitnehmer, die mit der Innenreinigung beschäftigt sind, verdienen nach dem TV 2 1300,– €.

Frage: F wendet sich am 29.8.2014 an Rechtsanwalt K und bittet ihn um rechtlichen Rat, wobei K insbesondere prüfen soll, ob, gegen wen und in welcher Höhe er ab dem 1.9.2014 Anspruch auf Lohnzahlung hat.

Bearbeitervermerk: Die Regelungen des AEntG sowie die Vierte und die Fünfte Verordnung über zwingende Arbeitsbedingungen in der Gebäudereinigung vom 7.10.2013 bzw. vom 18.12.2014 (BAnz. AT 8.10.2013 V1 bzw. BAnz. AT 19.12.2014 V2) sind nicht zu berücksichtigen.

Vorüberlegungen

I. Obwohl der Arbeitnehmer Kündigungsschutzklage erhoben hat, wird nicht aus- **172** drücklich nach den Erfolgsaussichten dieser Klage gefragt. Das bedeutet, dass die Wirksamkeit der Kündigung nur als Vorfrage zum Lohnanspruch zu prüfen ist.

II. Wie in Fall 3 wird nicht nach der Zulässigkeit einer entsprechenden Klage auf Lohn gefragt. Dies liegt daran, dass es sich um eine Klage auf künftiges Entgelt handelt, deren Zulässigkeit problematisch ist, ohne dass erwartet werden könnte, dass die Problematik dem Bearbeiter bekannt ist (vgl. Fall 3, Rz. 45).

III. Zur Frage nach der Lohnhöhe gelangt der Bearbeiter nur, wenn er zuvor feststellen konnte, dass die Kündigung unwirksam war. Kommt der Bearbeiter zu einem anderen Ergebnis, muss er ggf. im Hilfsgutachten weiterprüfen.

IV. Maßgeblich für die Wirksamkeit der Kündigung ist, dass der Bearbeiter erkennt, dass ein Betriebsübergang gem. § 613a BGB vorliegt. Diese Vorschrift steht im Schnittpunkt von individuellem und kollektivem Arbeitsrecht. Da sie jedoch im BGB beheimatet ist und Grundzüge des kollektiven Arbeitsrechts vielfach auch im Ersten Juristischen (Staats-)Examen verlangt werden, kann nicht ausgeschlossen werden, dass das Grundwissen um diese Vorschrift sogar als Teil des Pflichtstoffs angesehen wird.

V. Gut möglich ist es, zunächst einen Anspruch gegen H und dann einen gegen R zu prüfen. Soweit der Bearbeiter jedoch erkannt hat, dass ein Betriebsübergang vorliegt, ist es zeitsparender und eleganter, sofort einen Anspruch gegen R zu prüfen und den Anspruch gegen H im Rahmen dieser Prüfung abzulehnen.

Gliederung

A. Arbeitsverhältnis   **173**
  I. Vertragsschluss
  II. Kündigung
    1. Form
    2. Mögliche Präklusion
    3. Anhörung des Betriebsrats
      a) Anhörungszeitpunkt und Unterrichtungspflicht
      b) Fehler im Anhörungsverfahren
        aa) Fehlerhaftes Anhörungsverfahren
        bb) Rechtsfolge der Fehlerhaftigkeit
      c) Ergebnis zu 3.

4. Wirksamkeit der Kündigung nach § 1 KSchG bzw. nach § 613a IV BGB
   a) Mögliche Unwirksamkeit nach § 1 KSchG
   b) Mögliche Unwirksamkeit nach § 613a IV 1 BGB
      aa) Übergang eines Betriebs
      bb) Fortführung des Betriebs
      cc) Übergang durch Rechtsgeschäft
      dd) Übergang auf einen anderen Inhaber
      ee) Kündigung wegen des Betriebsübergangs
   c) Ergebnis zu 4.
5. Ergebnis zu II.
III. Übergang des Arbeitsverhältnisses auf R
1. Betriebsübergang
2. Arbeitsverhältnis
3. Kein Widerspruch
4. Ergebnis zu III.

B. Lohnhöhe
   I. Transformation
   II. Ablösung durch neuen Tarifvertrag
   III. Ergebnis zu B.

C. Erlöschen des Anspruchs

D. Ergebnis

Lösung

F könnte gegen R einen Anspruch auf Lohnzahlung i. H. v. 1450,– € ab September 2014 gem. §§ 611, 613a I 1 bis 3 BGB haben.

A. Arbeitsverhältnis

Dazu müsste zunächst zwischen ihm und R ein Arbeitsverhältnis bestehen.

I. Vertragsschluss

F hat ursprünglich einen Arbeitsvertrag mit der H geschlossen. Die H-KG ist teilrechts- **174** fähig gem. §§ 161 II, 124 I HGB und konnte damit Vertragspartnerin des Arbeitsvertrages werden.

> **Exkurs/Vertiefung:** Die KG ist wie die OHG eine Gesamthandsgesellschaft, keine rechtsfähige juristische Person wie die AG und die GmbH (§ 1 I AktG, § 13 I GmbHG). Sie kann dennoch nach § 124 I HGB unter ihrer Firma Rechte erwerben und Verbindlichkeiten eingehen.

II. Kündigung

Das Arbeitsverhältnis zwischen F und H könnte aber durch die Kündigung vom 23.6.2014 zum 31.8.2014 erloschen sein. Dies setzt voraus, dass die Kündigung wirksam war.

1. Form

H hat die für die Kündigung erforderliche Schriftform, § 623 BGB, eingehalten. Die Kündigung ist F auch zugegangen (§ 130 BGB). Die Frage der Präklusion stellt sich hier noch nicht, § 4 S. 1 KSchG. Die Frist beginnt erst ab Zugang der Kündigung in Schriftform.

2. Mögliche Präklusion

Die Kündigung könnte aber aus anderen Gründen unwirksam sein. H ist mit diesen Gründen nicht gem. §§ 4, 7 KSchG präkludiert. Er hat rechtzeitig innerhalb der dreiwöchigen Frist Klage erhoben.

> **Exkurs/Vertiefung:** Auch der Unwirksamkeitstatbestand des § 613a IV 1 BGB würde von der Präklusion erfasst.[1]

---

1 ErfK/*Kiel*, § 4 KSchG Rz. 4.

3. Anhörung des Betriebsrats

Die Kündigung des F wäre nur wirksam, wenn der Betriebsrat durch H ordnungsgemäß gem. § 102 I BetrVG angehört worden wäre.

a) Anhörungszeitpunkt und Unterrichtungspflicht

175 Die Anhörung des Betriebsrats erfolgte am 12.6.2014 und damit vor Ausspruch der Kündigung am 23.6.2014 (§ 102 I 1 BetrVG).

H hat den Betriebsrat auch im erforderlichen Umfang informiert.

> **Exkurs/Vertiefung:** Vgl. dazu Fall 8, Rz. 136 f.

b) Fehler im Anhörungsverfahren

Die Anhörung des Betriebsrats könnte jedoch fehlerhaft gewesen sein, wodurch die Unwirksamkeitsfolge des § 102 I 3 BetrVG ausgelöst worden sein könnte.

aa) Fehlerhaftes Anhörungsverfahren

176 Die Anhörung könnte fehlerhaft gewesen sein, weil während der Betriebsratssitzung nur B anwesend war. Gem. § 9 S. 1 BetrVG wurden im Betrieb der H drei Betriebsratsmitglieder gewählt. Dies sind B, X und Y. Gem. § 33 II BetrVG ist der Betriebsrat nur **beschlussfähig**, wenn mindestens die Hälfte der Mitglieder an der Beschlussfassung teilnimmt.

Allerdings können bei zeitweiliger Verhinderung von Betriebsratsmitgliedern, die zur Beschlussunfähigkeit führt, gem. § 22 BetrVG analog die Geschäfte auch von einem nicht beschlussfähigen Teil des Betriebsrats geführt werden.[2] Fraglich ist jedoch, ob eine solche Verhinderung vorlag. Nach § 33 II BetrVG können verhinderte Betriebsratsmitglieder durch ihre Ersatzmitglieder (§ 25 BetrVG) vertreten werden. Verhindert war vorliegend X, der sich in Urlaub befand. B hätte daher für X dessen Ersatzmitglied gem. § 29 II 3 BetrVG laden müssen. An der Sitzung hätte daher das Ersatzmitglied für X teilnehmen können. Eine zeitweilige, zur Beschlussunfähigkeit führende Verhinderung des Betriebsrats bestand daher nicht. B konnte daher die Geschäfte des Betriebsrats nicht alleine führen.

Weiter setzt ein wirksamer Beschluss eine **ordnungsgemäße Ladung** gem. § 29 II 3 BetrVG durch den Betriebsratsvorsitzenden voraus.[3] Hier wurde das Ersatzmitglied für X nicht geladen, so dass die Ladung fehlerhaft war. Dies führt unabhängig von den Mehrheitsverhältnissen zur Unwirksamkeit des Beschlusses, da nicht ausgeschlossen werden kann, dass das Ersatzmitglied einen entscheidenden Einfluss auf die Willensbildung genommen hätte.

---

2 BAG (Urt. v. 18.8.1982) AP Nr. 24 zu § 102 BetrVG 1972.
3 ErfK/*Koch*, § 33 BetrVG Rz. 2.

bb) Rechtsfolge der Fehlerhaftigkeit

Fraglich bleibt jedoch, ob die Fehlerhaftigkeit des Verfahrens gem. § 102 I 3 BetrVG **177** zur Unwirksamkeit der Kündigung führt. Nach herrschender Ansicht ist dies nicht der Fall, wenn der Mangel aus der Sphäre des Betriebsrats stammt (sog. **Sphärentheorie**). Dies gilt sogar, wenn der Arbeitgeber den Mangel kannte. Denn der Arbeitgeber hat keine rechtlichen Möglichkeiten, auf die Ordnungsgemäßheit der Beschlussfassung Einfluss zu nehmen.[4]

Etwas anderes ist jedoch anzunehmen, wenn es sich gar nicht um eine Stellungnahme des Gremiums "Betriebsrat" handelte, sondern erkennbar z. B. nur eine persönliche Äußerung des Betriebsratsvorsitzenden in Bezug auf die Kündigung vorliegt oder der Arbeitgeber den Fehler des Betriebsrats durch unsachgemäßes Verhalten selbst veranlasst hat.[5] Hier hat B jedoch gegenüber G geäußert, dass „der Betriebsrat" den Kündigungen zustimme. Damit musste H nicht davon ausgehen, dass B nur seine private Meinung kundtue. Auch eine Veranlassung zu unsachgemäßem Verhalten durch H lag nicht vor. Zwar bat G den B um Eile bei Durchführung des Verfahrens. Hier handelt es sich jedoch lediglich um eine Bitte, die B nicht derart unter zeitlichen Druck setzte, dass er nicht mehr in der Lage gewesen wäre, das Verfahren ordnungsgemäß durchzuführen.

c) Ergebnis zu 3.

Die Kündigung ist daher nicht gem. § 102 I 3 BetrVG unwirksam.

4. Wirksamkeit der Kündigung nach § 1 KSchG bzw. nach § 613a IV BGB

Die Kündigung des F könnte jedoch gem. § 1 KSchG oder gem. § 613a IV BGB unwirksam sein.

a) Mögliche Unwirksamkeit nach § 1 KSchG

Eine mögliche Unwirksamkeit nach § 1 KSchG setzt zunächst voraus, dass das KSchG **178** anwendbar ist. F ist seit mehr als 6 Monaten im Betrieb der H beschäftigt (§ 1 I KSchG), so dass der persönliche Anwendungsbereich des KSchG eröffnet ist. Weiter beschäftigt H 21 Arbeitnehmer. Damit ist die nach § 23 I 3 KSchG für den betrieblichen Anwendungsbereich erforderliche Zahl von 10,25 Arbeitnehmern überschritten.

Die Kündigung von F wäre damit nur wirksam, wenn sie gem. § 1 KSchG sozial gerechtfertigt wäre. Es könnte sich um eine betriebsbedingte Kündigung handeln. Diese setzt voraus, dass ein dringendes betriebliches Erfordernis vorläge, das einer Weiterbeschäftigung des F im Betrieb der H entgegenstünde. H könnte geltend machen, durch die Übertragung der Reinigungsaufgaben an R (sog. **Outsourcing**) sei der Arbeitsplatz des F entfallen.

---

4 BAG (Urt. v. 16.1.2003) AP Nr. 129 zu § 102 BetrVG 1972.
5 BAG (Urt. v. 6.10.2005) AP Nr. 150 zu § 102 BetrVG 1972.

Eine soziale Rechtfertigung aus betriebsbedingten Gründen aufgrund dieser Tatsachen kommt jedoch nicht in Betracht, wenn es durch die Übertragung der Reinigungsaufgaben und die Übernahme eines Teils der Belegschaft zu einem Betriebsübergang gem. § 613a BGB gekommen wäre. In diesem Fall wäre F „wegen" des Betriebsübergangs gekündigt worden, so dass die Kündigung gem. § 613a IV 1 BGB unwirksam wäre.

> **Exkurs/Vertiefung:** Nach § 613a IV 2 BGB bleibt eine Kündigung, die nicht wegen des Betriebsübergangs, sondern aus anderen Gründen erfolgt, zulässig. Das setzt voraus, dass es weitere (betriebliche, persönliche oder verhaltensbedingte) Gründe gibt, die aus sich heraus die Kündigung rechtfertigen können. Die Unwirksamkeit nach Satz 1 der Norm greift ein, wenn der Betriebsübergang die überwiegende Ursache der Kündigung und damit das Motiv für die Kündigung darstellt. Maßgeblich ist dabei der Zeitpunkt des Zugangs der Kündigungserklärung.[6]

b) Mögliche Unwirksamkeit nach § 613a IV 1 BGB

Die Unwirksamkeit nach § 613a IV 1 BGB setzt voraus, dass die Übertragung der Reinigungsaufgaben und die Weiterbeschäftigung eines Teils der früheren, zuvor bei H mit diesen Aufgaben beschäftigten Belegschaft als **Betriebsübergang** anzusehen sind.

Die Voraussetzungen des Betriebsübergangs werden in § 613a BGB nicht genannt. Für die Auslegung der Norm ist zu berücksichtigen, dass § 613a BGB der Umsetzung der Richtlinie 2001/23[7] dient. Das bedeutet, dass die Norm richtlinienkonform auszulegen ist.

> **Exkurs/Vertiefung:** Vgl. zur unionsrechtskonformen Auslegung Fall 9, Repetitorium II (Rz. 169).

aa) Übergang eines Betriebs

179 Zunächst müsste ein Betrieb i. S. d. § 613a BGB übergegangen sein. Da der Begriff richtlinienkonform ausgelegt werden muss, ist nicht der Betriebsbegriff des BetrVG maßgeblich, nach dem es auf das Bestehen einer organisatorischen Einheit[8] ankommt, sondern die Rechtsprechung des EuGH. Daher ist auch die in § 613a I 1 BGB enthaltene Unterscheidung von Betrieb und Betriebsteil irrelevant. Der EuGH stellt ab auf den Übergang einer ihre **Identität wahrenden wirtschaftlichen Einheit**.[9] Unter welchen Voraussetzungen eine solche wirtschaftliche Einheit übergeht, hängt davon ab, welche Art von Tätigkeit ausgeübt wird. Dafür ist nach der Rechtsprechung des EuGH

---

6 BAG (Urt. v. 16.5.2002) AP Nr. 237 zu § 613a BGB.
7 Richtlinie 2001/23 v. 12.3.2001 zur Angleichung der Rechtsvorschriften der Mitgliedstaaten über die Wahrung von Ansprüchen der Arbeitnehmer beim Übergang von Unternehmen, Betrieben oder Unternehmens- oder Betriebsteilen, ABl. EG 2001 L-82/16.
8 BAG (Beschl. v. 7.5.2008) NZA 2009, 328.
9 EuGH (Urt. v. 15.12.2005) Slg. 2005 I, 11237 (Rz. 35 ff.) – Güney-Görres; EuGH (Urt. v. 6.3.2014) NZA 2014, 423 (Rz. 30 ff.) – Amatori.

eine Gesamtbetrachtung vorzunehmen, bei der insbesondere die folgenden sieben Punkte zu berücksichtigen sind (sog. **Sieben-Punkte-Test**):

- die Art des Unternehmens oder Betriebs,
- der Übergang materieller Aktiva (Betriebsmittel, z. B. Fahrzeuge, Maschinen),
- der Wert immaterieller Aktiva (z. B. Lizenzen),
- die Übernahme von Teilen der Belegschaft,
- der Übergang der Kundschaft,
- die Ähnlichkeit der vor und nach dem Übergang ausgeübten Tätigkeit,
- die Dauer der Unterbrechung der Tätigkeit.

Den Punkten kommt nicht in jedem Einzelfall dasselbe Gewicht zu. Vielmehr kommt es darauf an, ob die Tätigkeit durch den Einsatz von menschlicher Arbeitskraft (wie z. B. im Dienstleistungsbereich) oder durch den Einsatz von sachlichen Betriebsmitteln (wie z. B. im Produktionsbereich) geprägt ist.

Exkurs/Vertiefung: Der EuGH hat Letzteres von einer Betriebskantine angenommen. Hier genüge schon die Übernahme des Kücheninventars für den Betriebsübergang. Ein Betriebsübergang liegt daher auch vor, wenn der Erwerber nur das Kücheninventar, nicht aber die Belegschaft oder Teile der Belegschaft übernimmt.[10] Zur Übernahme ist dabei eine Eigentumsübertragung nicht erforderlich. Es genügt, wenn dem Erwerber die Mittel **zur eigenwirtschaftlichen Nutzung** (z. B. durch Pacht) überlassen sind.

Bei Tätigkeiten, die weniger durch sachliche Mittel als vielmehr durch den Einsatz körperlicher Arbeit geprägt sind, kann für den Betriebsübergang die Übernahme von Teilen der Belegschaft ausreichen. Dies gilt z. B. für die Innenreinigung von Gebäuden. Für diese Tätigkeit ist die Arbeitskraft der Belegschaft, nicht aber materielle oder immaterielle Aktiva entscheidend.[11] R hat hier von den 12 zuvor bei H beschäftigten Arbeitnehmern 10 übernommen. Dies ist für die Annahme eines Betriebsübergangs ausreichend.

Exkurs/Vertiefung: Nicht ausreichend wäre es, wenn R lediglich die Aufgabe der Reinigung, nicht aber Teile der Belegschaft des H übernommen hätte (sog. **Funktionsnachfolge**).[12]

Ein Betriebsübergang läge weiter nicht vor, wenn die Identität der wirtschaftlichen Einheit dadurch verloren gegangen wäre, dass der Erwerber die übernommenen Arbeitnehmer und Betriebsmittel so stark in seine eigene Organisationsstruktur eingegliedert hätte, dass die „funktionelle Verknüpfung" zwischen den übernommenen Faktoren aufgegeben worden wäre.[13]

---

10 EuGH (Urt. v. 20.11.2003) Slg. 2003 I, 14023 (Rz. 36 ff.) – Abler.
11 EuGH (Urt. v. 11.3.1997) Slg. 1997 I, 1259 (Rz. 17 ff.) – Süzen; EuGH (Urt. v. 20.1.2011) AP Nr 8 zu Richtlinie 2001/23/EG (Rz. 36 ff.) – CLECE.
12 EuGH (Urt. v. 11.3.1997) Slg. 1997 I, 1259 (Rz. 16) – Süzen.
13 EuGH (Urt. v. 12.2.2009) Slg. 2009 I, 803 (Rz. 47 f.) – Klarenberg.

bb) Fortführung des Betriebs

180 Um einen Betriebsübergang handelt es sich nicht, wenn der Betrieb stillgelegt und später neu eröffnet wird. Je länger die Unterbrechung dauert, desto eher handelt es sich um eine Betriebsstilllegung. Im Fall wurden die Reinigungsaufgaben ohne Unterbrechung von H auf R übertragen. Der Betrieb wurde daher fortgeführt.

cc) Übergang durch Rechtsgeschäft

Der Betriebsübergang muss weiter durch Rechtsgeschäft erfolgen. Vorliegend ging der Betrieb durch Rechtsgeschäft zwischen H und R über.

> **Exkurs/Vertiefung:** Es muss sich um eine rechtsgeschäftliche Einzelrechtsnachfolge handeln, nicht also um einen Übergang durch Gesetz oder kraft Hoheitsakt. Im Rahmen einer Erbfolge gehen die Arbeitsverhältnisse durch Universalsukzession gem. § 1922 BGB über. Bei einer Umwandlung verweist § 324 UmwG auf § 613a BGB.

dd) Übergang auf einen anderen Inhaber

Der Betrieb muss weiter auf einen anderen Inhaber übergehen, d. h. es muss zu einem Wechsel des Rechtsträgers kommen. Die H-KG und die R-GmbH sind unterschiedliche Rechtsträger.

ee) Kündigung wegen des Betriebsübergangs

Die Kündigung des F erfolgt auch wegen des Betriebsübergangs. Dieser war die überwiegende Ursache und damit das Motiv für die Kündigung. H bestätigt dies in ihrem Kündigungsschreiben. Andere Kündigungsgründe werden nicht angeführt.

c) Ergebnis zu 4.

Die Kündigung ist damit gem. § 613a IV 1 BGB unwirksam.

5. Ergebnis zu II.

Das Arbeitsverhältnis zwischen H und F wurde daher nicht durch Kündigung beendet.

III. Übergang des Arbeitsverhältnisses auf R

Das Arbeitsverhältnis des F könnte gem. § 613a I 1 BGB von H auf R übergegangen sein.

1. Betriebsübergang

F gehörte einem Betrieb im Sinne der Norm an, der gem. § 613a BGB von H auf R überging (vgl. A. II. 4. b) aa) bis bb), Rz. 179 f.).

2. Arbeitsverhältnis

Zum Zeitpunkt des Betriebsübergangs am 1.9.2014 stand F in einem Arbeitsverhältnis zu H. Die durch H ausgesprochene Kündigung war unwirksam (vgl. A.II., Rz. 174 bis 180). Damit trat R gem. § 613a I BGB in die Rechte und Pflichten des H gegenüber F ein.

3. Kein Widerspruch

F kann den Übergang seines Arbeitsverhältnisses durch einen Widerspruch gem. § 613a VI BGB verhindern. Dies setzt voraus, dass die Widerspruchsfrist von einem Monat noch nicht verstrichen ist. Diese beginnt mit der ordnungsgemäßen Unterrichtung des Arbeitnehmers durch den Veräußerer oder den Erwerber über den Betriebsübergang gem. § 613a V BGB. Ob eine solche Unterrichtung bislang erfolgt ist, kann dahinstehen. Der Widerspruch würde zwar bewirken, dass F weiterhin in einem Arbeitsverhältnis zu H stünde. Im Hotelbetrieb des H ist der Arbeitsplatz des F jedoch entfallen und es besteht keine Beschäftigungsmöglichkeit mehr für F, so dass ihm nach Ausübung des Widerspruchsrechts dort eine betriebsbedingte Kündigung droht. Daher wird Rechtsanwalt K dem F nicht zu einem solchen Widerspruch raten.

4. Ergebnis zu III.

Damit ist das Arbeitsverhältnis zwischen F und H am 1.9.2014 auf R übergegangen.

B. Lohnhöhe

Weiter ist festzustellen, ob F einen Anspruch auf Arbeitslohn in Höhe von 1450,– € (TV 1) oder ob er nur einen Anspruch in Höhe von 1300,– € (TV 2) hat.

> **Exkurs/Vertiefung:** Es ist nur nach dem Lohnanspruch ab Betriebsübergang, d. h. für den Zeitraum ab dem 1.9.2014 gefragt. Für diesen Zeitraum schuldet nur der Erwerber Lohn. Für Lohnansprüche, die vor dem Betriebsübergang entstanden sind, haften Veräußerer und Erwerber als Gesamtschuldner (§ 613a II 1 BGB).

I. Transformation

Ein Anspruch in Höhe von 1450,– € ergäbe sich, wenn F gegen R einen Anspruch aus dem TV 1 geltend machen könnte. F ist Mitglied der Gewerkschaft NGG, die den TV 1 geschlossen hat. Allerdings ist R nicht Mitglied des DEHOGA und damit nicht an den TV 1 gebunden.

Gem. § 613a I 2 BGB kommt es aber beim Betriebsübergang zu einer **Transformation** der tarifvertraglichen Ansprüche. Die Transformation setzt voraus, dass F und H an den TV 1 gebunden waren. Dies ist der Fall: H ist Mitglied des DEHOGA und F ist in der NGG organisiert.

Damit steht F gegen R ein Lohnanspruch in Höhe von 1450,– € monatlich aus einem transformierten Anspruch gem. § 613a I 2 BGB zu. Einen Anspruch aus dem TV 1 hat er nicht.

Exkurs/Vertiefung: Nach Ansicht des BAG haben die transformierten, ehemals tarifvertraglichen Regelungen eine **kollektivrechtliche Rechtsnatur.**[14] Der Wortlaut des § 613a I 2 BGB „Inhalt des Arbeitsverhältnisses" könnte nahelegen, dass durch die Transformation die früheren tarifvertraglichen Bestimmungen als rein individualvertragliche Regelungen weiter gelten. Das BAG behandelt die transformierten Regelungen jedoch ähnlich wie tarifrechtliche Regelungen nach Austritt des Arbeitgebers aus dem Arbeitgeberverband. In diesem Fall gilt die Nachbindung des Arbeitgebers gem. § 3 III TVG. Die entsprechende Bindung transformierter Regelung endet mit Ablauf der einjährigen Veränderungssperre gem. § 613a I 2 BGB.

II. Ablösung durch neuen Tarifvertrag

182 Allerdings wäre das Bestehen eines Anspruchs gemäß dem TV 1 gem. § 613a I 2 BGB ausgeschlossen, wenn nach § 613a I 3 BGB der Schutz der Arbeitnehmer bei R durch einen anderen Tarifvertrag gesichert wäre (sog. „Waffe gegen den Arbeitnehmer"). Das setzt aber nach herrschender Ansicht voraus, dass F und R beiderseitig (kongruent) tarifgebunden sind. Zwar ist R Mitglied des BIV, aber F ist nicht in die IG Bau eingetreten. Damit besteht keine kongruente Tarifbindung zwischen Erwerber und Arbeitnehmer. Zwar verhindert diese Ansicht, dass im übergegangenen Betrieb zügig Tarifeinheit hergestellt werden kann. Für diese Ansicht spricht jedoch, dass der Schutzzweck des § 613a BGB nur erreicht werden kann, indem den übernommenen Arbeitnehmern ihre bisherigen Ansprüche (in bisheriger Höhe) erhalten bleiben. Es kommt damit für F nicht zu einer Ablösung der Ansprüche in Höhe des TV 1 durch den bei R geltenden TV 2.

Exkurs/Vertiefung: Selbst wenn eine kongruente Tarifbindung vorliegt, ist nach der Entscheidung des EuGH vom 6.9.2011 (Scattalon) zweifelhaft geworden, ob eine Verschlechterung der Arbeitsbedingungen durch den neuen Tarifvertrag möglich ist.[15] Diese Frage ist bislang weitgehend ungeklärt.[16]

In der Praxis bewirken §§ 3, 4, 7 AEntG i. V. m. der jeweils anwendbaren Verordnung über zwingende Arbeitsbedingungen in der Gebäudereinigung (vgl. Bearbeitervermerk), dass auch F dem TV 2 unterliegt. Nach diesen Bestimmungen kommt es durch sog. Tarifnormerstreckung zu einem „Mindestlohn", auf den auch F Anspruch hat. Allgemein soll eine kongruente Tarifbindung mit der Wirkung des § 613a I 3 BGB auch vorliegen, wenn der Arbeitnehmer nicht durch Gewerkschaftsbeitritt, sondern durch Allgemeinverbindlicherklärung nach § 5 TVG dem neuen, beim Erwerber geltenden Tarifvertrag unterliegt.[17] Ob dies auch im Falle einer Tarifnormerstreckung nach §§ 3, 4, 7 AEntG gilt, ist jedoch fraglich. Die Regelungen des AEntG wollen nur einen Mindestschutz der Arbeitnehmer erreichen. Konkurrierende günstigere Tarifverträge gelten jedoch weiter.[18]

III. Ergebnis zu B.

F hat damit gegen R einen Anspruch in Höhe von 1450,– € monatlich gemäß dem TV 1 aus § 613a I 2 BGB.

---

14 BAG (Urt. v. 22.4.2010) AP Nr. 371 zu § 613a BGB. Kritisch ErfK/*Preis*, § 613a Rz. 112.
15 EuGH (Urt. v. 6.9.2011) NZA 2011, 1077 (Rz. 75) – Scattalon.
16 Vgl. ErfK/*Preis*, § 613a Rz. 125 m.w.Nachw.
17 ErfK/*Preis*, § 613a Rz. 123.
18 HWK/*Tillmanns*, § 8 AEntG Rz. 4.

C. Erlöschen des Anspruchs

Allerdings könnte der Lohnanspruch des F für die Tage ab dem 1.9.2014, an denen er **183** nicht bei R arbeitet, gem. § 326 I 1 (erster und zweiter Halbsatz) BGB entfallen sein („Kein Lohn ohne Arbeit"). Das setzt voraus, dass die Leistungspflicht des F für diesen Zeitraum gem. § 275 BGB erloschen ist und keine Regelung eingreift, die ausnahmsweise den Erhalt der Gegenleistungspflicht begründet.

Zu einem Erlöschen der Leistungspflicht des Arbeitnehmers nach § 275 I BGB kommt es, weil die Verpflichtung des Arbeitnehmers, die Arbeitsleistung zu erbringen, als **absolute Fixschuld** angesehen wird. Nach Ablauf der Arbeitszeit ist die in dieser Zeit zu erbringende Arbeit also unmöglich geworden.

> **Exkurs/Vertiefung:** Vgl. dazu Fall 6, Frage 2 (Rz. 102 ff.).

Das Erlöschen der Leistungspflicht führt gem. § 326 I 1 (erster und zweiter Halbsatz) BGB automatisch zum Wegfall der Vergütungspflicht.

Allerdings könnte es zu einem Erhalt des Vergütungsanspruchs gem. § 615 BGB kommen, wenn sich R in Annahmeverzug befindet. Das setzt voraus, dass F seine Arbeitsleistung gem. §§ 294 bis 296 BGB angeboten und R die Arbeit nicht angenommen hat. Bislang hat F der R die Arbeitsleistung weder tatsächlich (§ 294 BGB) noch wörtlich (§ 295 BGB) angeboten. Zwar kann im gekündigten Arbeitsverhältnis grundsätzlich in der Erhebung der Kündigungsschutzklage ein wörtliches Angebot gesehen werden. Die Kündigungsschutzklage hat F jedoch gegenüber H erhoben, nicht gegenüber R. Nach der Rechtsprechung[19] bedarf es allerdings im gekündigten Arbeitsverhältnis gar keines Angebots des Arbeitnehmers, da der Arbeitgeber eine Mitwirkungspflicht nach § 296 S. 1 BGB habe, also dem Arbeitnehmer einen funktionsfähigen Arbeitsplatz zur Verfügung stellen müsse. Es ist jedoch zweifelhaft, ob dies auch für den Betriebserwerber gelten kann, da dieser nicht zwingend von der Existenz von Arbeitnehmern wissen muss, die zuvor beim Veräußerer beschäftigt waren. Aus diesem Grund wird Rechtsanwalt K dem F raten, umgehend R seine Arbeitskraft für den Zeitraum ab dem 1.9.2014 anzubieten. Aufgrund der Mitwirkungspflicht der R gegenüber ihrem Arbeitnehmer F genügt ein wörtliches Angebot gem. § 295 BGB.

D. Ergebnis

F hat gegen R ab dem 1.9.2014 einen Lohnanspruch in Höhe von 1450,– € monatlich gemäß dem TV 1 aus § 613a I 2 BGB. Er sollte R umgehend durch wörtliches Angebot seine Arbeitsleistung anbieten.

---

19 BAG (Urt. v. 16.5.2012) AP Nr. 128 zu § 615 BGB.

Repetitorium

I. Betriebsübergang (§ 613a BGB, ähnlich: § 324 UmwG)

184 Geht ein Betrieb durch Rechtsgeschäft auf einen anderen Inhaber über, bleibt das Arbeitsverhältnis grundsätzlich unverändert, d. h. dem Arbeitnehmer gehen keine Rechte verloren. Er kann diese Rechte nun gegenüber dem neuen Inhaber (alte auch gegenüber dem alten Inhaber) geltend machen. § 613a BGB begründet damit (ähnlich wie § 566 BGB) einen Vertragsübergang kraft Gesetzes.

1. Prüfungsschema

a) **Übergang eines Betriebs:** Maßgeblich ist nicht der Betriebsbegriff des BetrVG (organisatorische Einheit), sondern die Rechtsprechung des EuGH. Der EuGH stellt ab auf die ihre **Identität wahrende wirtschaftliche Einheit**.

Im Rahmen der Gesamtbetrachtung ist der **Sieben-Punkte-Test** vorzunehmen:

- die Art des Unternehmens oder Betriebs
- der Übergang materieller Aktiva (Betriebsmittel, z. B. Fahrzeuge, Maschinen)
- der Wert immaterieller Aktiva (z. B. Lizenzen)
- die Übernahme von Teilen der Belegschaft
- der Übergang der Kundschaft
- die Ähnlichkeit der vor und nach dem Übergang ausgeübten Tätigkeit
- die Dauer der Unterbrechung der Tätigkeit.

Für die Gewichtung kommt es darauf an, ob im jeweiligen Einzelfall die Tätigkeit durch den Einsatz von menschlicher Arbeitskraft (wie z. B. im Dienstleistungsbereich) oder durch den Einsatz von sachlichen Betriebsmitteln (wie z. B. im Produktionsbereich) geprägt ist.

b) **Fortführung** des Betriebs (nicht: Stilllegung)

c) Übergang durch **Rechtsgeschäft**

d) **Inhaberwechsel**

2. Rechtsfolgen des Betriebsübergang

185 a) **Unterrichtungspflicht**: § 613a V BGB

b) **Widerspruchsrecht** des Arbeitnehmers (AN1), mögliche Folge: betriebsbedingte Kündigung durch alten Arbeitgeber (AG1). § 613a IV 1 BGB greift dann nicht mehr. Problem: In die Sozialauswahl muss der widersprechende Arbeitnehmer ggf. einbezogen werden.[20] Weiter kann es gem. § 615 BGB zu einem Annahmeverzug des Arbeitgebers kommen.

---

20 ErfK/*Preis*, § 613a BGB Rz. 107 ff.

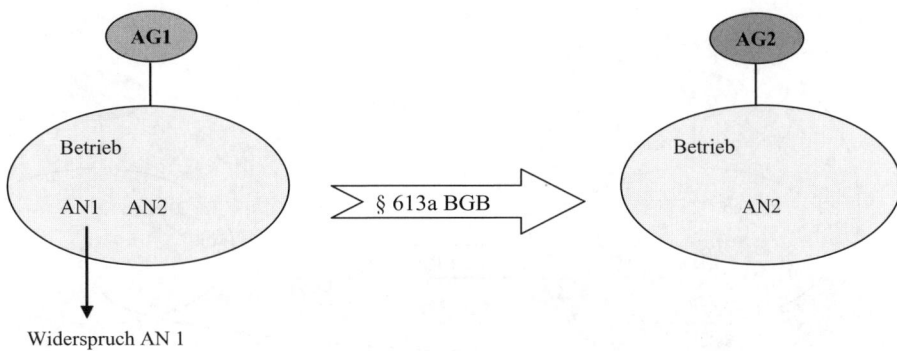

c) § 613a II BGB: Weiterhaftung von AG1 für alle vor Betriebsübergang entstandenen Forderungen. Der neue Arbeitgeber (AG2) haftet für alle alten und neuen Forderungen der Arbeitnehmer. AG1 und AG2 sind Gesamtschuldner.

d) § 613a I 1 BGB: Übergang aller individualvertraglicher Ansprüche. Dies betrifft **186** auch etwaige Ansprüche aus Bezugnahmeklauseln, in denen auf tarifvertragliche Ansprüche verwiesen wird.

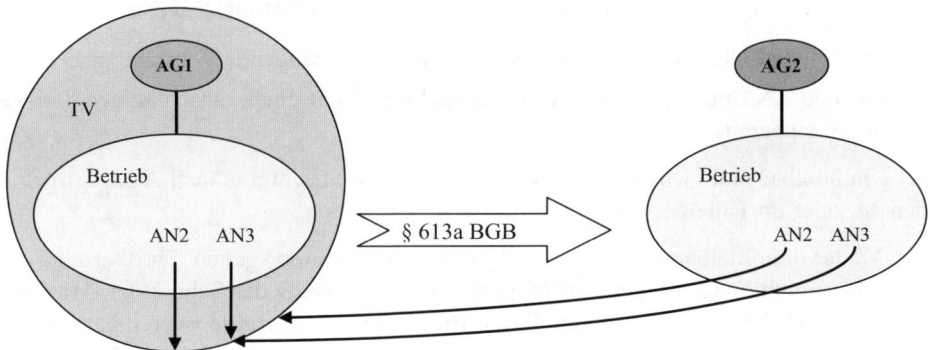

187 **e)** § 613a I 2 BGB: Transformation tarifvertraglicher Ansprüche

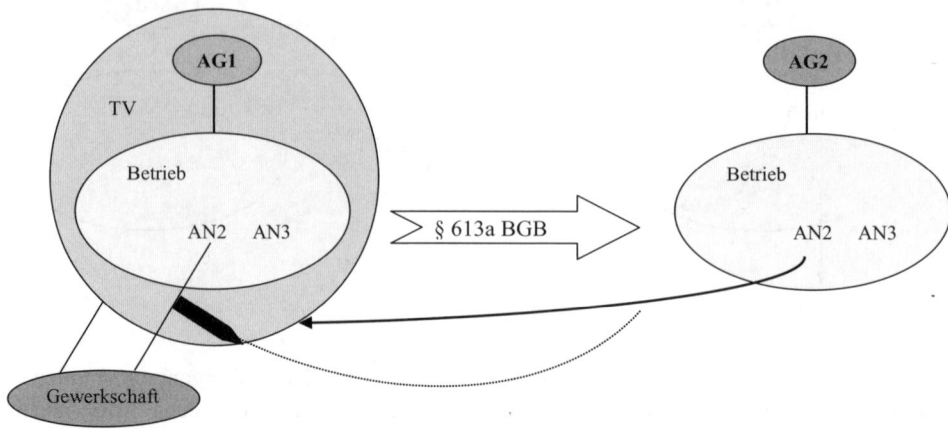

(1) Tarifvertrag und Betriebsvereinbarung gelten nicht mehr unmittelbar und zwingend, sondern sind dispositiv. Aber es gilt die sog. Veränderungssperre des § 613a I 2 BGB von einem Jahr. Nach dieser können die Regelungen nicht – auch nicht einvernehmlich – zum Nachteil des Arbeitnehmers geändert werden.

Die Veränderungssperre gilt allerdings gem. § 613a I 4 BGB nicht, wenn

- der TV innerhalb des Jahres seine unmittelbare und zwingende Wirkung verliert oder
- AG2 und AN2 und AN3 eine Bezugnahmeklausel auf einen einschlägigen Tarifvertrag vereinbaren

(2) Unmittelbar und zwingend gilt der Tarifvertrag weiter, wenn auch AG2 tarifgebunden ist, oder im Falle der Allgemeinverbindlicherklärung.

(3) Weder unmittelbar und zwingend noch transformiert gelten Tarifverträge und Betriebsvereinbarungen weiter, wenn gem. § 613a I 3 BGB der Schutz der Arbeitnehmer bei AG2 durch einen anderen Tarifvertrag/eine andere Betriebsvereinbarung gesichert ist („Waffe gegen den Arbeitnehmer"). Das setzt aber voraus, dass AG2 und AN2 und AN3 (kongruent) tarifgebunden sind.

Sachverzeichnis

Die Angaben verweisen auf die Randziffern.

Abfindung 89
Abmahnung 86, 101, 107
Allgemeine Geschäftsbedingungen 40,
  45 f, 48
– Aufhebungsvertrag 89
– Einbeziehung 48
– Einmalvertrag 47
– Freiwilligkeitsvorbehalt 53
– Inhaltskontrolle 61, 88
– Transparenzgebot 51, 61
– Widerrufsvorbehalt 51
Allgemeines Gleichbehandlungsgesetz
  s. a. Diskriminierung
– Anwendungsbereich 26
– Benachteiligung 25, 28 f, 35, 51, 121,
  161
– mittelbare Diskriminierung 27, 40
– unmittelbare Diskriminierung 26, 40,
  164
Altersdiskriminierung 37 f, 124 f, 143 f,
  164
Änderungskündigung 58
Änderungsvertrag 57
Annahmeverzug 109, 183
Arbeitgeber
– Aufklärungspflichten 83
– Fragerecht 168
– Vertreter 99
– Weisungsrecht 13, 69
Arbeitnehmer 8
– als Verbraucher 48, 87
– Begriff 13
– Eingliederung 13, 28, 125
– Nebenpflichten 65, 100
– Weisungsgebundenheit 13, 15
Arbeitnehmer-Entsendegesetz 182
Arbeitnehmerähnliche Personen 9, 11

Arbeitnehmerhaftung
– Außenhaftung 71
– betrieblich veranlasste Tätigkeit 73
– Beweislast 65
– Freistellungsanspruch 72, 106
– gefahrgeneigte Tätigkeit 69
– grobe Fahrlässigkeit 67, 69 f
– Mitverschulden 68
Arbeitsentgelt *s. Vergütung*
Arbeitsgericht 79
– Feststellungsantrag 156
– Gerichtsstand 79, 93, 114, 154
– Zuständigkeit 8 ff, 18, 32, 79, 93, 114,
  133, 154, 156
Arbeitsgerichtsverfahren
  s. a. Arbeitsgericht
– Klageantrag 45, 93, 114, 134, 145, 155
– Parteifähigkeit 10, 18, 32, 79, 93, 134,
  156
– Postulationsfähigkeit 10, 18, 32, 79, 93,
  114, 134, 156
– Prozessfähigkeit 10, 18, 32, 79, 93,
  114, 134, 156
– Zulässigkeit 6 f, 13, 24, 64, 78, 132
Arbeitsleistung *s. Arbeitspflicht*
Arbeitslosenversicherung 17
Arbeitsort 68
Arbeitspflicht 102 f
– Fixschuld 102, 183
Arbeitsrecht
– Rechtsquellen 59 f, 122
Arbeitsunfähigkeit 20
Arbeitsunfall 73
– betriebliche Tätigkeit 73
– Haftungsprivilegierung 65, 67, 72
– Rückgriff 20, 73 f
– versicherter Personenkreis 73

Arbeitsverhältnis *s. a. Arbeitsvertrag*
– fehlerhaftes 168
– Nebenpflichten 65, 97
Arbeitsvertrag *s. a. Arbeitsverhältnis*
– Anfechtung 157, 162
– Beendigung durch Aufhebungsvertrag
 81, 83, 89
– Beendigung durch Kündigung
 s. Kündigung
– befristeter 117 ff, 121 f, 126 ff
– Bezugnahmeklausel 186
– Dienstvertrag 8, 13
– Formerfordernis 81, 115 f
– Inhaltskontrolle 61, 88
– persönliche Abhängigkeit 13
– privatrechtlicher Vertrag 13
Arbeitszeit 13
Aufhebungsvertrag 81, 89
– Anfechtung 82 ff
Auslegung 158 f, 170
– Unionsrechtskonforme 162, 169
Ausschlussfrist 95
Austauschkündigung 140
Auswahlrichtlinien 35
Aut-aut-Fälle 8

Befristung *s. Arbeitsvertrag, befristeter*
Benachteiligung *s. Allgemeines Gleich-*
 behandlungsgesetz
Betriebliche Altersversorgung 89
Betriebsinhaberwechsel
 s. Betriebsübergang
Betriebsrat 31
– Ersetzung der Zustimmung 31, 41
– Zustimmungsverweigerungsrecht 33, 35
Betriebsratsanhörung 94, 107, 135, 174 f
Betriebsratsmitglied 176
Betriebsrisiko 67, 109
Betriebsübergang 178 ff, 184
– durch Rechtsgeschäfte 180, 184
– Funktionsnachfolge 179
– Kündigung des Arbeitsverhältnisses 180
– Rechtsfolgen 185 f
– Transformation 181, 187
– Veränderungssperre 181, 187

– Voraussetzungen 184
– Wechsel des Rechtsträgers 180
– Widerspruch des Arbeitnehmers 180,
 185
Betriebsvereinbarung 58, 124, 187
– Verhältnis zum Arbeitsvertrag 59
– Verhältnis zum Tarifvertrag 59 f
Betriebszugehörigkeit 69, 142
Bewerbungskosten 29
Bezugnahmeklausel 186 f

Diskriminierung 27, 39, 166

Eingliederung 13, 28, 125
Entgeltfortzahlung (im Krankheitsfall)
 12, 20
– Höhe der Entgeltfortzahlung 16, 20
Erholungsurlaub 11 f, 19
– keine Selbstbeurlaubung 19
– Vergütung (Vergütungsanspruch)
 8, 101 f, 109, 183
Et-et-Fälle 8

Fragerecht des Arbeitgebers 168
Freiwilligkeitsvorbehalt *s. Allgemeine*
 Geschäftsbedingungen

Gesetzliche Rentenversicherung 89
Gesetzliche Unfallversicherung 73
Gläubigerverzug *s. Annahmeverzug*
Gratifikation 52, 54
Grundrechte 59, 98, 161
Günstigkeitsprinzip 60

Innerbetriebliche Abhilfe 99

Kleinbetrieb
 s. Kündigungsschutz
Kündigung
 s. a. Kündigungserklärung
– Abmahnung *s. dort*
– außerordentliche 84 f, 95, 107
– betriebsbedingte 90, 139, 178, 185
– Betriebsratsanhörung *s. dort*
– fristlose 84 f, 95, 107

– Interessenabwägung 86, 95, 101, 107, 167
– krankheitsbedingte 167
– ordentliche 96, 107, 126, 164
– personenbedingte 85, 107, 167
– Prognoseprinzip 86, 95, 101
– Sozialauswahl *s. dort*
– soziale Rechtfertigung 138, 165
– subjektive Determination 137
– Ultima ratio-Prinzip 86, 95, 101, 107, 139
– Umdeutung 96, 107, 164
– unternehmerische Entscheidung 139 f
– verhaltensbedingte 85, 97, 107, 166, 168
– wegen Betriebsübergangs 180
– Wiedereinstellung *s. dort*
Kündigungserklärung 107
– Abgabe 80, 107, 136
– Form 135, 163
– Zugang 80, 94, 107, 136, 146
Kündigungsfrist
– Ablauf 85, 90, 95
– gesetzliche 144, 164
Kündigungsrecht *s. Kündigung*
Kündigungsschutz 107, 126, 137 f, 141, 150
– Kleinbetrieb 107, 150, 165
Kündigungsschutzantrag 93, 134, 145, 155
Kündigungsschutzklage 8, 92 f, 109, 113, 134, 145, 151, 155 f, 163, 183
Kündigungsschutzprozess 89, 137
Kündigungsverbot 141

Lohnausfallprinzip 20

Mankohaftung 75
Mitbestimmungsrecht 41
– Auswahlrichtlinien 35
Mutterschutz 108, 141

Outsourcing 140, 178

Persönlichkeitsrecht 25
Privatautonomie 49

Rangprinzip 60
Rechtsgeschäft 48, 87, 96, 116, 158, 170, 180, 184
Rechtsquellen des Arbeitsrechts *s. Arbeits-recht, Rechtsquellen*
Rechtsstaatsprinzip 99

Schriftform 81, 94, 107, 114 ff, 118, 126, 135, 156, 174
– Beweisfunktion 116
– nachträgliche 115
– Warnfunktion 116
Schwerbehinderte Menschen 141
Schwerbehinderung 19, 39, 141 f
Selbständige Tätigkeit 87
Selbstständige 13, 17
Selbstständige Tätigkeit 16
Sic-non-Fall 8
Sozialauswahl 107, 140, 142, 185
– Altersgruppen 27
– Betriebsbezogenheit 141
– horizontale Vergleichbarkeit 141
Sozialgesetzbuch IX 141
Sphärentheorie 177
Streik 108

Tarifvertrag 19, 43, 108, 182, 187
Tatkündigung 8
Transsexuellengesetz 159

Umdeutung 96, 107, 164

Whistleblowing 100
Widerrufsvorbehalt *s. Allgemeine Geschäftsbedingungen*
Wiedereinstellungsanspruch 90

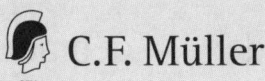

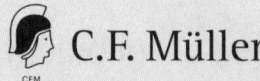 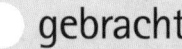